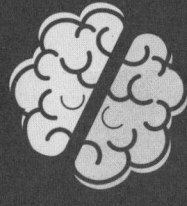

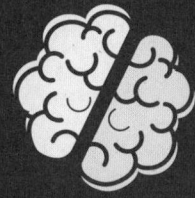
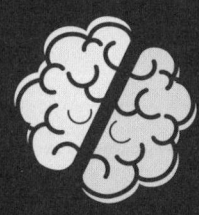

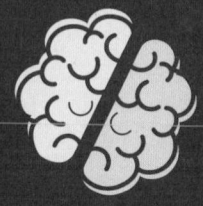

图解幼儿园
实用思维导图

李继文 编著

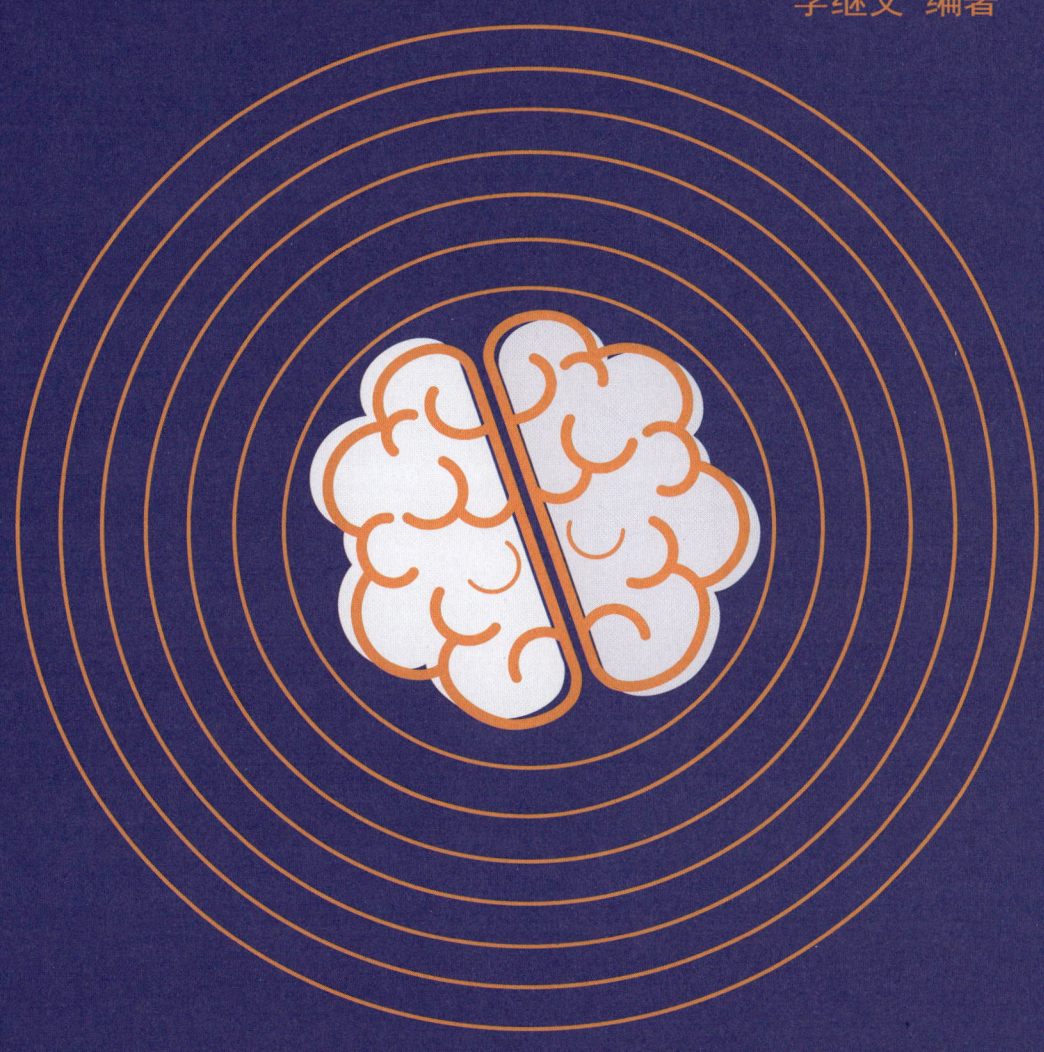

华东师范大学出版社
·上海·

目 录
c o n t e n t s

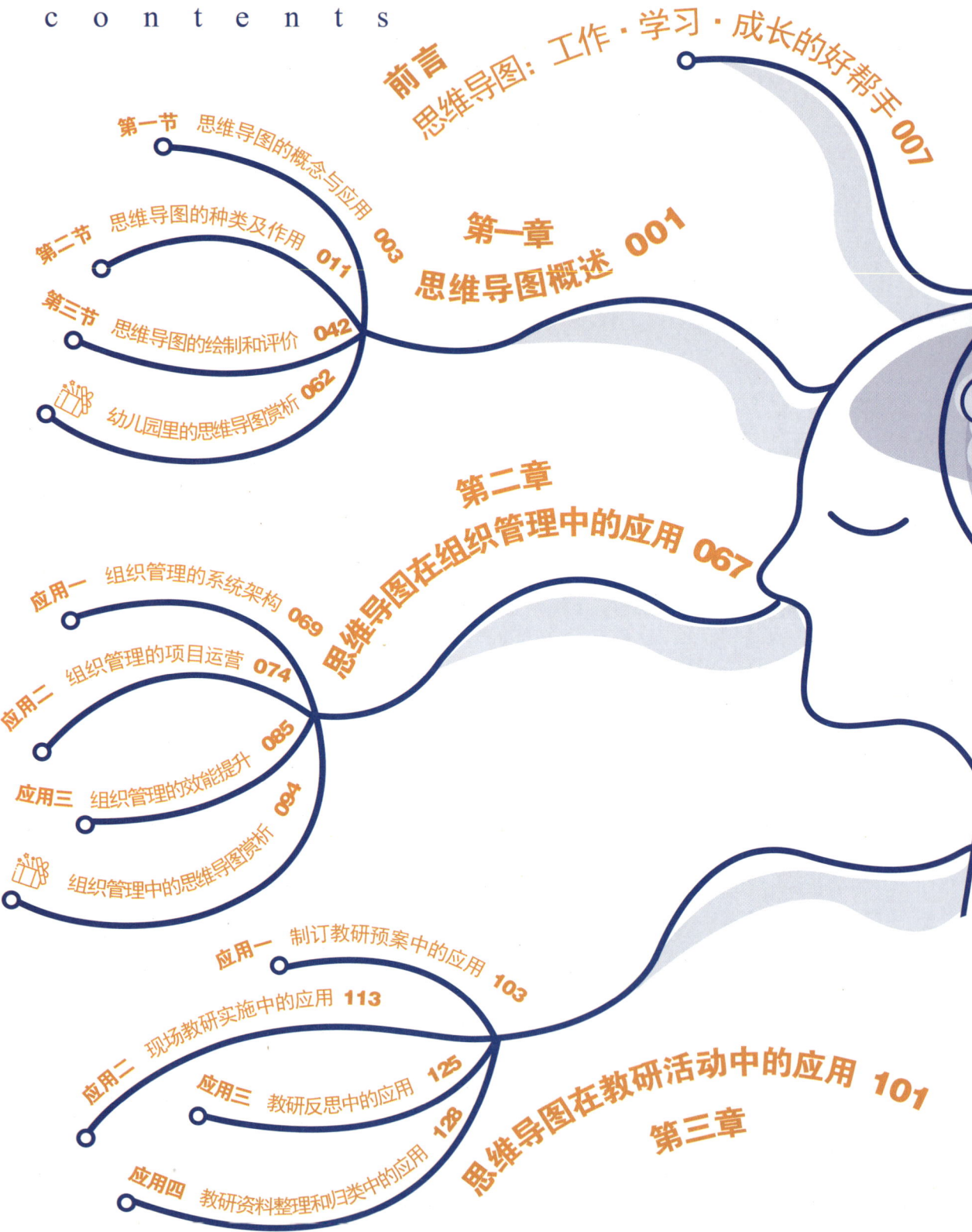

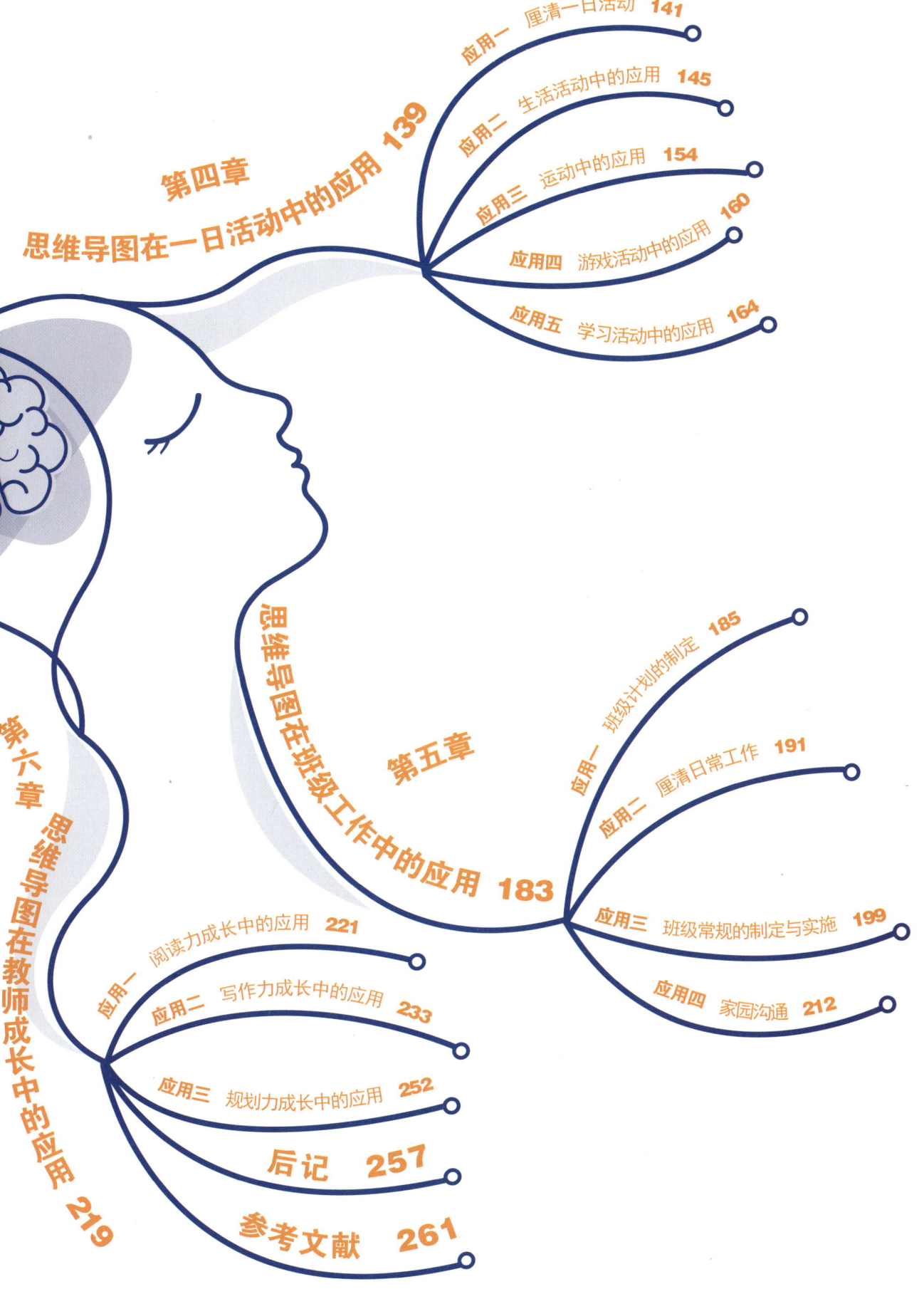

目 录

c o n t e n t s

前言
思维导图

工作·学习·成长的好帮手

前　言

思维导图：工作·学习·成长的好帮手

结缘思维导图

我最早接触思维导图是在十多年前（2005年），当时还买了一套由外语教学与研究出版社出版的东尼·博赞先生的专著《思维导图》丛书。该丛书包括《大脑使用说明书》《唤醒创造天才的10种方法》等，主要介绍了什么是思维导图、思维导图的作用、思维导图在哪些方面可以帮助我们，以及我们怎样使用思维导图等。当时虽未彻底"get"到，但那个由词组、色彩、线条等组成的"八爪鱼"还是在我的脑海里留下了颇为深刻的印象，并由此开始了一些初步的尝试，比如在思考问题、构思文章的时候会用"八爪鱼"捋一捋思路，用得多了，发现它对理清思路非常有帮助。渐渐地我开始对这类可视化思维工具产生了浓厚的兴趣，又陆续阅读了麦肯锡经典培训教材、美国著名咨询顾问芭芭拉·明托所著的《金字塔原理》等书籍。

有一次，当我用博赞式思维导图对一位教师的集体学习活动进行梳理和总结之后，这位教师说："李老师，这是第一次有人这么清晰地梳理出我教学的优点和缺点，让我看到了自己的问题，也对自己的成长有了信心。"她的这番话更增强了我推广在工作中运用思维导图这类可视化工具的信心和动力。

转岗后的思考与尝试

2008 年，我由师训员转岗为教研员。和以培训管理为主的师训岗位相比，我发现教研员的岗位职责和工作重点发生了明显的变化。教研员的主要工作不是讲课和班务管理，更多的是策划和组织现场教研活动，为一线教师创造与提供专业引领、园际联动、成果交流与资源共享的平台和机会，使教研活动成为促进教师专业成长的重要途径和方法，从而为提高一线教师的专业素质和幼儿园的教育教学质量贡献应有的作用与价值。因此，作为一名教研员，不仅要能敏锐地察觉到一线教师在教育教学中存在的问题，做好现场听、评课，让参研教师有所收获和启发，还要深入一线及时地捕捉教师们的工作亮点和优秀成果加以提炼和推广，助力一线教师的专业成长和幼儿园办园质量的提升。

这一切都要求教研员自身及时转变角色和观念，迅速掌握和运用适合教研岗位的工作方式与方法。经过深入思考和初步尝试，我发现思维导图作为一种实用而有效的思维工具，既可以帮助教师很好地"武装"自己，也可以运用于教研活动的各种场景，助力幼儿教师思维品质、专业能力和教育教学水平的成长与提升。

教师的工作与成长需要

随着社会的发展和教育的进步，特别是学前教育近年来经过跨越式发展实现了基本普及之后，内涵发展和质量提升成为工作的重点。2018 年《中共中央国务院关于学前教育深化改革规范发展的若干意见》中明确提出要"推进学前教育普及普惠安全优质发展"，"提高幼儿园保教质量"。

如今的上海市二期课改也越发强调儿童立场、儿童视角下的幼儿教育，倡导构建以整合、开放为特点的课程内容，强调课程的启蒙性、整合性和开放性。对许多幼儿教师来说，这些教育理念与工作要求还难以做到真正落地实施，他们在学习新理念、适应新模式的过程中遇到了不少问题和困难。究其原因，主要与教师自身的思维品质、思维方式的局限性有很大关系。

瑞士心理学家皮亚杰认为，教育的最高目标是培养具有逻辑思维能力和掌握抽象复杂概念能力的人，教学不仅是传授知识，更重要的是让儿童学会如何思考。

北京师范大学林崇德教授也指出："在核心素养的总框架中，文化基础里的人文底蕴与科学精神、社会参与中的实践创新、自主发展中的学会学习等，所有的这些都强调学习的过程不仅仅是接受知识，同时包括如何发展思维能力，特别是思维品质。"

可以说，幼儿教师自身具备良好的思维品质和思维能力，才有可能教会幼儿正确思考，进而帮助幼儿掌握科学的思维技能与习惯、发展幼儿的思维能力和思维品质。

2018年，我们在课题开展前对浦东新区部分幼儿教师的人格特征和思维品质调查时发现：幼儿教师普遍存在着相对保守、不够独立、知足常乐、不愿尝试探求新事物的人格特征，创造能力差异较大，思维品质的深刻性和批判性也相对较弱。幼儿教师的这些人格特征和思维品质将影响到他们的教育理念和行为，影响到教育教学的效果和质量。

可见，提升幼儿教师思维品质成了迫在眉睫的事情，它是提升学前教育质量的重要抓手和突破口。

幼儿教师大多外向开朗、热情敏感、富于幻想、形象思维高度发达，尤其是青年教师，喜欢有色彩的图符式表达。思维导图作为一种文字简约、形象直观、视觉冲击力强的可视化思维工具，特别符合幼儿教师的兴趣和认知特点。同时，具有可视化、形象化、直观性特点的思维导图也与以无意注意、无意记忆、无意想象及具体形象思维为主的幼儿年龄特征和学习特点相契合，有利于教师运用圆圈图、气泡图、流程图、树形图、括号图等向幼儿讲解和演示相关的知识和要求。

据此，我认为，思维导图可以作为一种有效的媒介和手段用以改善与突破幼儿教师人格特征及思维品质中存在的问题，在帮助幼儿教师养成良好的思维习惯、提升专业能力的同时有助于提高幼儿学习水平、促进幼儿思维品质的发展。

对思维导图的实践与探索

为此，2018 年，我申报并着手开展"运用思维导图提升幼儿教师思维品质的行动研究"的区级课题研究。

我们首先借助奥斯本检核表法对各种思维导图进行比对，筛选出五种比较容易学习与掌握的思维导图。然后，根据幼儿教师的人格特征、思维品质特点以及他们的接受能力和工作需要等，最终选择博赞式思维导图、思维地图和鱼骨图作为提升幼儿教师思维品质与专业能力的实践研究工具。这三种思维导图相对简单易学，运用范围更广，更适合幼儿教师学习与掌握，用于改善教研和教育教学效果。

例如，在集体学习活动实施中，围绕"如何更好地落实目标"，我们用问题分析型鱼骨图，引导教师发现教学活动中存在的问题；在团队集体共读活动中，我们用思维地图中的括号图进行知识点的梳理与整合，指导教师深度阅读；在撰写活动案例时，我们用博赞式思维导图或思维地图中的圆圈图帮助教师架构写作大纲；在运动会等大型活动的策划和组织上，我们用博赞式思维导图制定活动方案、用流程图编制活动流程、用气泡图进行活动分工；等等。

后来，我们将由学者爱德华·德·博诺（Edward de Bono）博士开发的"六项思考帽"引申而来的"五项思考帽"与思维导图有机结合，运用于教研活动的观摩、研讨和反思等各个方面，以活跃教研氛围、助推参研教师深度思考并有效提升教研质量。如在教研活动的研讨环节中，让教师"戴上黄帽"，运用气泡图从一个既定的中心议题出发，多角度地发散思维、打开思路、提出改进建议，使教师在教研活动中的思维更广阔，更有话可说；而在教研的归纳总结环节，则鼓励教师"戴上蓝帽"，利用树形图或括号图回顾教研的内容、梳理教研的重点，从而锻炼与提升幼儿教师的总结提炼能力和思维的深刻性。

另外，我还在区学科带头人后备、骨干后备的实践研修活动中开设"基于思维导图的幼儿园集体学习活动的设计、实施及反思"课程，帮助参训教师学习与掌握思维导图在幼儿园集体学习活动设计与实施中的运用方法和技巧，以提高幼儿教师设计与实施幼儿园集体学习活动的能力，进而增强教师的反思能力和思维品质。

研究与应用思维导图

通过对课题研究结果进行统计检验，我们发现参与课题研究的教师经过近三年的学习与实践，他们思维的广阔性、深刻性和灵活性均有显著提升。在访谈中，大多数教师也认为使用博赞式思维导图、思维地图、鱼骨图对自己思维品质的提升有明显的效果。

三年来，从参与研究的教师们身上，我们还看到了他们在解决问题和教育教学工作中思考更多维、理解更深刻、工作更细致、处事更严谨，充分感受到学习与运用思维导图带给教师们教育教学工作和专业能力上的变化与成长。这些实践与探索给了我们许多的思考与启发，思维导图既是一种思维工具和思维利器，也是一种工作方式，它的意义在于能使思维有物、思维有序、思维有效，从而提升教育教学工作效率、促进教师的专业成长。具体来说：

思维有物

作为一种可视化的思考表征手段，思维导图可以将思维过程和思维结果可视化地呈现出来，方便我们清晰地看到自己的思考路径和思考内容，看到所思考的信息间的关联性，增强思维的逻辑度和合理性，进而为反思与改进提供物质载体，有利于思维的改变和成长。

对幼儿教师来说，思维导图有助于打开思路、深入思考、提炼关键词、梳理流程，可以让教师的表达观点鲜明、条理清晰、重点突出并富有逻辑性。

正如有一位实验园教师谈到的他的体会：思维导图结构清晰，利用一些图形以及线条呈现了我们的思考内容和过程，每位教师可以在思维导图的帮助下理清自己的思路，用简洁明了的词语表达自己的观点，让其他教师清晰而快速地了解自己的想法。

思维有序

人的大脑犹如房间，需要时不时地加以整理，特别是当我们获得了大量的思维材料后，仅仅停留在这个阶段是没有意义的，因为大量而琐碎的思维材料并不能构成意义并形成价值，我们可以利用思维导图做进一步的整理，归类、合并或舍弃，让思维从有物走向有序。

综合教师们的访谈结果，发现大家一致认为使用思维导图可以帮助教师理清工作思路，对工作进行整体思考和深度思考，进而提升工作效率和教育教学效果。

有一位中心组成员说：我会在工作、学习、生活等各种情况下使用思维导图。使用思维导图，让我对要做的事情更为清晰和明确，同时也会帮助我对相关的内容形成更深刻的认识和理解。

思维有效

在访谈中，不少教师不约而同地谈到：运用思维导图，思路变得更开阔，解决问题的点子更多了；思考角度变多了，学会全面看待问题了；思考角度变广了，答案越来越多了；思考范围更全面了；等等。这充分说明了幼儿教师的思维品质和专业能力有了提升。

有一位实验园教师在访谈中谈到的体会很有代表性：思维导图让大家变得愿意思考、主动思考。思维导图的运用呈现了每位教师对案例分析与解读的独立思考过程，教师们在浏览他人的分析内容时，也能"举一反三"，去思考自己的内容与他人有无共通之处。与以往教研的"冷清、沉寂"不同，大家对研讨内容有了更多的思考与理解后，教研变得"热闹非凡"。可见，在教研教学中运用思维导图既可调动教师积极地参与研讨和发言，也可锻炼和提升大家思维的灵活性。

总之，思维导图是一种将思维可视化，并有效地激发、整理、提升思维的好方法、好工具。激发思维是基于联想和想象的发散结果，目的是实现"思维有物"；整理思维是厘清层次和顺序关系的过程，是为了实现"思维有序"；而提高工作效率，则体现出"思维有效"，这也是高质量思考的特征和价值。

思维导图运用的感悟与期许

目前，教育市场上有一些培训机构举办面向成人的专门的思维导图技术培训，这些培训课程往往收费不菲，采用纯粹的技术训练或思维训练，过于讲究制图技巧和美观，脱离教师的实际工作需要，容易造成学习与实践之间的割裂。在学完之后，幼儿教师需要结合自己的工作实际主动地去尝试与实践，没有共同学习与交流的氛围，没有他人的欣赏与反馈，因此学了不一定会，会了不一定用，用了不一定坚持，无法养成习惯与能力，最终常常不了了之。

我们的做法则不同。课题组立足于中心组和实验园教师当前的工作实际和未来的工作需要，将专题训练与实践运用紧密结合，把思维导图绘制技术的学习融入到幼儿教师的教育教学工作，做到学用融合，学以致用，有助于提升教师学习的兴趣与动力，增强技术培训的实战性与实用性。这样做，不仅不会影响和打乱幼儿园目前的工作安排，不增加幼儿园的费用支出，不占用幼儿教师的工作与休息时间，而且提供了大量的观摩与练习的机会，教师们更容易掌握和推广思维导图，大幅提升学习效率和使用水平。真正做到学了用得上、学了就会用、用好了可以自我强化与激励；用的时间长了，技术也就越来越熟练，变成幼儿教师的一种思维习惯和专业能力。下面是实验园教师对学习感受的描述：

在教育上，我们提倡以"玩中学"的理念引导我们的孩子，而在教研中，我们的教师就好比是"孩子"。每次教研采用不同的分组方法、运用各种思维导图、借用"五顶思考帽"的换位思考方法，无疑让教师们感到新鲜而有趣，这不但激发了教师思维的灵活性，同时也培养了教师良好的思维品质，学习方式的转变让我们的教研更充满活力。

鉴于此，为了让大家轻松地学习和掌握思维导图在幼儿园各种场合中的应用，从简单模仿到熟练运用再到融会贯通、举一反三，最终达到将运用思维导图内化成自己的工作方式和专业能力，使大家的学习和工作更有效、更有品质，我们愿意将自己对思维导图的一些初步研究成果和实践体会介绍给大家，和广大幼儿教师一起交流与探讨，在相互启发和借鉴中迭代工作方式、提高工作效能并促进个人成长。

　　思维导图的适用性比较广泛，凡是想改善和提升自己思维技巧和专业能力的幼儿教师都可以学习和尝试使用。有些教师在遇到具体问题时认识不够深入、分析不够全面透彻，并非智力水平和思维能力不足，而是由于缺乏基本的思维技巧和工具。此时，思维导图作为一种思维工具和催化剂，可以帮助教师更加全面和深入地思考。

　　本书共分六个章节，其中第一章主要介绍为何思维导图一出现，就在各界掀起了一场超强的大脑风暴，被誉为"大脑的瑞士军刀"，成为强大的思维工具和二十一世纪革命性的管理工具、学习工具，从而激发大家使用思维导图的兴趣和欲望。同时引导大家借由我们提供的案例，一步一步画出实用的思维导图，相信对于有一定绘画基础，喜欢涂涂画画的你们亲切感会油然而生；第二章及之后的内容则通过大量的案例分享与解析，详细介绍了思维导图在幼儿园各项工作中的深入应用。

　　如果您是第一次接触思维导图，可以从第一章开始阅读；对有一定基础的教师来说，可以从第二章开始阅读，结合案例边看边试着代入自己的情境，动手将思维导图应用到自己日常的工作生活中，也可以在遇到问题的时候，返回第一章做概念的对照和厘清。我们在绘制简易的思维导图时，只要不违背逻辑分类的大原则，部分细节可以根据实际情况进行弹性的调整。

　　本书是我对三年课题研究及实践运用的总结与思考。当然，由于本人水平有限，仍有诸多不妥之处，敬请不吝指教！

浦东教育发展研究院　李继文

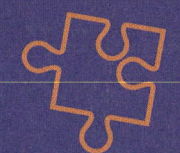

第一章

思维导图概述

作为高效的可视化图解思维工具，思维导图的核心价值在于显现思维、解构思维、提升思维，从而提高工作效率、促进我们各方面的成长。本章将结合实例就思维导图的概念与应用、思维导图的种类及作用、思维导图的绘制和评价等一一展开介绍。

第一节　思维导图的概念与应用

一、思维导图的由来

　　20 世纪早期，一些学者开始研究并创立让人的思考过程得以可视化的图解工具。其中，有美国著名的心理学家、新行为主义代表人物之一托尔曼提出的"认知地图"（图 1-1）理论。托尔曼认为，正是由于人能够在脑海中形成对事物的认知地图，所以可以通过刺激个人的体验来学习很多东西。我国古代"庖丁解牛"的故事，就印证了托尔曼的"认知地

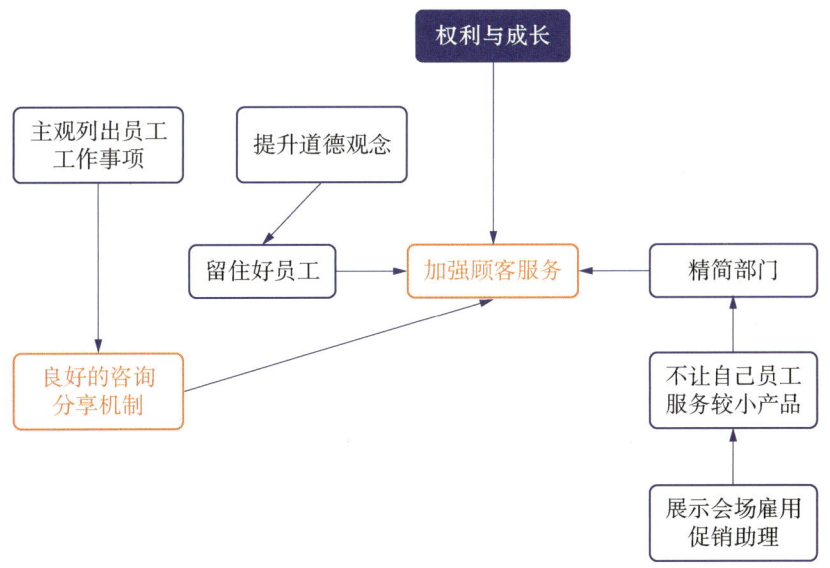

图 1-1　认知地图

图效应"。还有，日本品管大师石川馨为优化质量改进所创立的"鱼骨图"（图 1-2），美国康奈尔大学的诺瓦克及其研究团队为增进有意义的学习而提出的"概念图"（图 1-3）。特别是 1960 年代，美国教育科学院院士、美国西北大学柯林斯教授发现，视觉形式的组织结构可用来表示知识的结构化方式，以有效呈现人类的语法知识，由此提出了"语义网络图"（图 1-4），由于语义网络图已具备思维导图的雏形，因此柯林斯教授被称为"现代思维导图之父"。

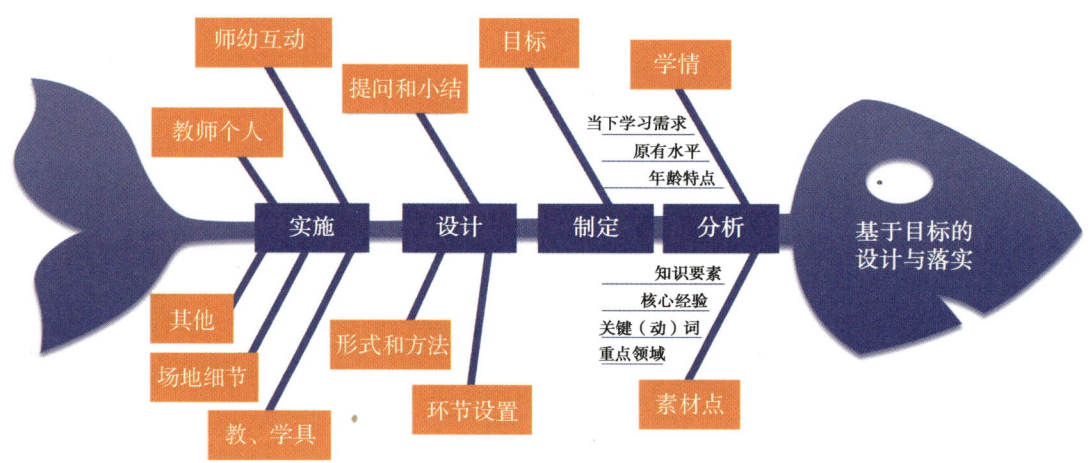

图 1-2　鱼骨图

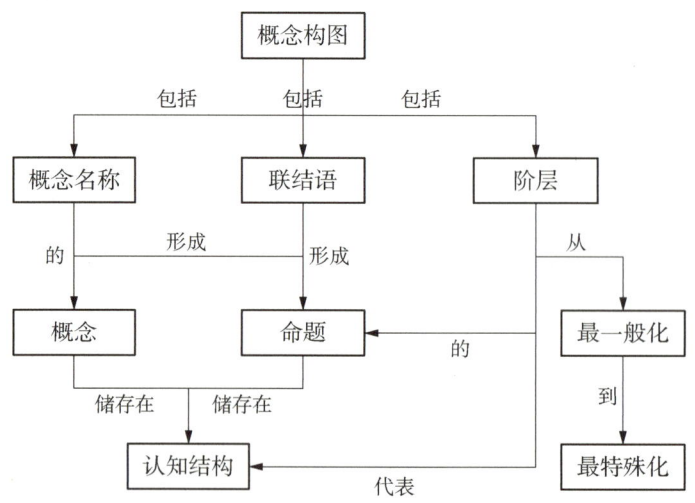

图 1-3　概念图

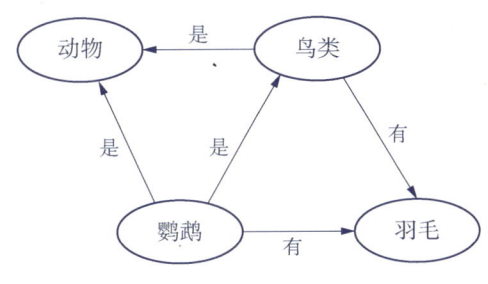

图 1-4　语义网络图

真正使思维导图为大家所熟悉并广泛使用的则是世界著名心理学家、教育学家东尼·博赞先生。

博赞先生 1942 年生于英国伦敦，毕业于英属哥伦比亚大学，拥有心理学、语言学、数学等多个学位，还拥有"智力魔法师""世界大脑先生"等称号。作为英国大脑基金会总裁，博赞先生曾因帮助查尔斯王子提高记忆力而被誉为英国的"记忆力之父"，并先后创办了世界记忆力锦标赛、世界快速阅读锦标赛和思维奥林匹克运动会。

然而当年初入大学，博赞先生的学习成绩并不出众。为此，博赞先生大量翻阅图书馆藏书，积极寻找关于有效使用大脑的书籍，以提高学习效率、改善学习成绩。

博赞先生最初的研究对象是天才式人物，他认为这些拥有"杰出大脑"的天才式人物具有与普通人迥异的思考方式。然而，由于人的思维看不见摸不着，因此要想研究这些"杰出大脑"的思考方式并不容易。于是，博赞先生转向研究有着人类思考"痕迹"的笔记，为此，他大量收集"杰出大脑"的笔记和普通人的笔记，并对它们进行仔细的比对和深入的研究。

通过比较研究，博赞先生发现，与普通人的笔记相比，"杰出大脑"的笔记看似混乱，但他们在记录笔记的时候充分发挥自己的思考、想象和创造力，大量使用了图像、图标、颜色、线条，建立起新的知识网络。因此，博赞先生将这类笔记称为"非线性笔记"。

相比之下，普通人的笔记则主要采用三种记录方式：一是段落式，用完整的句子把他人说的话记下来；二是条列式，以列表的方式记录要点；三是大纲式，按照主次分类和先后次序记笔记。段落式追求一字不落地记录，一般只有经过特殊训练的速记员才能做到，且由于速记员把注意力全部放在记录上，因而在记录完之后往往回忆不起记了些什么。条列式是段落式的改进版，但条和列之间的关系并没有被梳理出来，因而并不利于记忆和理解。大纲式在一定程度上可促进理解和记忆，是这三种笔记中最好的一种，但也存在诸多不足。

博赞先生把普通人的这三类笔记称为"线性笔记"，他认为线性笔记存在的问题是：一，关键词不突出。在线性笔记中，关键词往往和一大堆相对不重要的词汇混杂在一起，不利于人们理解关键词之间的关系，也会阻碍大脑展开联想。博赞先生强调，关键词不仅是重要思想的核心载体，也是记忆的关键所在。二，不易记忆。线性笔记通常是一种机械的记录，非常单调，相似度很高，让人找不到重点，因而容易被遗忘。三，浪费时间。线性笔记在记录、重读和理解等各个阶段都会浪费时间，如记录或重读时花费在无意义的词语上的时间约占90%，而理解时仍需要花费大量的时间反复搜寻关键词。四，不能有效地刺激大脑。线性笔记使记忆性词语被隔离，知识间的关系被打断，从而限制了非线性思维的表达，对记忆和创造性思维造成负面影响。（博赞，1999）

博赞先生认为，如能巧妙地运用各种技巧，让数以万亿计的人类大脑细胞更好地协同工作，则人类大脑的无限潜能将得到有效激发和充分利用，从而大幅提升学习与工作效率。

博赞先生借鉴"杰出大脑"的笔记的特点和优势，设计了一系列大脑运用技巧，用来训练"学习障碍者"和"阅读能力丧失者"，使得这些原来的"失败者"或"被放弃"的学生很快回到好学生的行列，甚至有人成为同伴中的佼佼者，结果令人赞叹。

20世纪70年代初，博赞先生将他的研究成果集结成书并进一步提出现今大家所熟知的思维导图，从而开启了思维导图的新时代。目前，这一简单、高效的思维工具正被世界上的2.5亿人使用，更被誉为"大脑的瑞士军刀"。

二、思维导图的概念

东尼·博赞先生在其著作《思维导图》一书中提出，思维导图是由词组、线条、色彩和图像组成的一种非线性工具，它能帮助你从大脑中快速地提取出信息，是一种新型有效的学习和办公方法。它可让你的笔记不再枯燥，并且帮助你形成创造性思维。今天大家把博赞先生创立的思维导图称为博赞式思维导图。

来自我国台湾的著名学者孙易新老师是英国博赞中心第一位华人讲师，也是将思维导图法引入华人世界的第一人。多年来，孙老师潜心研究思维导图，先后出版了《思维导图应用宝典》《学一次用一辈子的思维导图》《零基础思维导图法》等专著，系统阐述了他对思维导图的理解、感悟及应用收获。孙老师在汇集、整理自己多年教学实践案例及学术研究成果的基础上，在他的《零基础思维导图法》一书中，将思维导图延伸为"思维导图法"并将其分为"广义"和"狭义"两种。广义的思维导图法是一种以各类图表来呈现心智程序或记录知识的方法，只要是用与思维导图类似的可视化思维工具，如鱼骨图、九宫格、概念图等来记录或呈现信息，均可称为广义的思维导图法。狭义的思维导图法则是一种以思维导图为工具，有效提升大脑思考力与学习力的方法，博赞式思维导图即属于狭义的思维导图法。

孙易新老师进一步提出"孙易新思维导图法"，所谓"孙易新思维导图法"是指运用关键词、线条、图像、色彩等元素，以具有逻辑性的分类结构或因果关系、非逻辑性的自由联想，通过树状结构与网状脉络形式的组织结构，呈现吾人动态的心智程序与记录知识的过程。（孙易新，2018）

国内曾经师从思维导图创始人东尼·博赞并被其导师誉为"中国思维导图的代表人物"的刘艳女士，则在其专著《你一学就会的思维导图》一书中，将思维导图的核心定义为：思维导图是一种高维度思考与图文并茂形式结合的可视化笔记法。她认为，思维导图既是一种显示大脑存储能力、提高信息整合效率的图解思维器，也是一种全面提升记忆力、逻辑力、创造力的智能节点图。（刘艳，2019）

　　潜心研究思维导图的我国著名学者、北京师范大学的赵国庆博士则认为，思维导图是一种以促进思维整理和激发为目的的可视化、非线性思维工具。（赵国庆，2012）

　　综合以上学者的观点，结合近几年的研究与实践心得，我们将由关键词、色彩、线条和图符等所组成的，有助于解构思维、活化思维、整理思维并可提升思维品质、改变思考模式的一类适用于幼儿园工作的可视化图解工具，统称为幼儿园实用思维导图。具体来说主要包括博赞式思维导图、思维地图和鱼骨图等。

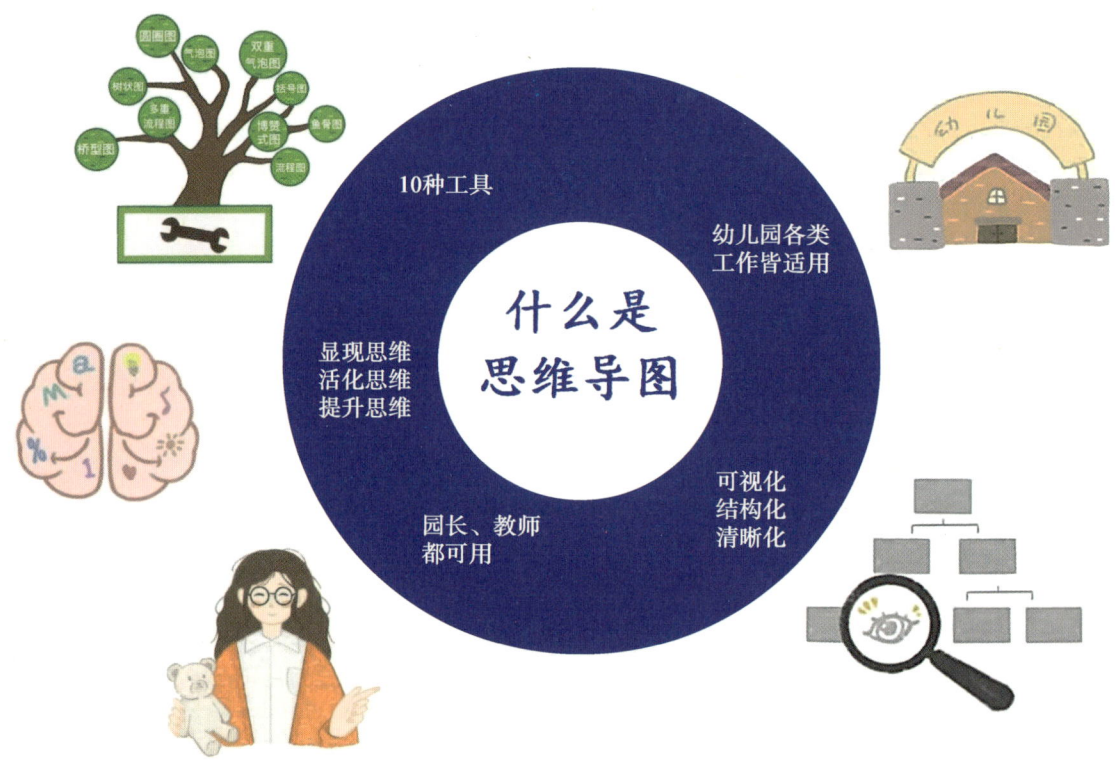

图 1-5　什么是思维导图

三、思维导图的应用

　　作为一种实用的学习工具，思维导图在世界范围内被众多学校采纳并广泛应用，许多教师用思维导图呈现知识结构、整理知识点，在提高授课效率的同时也向学生展示学习的技巧；学生则运用思维导图增强学习效能，如做笔记、梳理课程内容，提高记忆效果。

1. 国外对思维导图的教育应用

（1）哈佛、剑桥等世界著名大学的师生都会使用思维导图进行教学与学习

（2）新加坡教育部将思维导图列为小学必修课程

（3）韩国将思维导图正式纳入小学教科书

2. 国内对思维导图的教育应用

（1）思维导图在国内教育实践中的发展历程

经过资料检索，我们将思维导图在国内教育中应用的历程大致划分为四个阶段。

① 个体应用初期阶段

1999 年—2004 年初，一些学术研究者和技术应用者发现了思维导图，并积极开展思维导图在教育中的应用的研究，以期对教育教学产生更多积极的影响。较典型的代表有上海师范大学黎加厚、河北省唐山开滦二中齐伟、上海市上南中学张国正、北京师范大学网络教育实验室赵国庆和曲志男等。

② 群体化初期阶段

2004 年—2005 年，一些专家和学者通过教师信息技术培训推广思维导图，让更多的一线教师接触、认识和使用。例如，黎加厚在上海、苏州等地举办了信息化研究型教师培训班，让更多的中小学教师走近思维导图，并将其应用于教学中。此时，思维导图在学科教学中的应用刚刚起步，只有一部分教师接触和使用了思维导图。

③ 精英个体阶段

2004 年—2006 年，较早接受培训的教师中，一部分返回工作岗位后坚持使用思维导图，在教学实践中取得了很好的效果，使自己得到快速成长，并成为所在学校的骨干。如上海浦东高行中学的唐宛涟把思维导图和物理教学结合在一起，使得这个非重点中学的物理高考分数比重点中学的平均分（111.43 分）高出 5 分。这一阶段，在北京、上海等城市的基础教育中，思维导图的使用已由实验逐渐进入常规教学实践中。

④ 区域化推广阶段

通过前几个阶段的发展，更多的教师开始认识和使用思维导图，并以上个阶段的精英个体为核心，辐射到了较大的范围。如浙江海盐一名教师的博客上针对思维导图设有专门的讨论区或专栏，江苏省南京市金陵中学承担了"新课程指导下应用思维导图优化教学效果的实践研究"这一课题，上海向明中学也把思维导图运用到了科技创新训练上。

（2）国内对思维导图的教育应用研究

在教育应用研究方面，我们以"思维导图"为关键词，在中国知网（CNKI）中进行检索，发现思维导图在教学应用方面的论文最多，涉及学科教学设计、学生思维品质的培养等方面。研究对象涉及语文、数学、化学、地理、政治、英语等众多科目，但涉及幼儿园教育的较少，在知网的检索结果中，截至 2018 年 12 月，共有 5 篇文献。其中，有 5 篇文献围绕"绘本阅读"展开，1 篇文献围绕"科学活动"展开，1 篇文献围绕思维导图在教学活动中的运用展开。

从仅有的几篇文献看，思维导图在幼儿园教学活动中的运用主要集中在两个方面：一方面是在集体教学活动中的运用，通过思维导图梳理绘本中的故事发展脉络，或者在科学活动中帮助教师对幼儿的讨论进行梳理、提升；另一方面是在集体绘本教学活动后，鼓励幼儿用思维导图呈现故事的相关内容。

总体来看，思维导图在国内教育应用进程中尚存在以下问题：实践应用研究多，理论研究少；中小学学科教学研究多，幼儿园教学研究少；学生培养研究多，教师培养研究少。这些现象引起了我们的兴趣与反思，这也是我们在幼儿园工作中开展思维导图实践研究的动力所在。

第二节　思维导图的种类及作用

自二十世纪早期诸多学者开始研究"图解思考组织结构"以来，先后出现了呈现信息的直方图、长条图、圆饼图，分类分析的矩阵图、鱼骨图、曼陀罗（九宫格）、雷达图，呈现关联的概念图、树形图、流程图、网络图等。

面对种类繁多的思维导图，如何选择适合幼儿教师学习与运用且有助于提升思维品质的思维导图呢？为此，我们决定采用以下几个步骤选择与确定最终使用的思维导图。

首先，在罗列出各种常用的思维导图后，我们先借助奥斯本检核表法对七种思维导图进行筛选比对（见表1-1），筛选出五种比较容易学习与掌握的思维导图，即博赞式思维导图、概念图、鱼骨图、思维地图和曼陀罗（九宫格）。

然后，再根据幼儿教师的人格特征、思维品质特点以及他们的认知风格、接受能力、工作需要等，最终选择博赞式思维导图、思维地图和鱼骨图作为提升幼儿教师思维品质的工具。暂时搁置概念图、九宫格的学习与使用。简要分析如下：

这三种导图相对简单易学，运用范围更广。分析原因或寻找对策、制定教学计划、研讨教学活动可用鱼骨图；制作班级计划、梳理组织架构则可用括号图（思维地图的一种）；博赞式思维导图则多用于发散思维，适合会议、头脑风暴等。

概念图、九宫格相对较复杂，部分教师了解概念图之后感到学习有难度，担心不会使用，且概念图主要用于概念分析和分类，对思维能力的要求更高，在幼儿教育教学中适用

表 1-1 思维导图检核筛选表

思维导图	检核类别									是否入选
	能否他用	能否借用	能否扩大	能否缩小	能否改变	能否代用	能否调整	能否颠倒	能否组合	
博赞式思维导图	√	√	√	√	√	√	√	×	√	√
概念图	√	×	×	×	×	√	×	×	×	√
认知地图	√	×	×	×	×	√	×	×	×	×
鱼骨图	√	√			√	√	√	×	√	√
语义网络图	√	×	×	×	×	√	×	×	×	×
思维地图	√	√	√	√	√	√	√	√	√	√
曼陀罗（九宫格）	√	√	√	√	√	×	×	√	×	√

范围较窄。

另外，选用的思维导图种类太多容易混乱，造成幼儿教师的选择负担，不利于其掌握并熟练运用。

因此，本节主要介绍博赞式思维导图、思维地图和鱼骨图，并就其在幼儿园工作中的适用范围及作用等做梳理和说明。

一、思维导图的种类

（一）博赞式思维导图

博赞式思维导图由世界著名的心理学家、教育学家东尼·博赞所发明，它采用图文并茂的方式，把各级主题表现出来，再在主题关键词与图符、颜色等之间建立起记忆连接，以有效地帮助人们发散和整理思维。

1. 构成

博赞式思维导图通常由中心主题和分支所构成，分支包括主分支和子分支。以下图为例，当中的头像就是这幅思维导图的中心主题，头像提示这是一个关于小女孩的主题，进一步阅读可以知道，这是一个关于自我介绍的思维导图，它包含四个主分支，即基本信息、性格、爱好和家庭成员。每个主分支又包含了很多子分支，以基本信息为例，子分支有姓名、性别、年龄和星座。为了便于区分每个主分支的内容，主分支线条可以由粗细不同、色彩各异的线条组成，子分支则由分支线条、线条上的关键词和图符所组成。

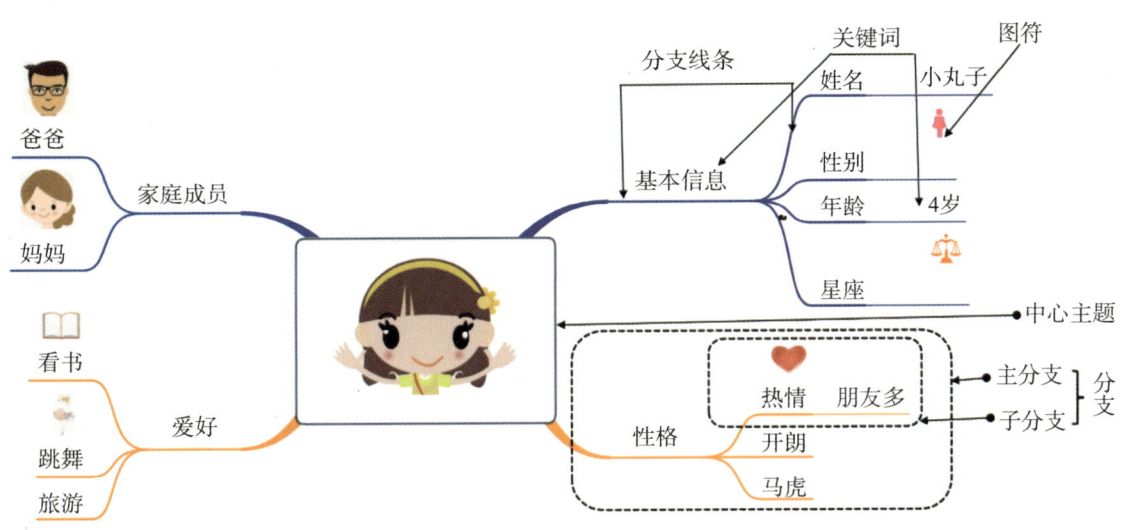

图 1-6　博赞式思维导图的组成

博赞式思维导图的绘图顺序是先中心、再分支。读图的顺序也是由中心开始读取主题，接着从右上角开始，沿顺时针方向依次读图，寻找各主分支和子分支之间的相互关系。如果有连线的话，可以在读好全图后，根据连线的点或箭头来理解跨越不同分支的连线所代表的含义。规定读图顺序的目的在于方便读者理解思维导图内在的逻辑顺序。

2. 种类

（1）按导图的全面程度划分

① 主干式

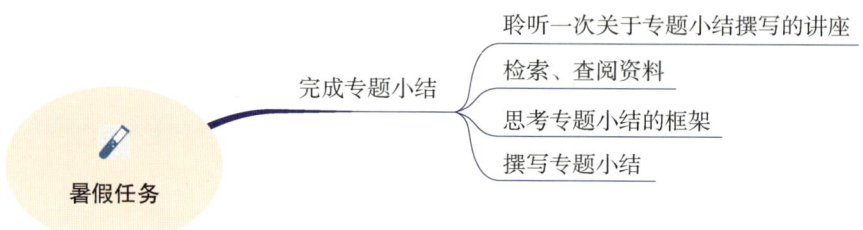

图 1-7　主干式思维导图示例

主干式思维导图不是一幅完整的思维导图，而是一个大类分支或对小主题、小概念的梳理，如上图就是一位老师对自己暑假任务中完成专题小结的安排。

② 统整式

统整式就是一幅完整呈现主题内容的思维导图，是由与该主题有关的主干式思维导图优化整合而来的，也可以根据需要用不同的颜色和图符把我们对该思维导图中各项内容的评论、想法和认识重点"强调"出来。

图 1-8 就是由上图这样的主干式思维导图统整起来的，它可以让我们看到该教师对自己暑假第一周的整体安排。

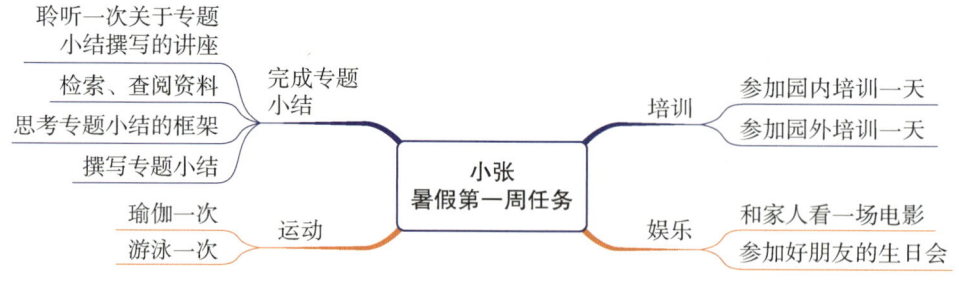

图 1-8　统整式思维导图示例

（2）按文图呈现比例划分

① 全文字版

主要用于对纯粹知识的整理记录，如图 1-9 就是我们根据《游戏力Ⅱ》一书各章节的

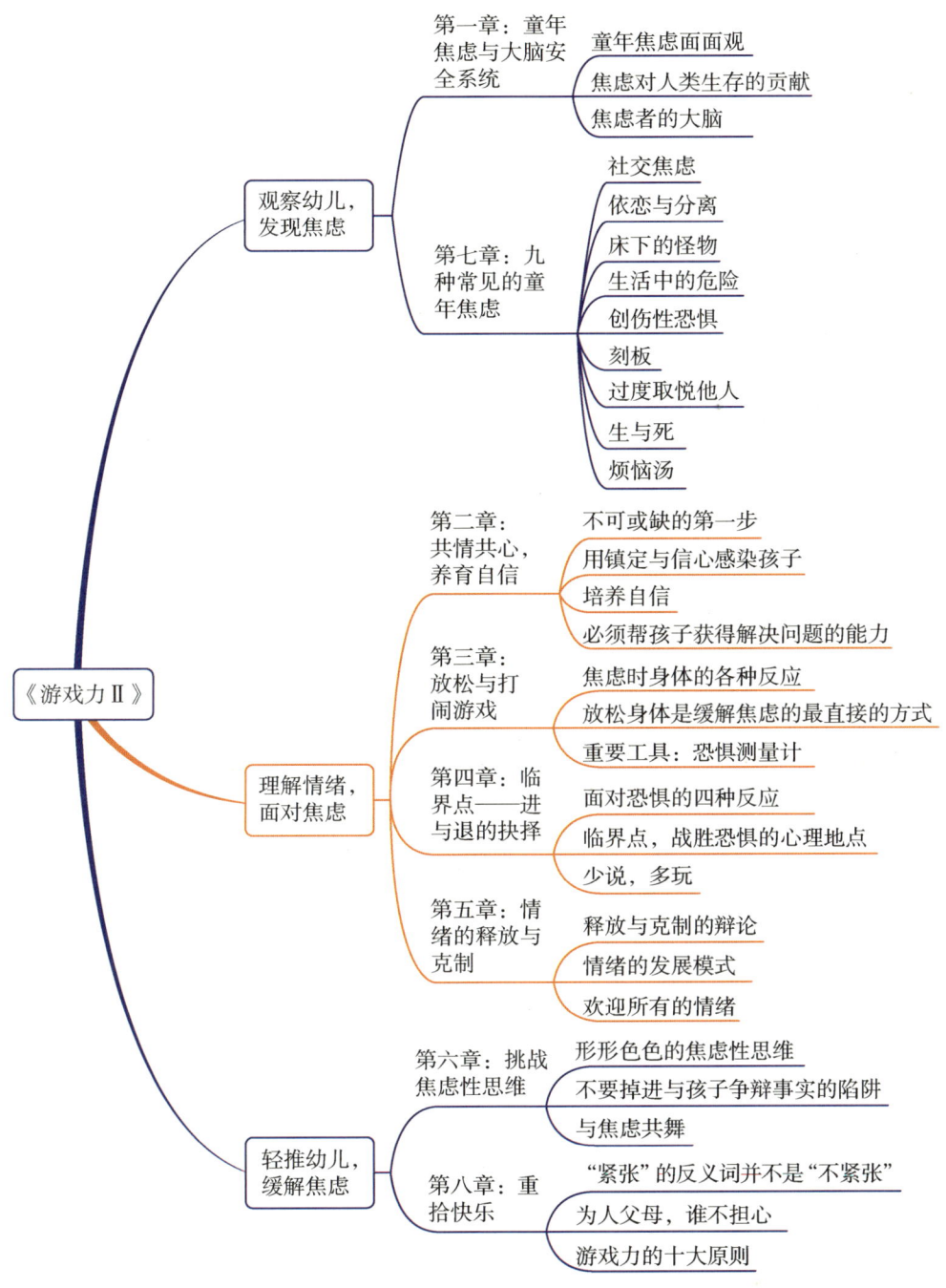

图 1-9　全文字版思维导图

相关性，运用全文字版思维导图提供给一线教师分板块阅读的参考路径，通过这样的阅读导图，可以让教师们对该书的主要内容了然于胸，也更容易看到内容之间的关联性、递进性。

②　全图版

全图版思维导图顾名思义就是全部由图符所构成的思维导图。比较适用于向低幼儿童介绍某些知识点、绘本故事内容等。如图1-10这幅有关苹果的全图版思维导图，生动形象，便于理解，可以让孩子们一下子就知道苹果的颜色、味道，苹果对我们身体的好处，与苹果有关的歌曲等。

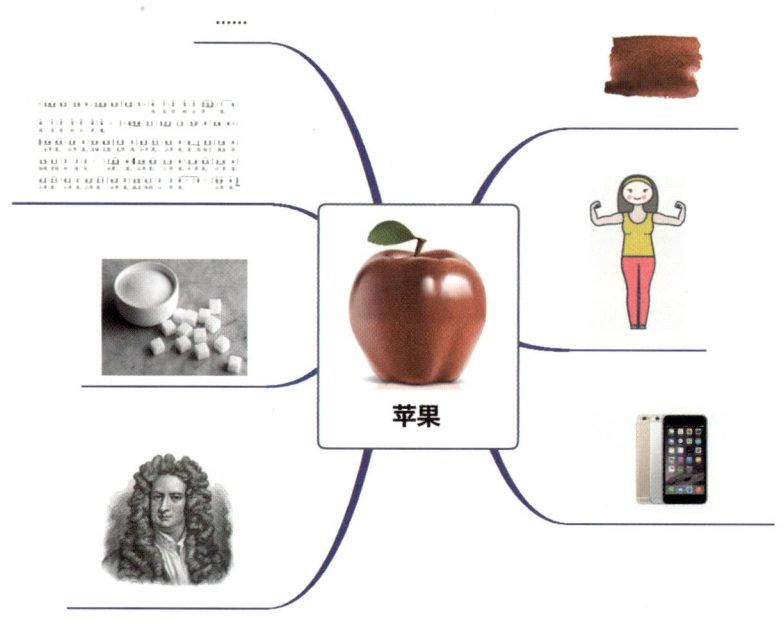

图1-10　全图版思维导图

③　图文并茂版

图文并茂版思维导图是全文字版思维导图和全图版思维导图的结合体，它既可以避免全文字版的枯燥，又可以对图符无法达意的内容加以文字说明。

这张图文并茂的思维导图（图1-11）是一位保教主任为自己制作的周计划。其中，既用文字标注了每天的工作要点，又用图符加以强化提示，如周二该保教主任上午需要外出听课、下午又要参加集团会议，两件事都与听有关，所以她在图上画了两个耳朵图形加以突出，方便自己记忆与执行。

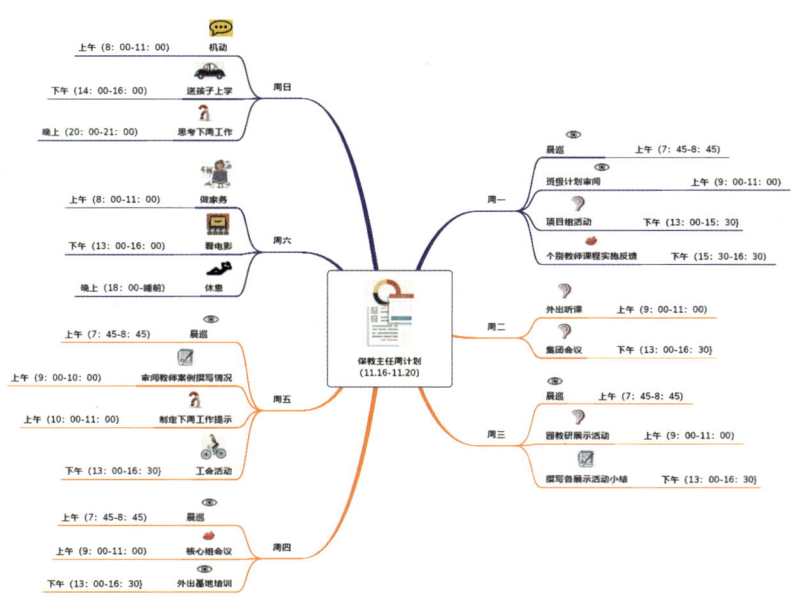

图 1-11　图文并茂版思维导图

在博赞式思维导图中，全文字版没有图符，全图版没有关键词，图文并茂版则是关键词和图符搭配使用，是较为实用且对人较有吸引力的一类。

（二）思维地图

思维地图又被称为八大思维图示，由美国著名思维专家大卫·海勒博士于 1989 年提出和发明。

1. 组成

思维地图由八种具有特定形式和用途的图示组成，具体包括圆圈图、气泡图、双气泡图、树形图、括号图、流程图、复流程图和桥形图，见下图。

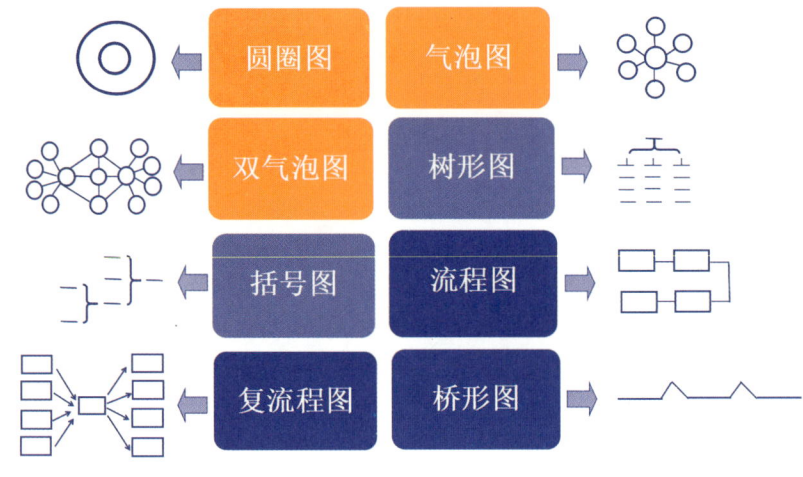

图 1-12 思维地图

2. 种类

（1）圆圈图

主要用于创意联想、头脑风暴、发散主题，也可用于描述、解释某个或某类事物，有助于提升思维的广阔性与灵活性。

这是某幼儿园老师在学期结束时，用圆圈图对需要上交的文本资料所做的梳理，他还用颜色标注出已完成和未完成的内容，以便于提醒自己并安排好后续工作。

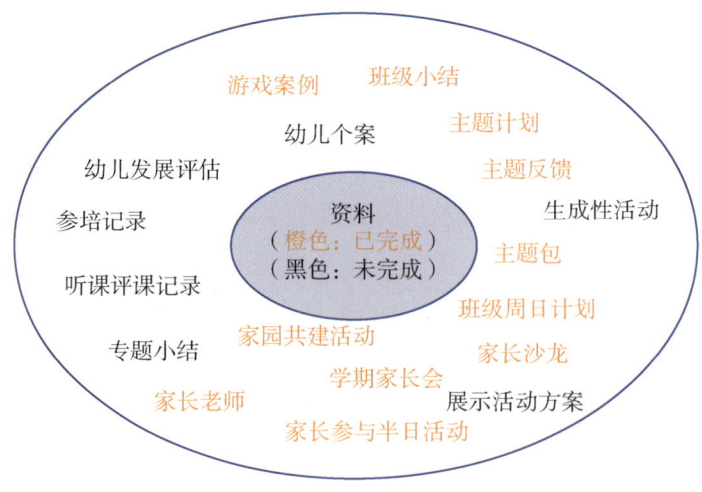

图 1-13 圆圈图示例

（2）气泡图

主要用于描述中心圆圈内事物的性质和特征，方便对概念进行讲解、描述，有助于加深人们对事物的认识和理解，进而培养思考的广度和深度。

在用圆圈图对期末需要上交的文本资料进行梳理，分成已完成和未完成两类后，该老师又用气泡图对未完成的资料做进一步的区分，以方便自己按任务的缓急情况有顺序地完成。

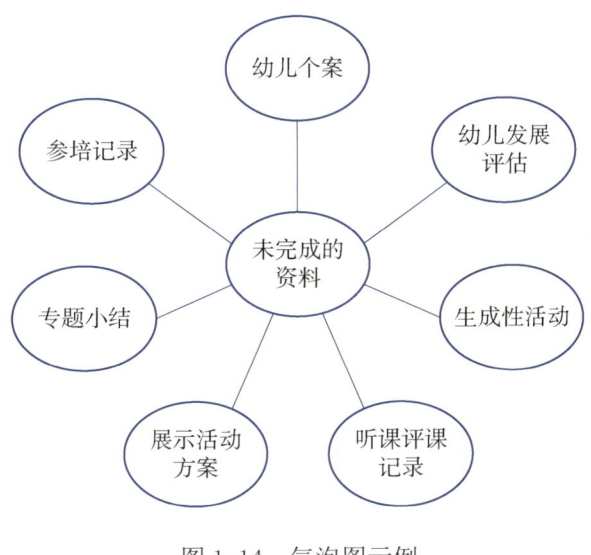

图 1-14　气泡图示例

（3）双气泡图

主要用于比较和梳理两种事物的共同点与不同点，以便更深入地认识两种相似事物间的区别与联系，有助于锻炼和提升思维的深度和广度。

喜欢规划时间的该教师又用双气泡图分析自己在班级保教资料和个人资料两部分中已完成和未完成的情况，寻找到自己兼顾两种资料时最优先需要完成的是生成性活动和专题小结。在这里，双气泡图的运用起到了事半功倍的作用。

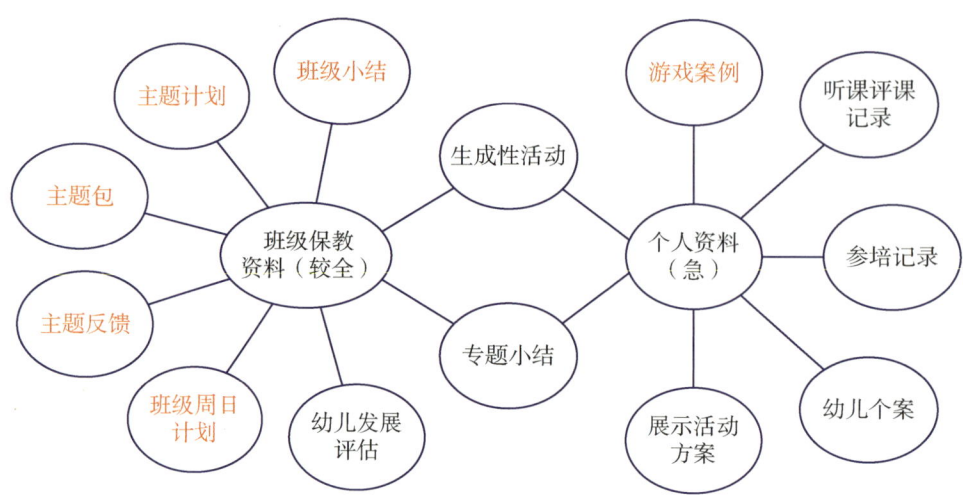

图 1-15 双气泡图示例

（4）树形图

主要用于对事物进行分类、整理，增加条理性，可以提高思维的有序性。如下图：

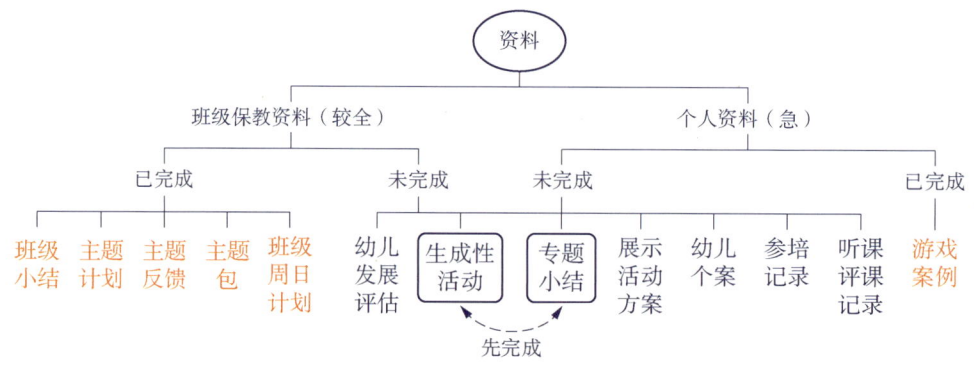

图 1-16 树形图示例

还记得这些资料内容吗？是的，该教师也用双气泡图梳理过。现在用树形图把它表示出来了，更清晰明了。

（5）括号图

主要用于建立对事物全面客观的认识，也可以用于加深对事物的理解、解析复杂构造的事物或概念等，它对提高思维的深刻性、条理性、全面性都是很有帮助的。

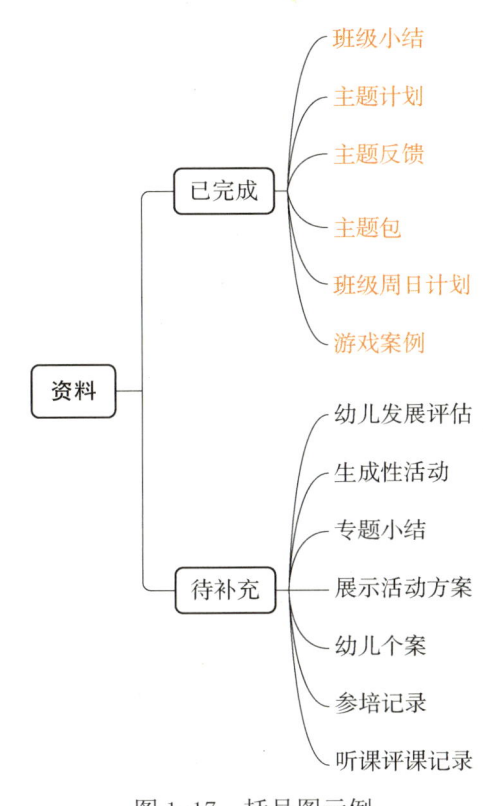

图 1-17　括号图示例

这张图上的内容大家有没有似曾相识的感觉？它是之前哪张图的"演化"？是的，是圆圈图中的内容。看来，可以根据我们的喜好和需要运用不同形式的思维地图，要知道，思维地图一共八种呢！

（6）流程图

主要用于介绍事物的顺序、步骤和排序等，流程图对促进我们思维的有序性、条理性等都大有裨益，它也是幼儿园在一日生活中使用最多的思维地图之一。下图就是教师为完成待补充资料用流程图做的具体安排。

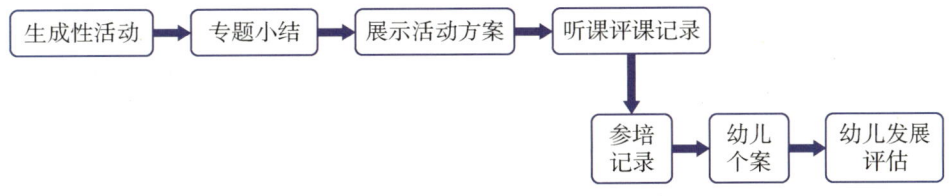

图 1-18　流程图示例

（7）复流程图

主要用于推理、分析事物、现象的因果关系，可以锻炼思维的深刻性和批判性。

为了帮助大班孩子们初步了解造成传染病的原因，养成良好的个人卫生习惯，做好预防工作，我们采用复流程图针对病毒的传播途径和预防措施向孩子们做了宣传和讲解。

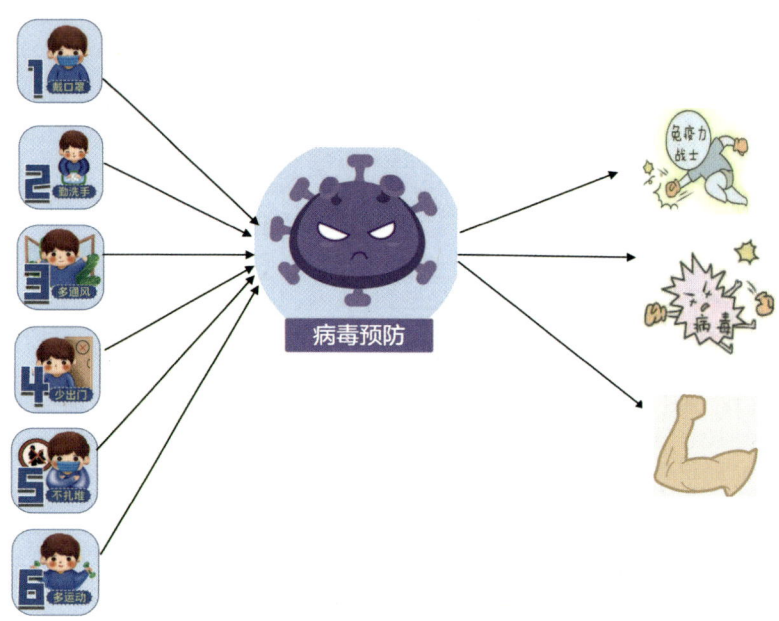

图 1-19　复流程图示例

（8）桥形图

主要用于表示事物的类比关系，既是用旧知引新知的好工具，也是提升我们思维广阔性和创造性的好工具。

瞧，用桥形图呈现思维地图中八大图示之间的关系，是不是很简洁清晰。

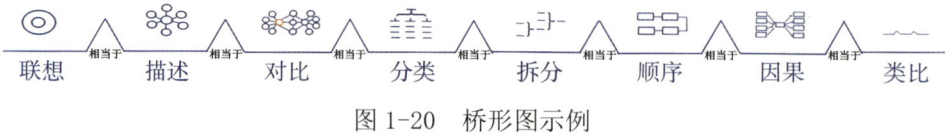

图 1-20　桥形图示例

（三）鱼骨图

鱼骨图是 20 世纪 60 年代由日本品管大师石川馨加以统整，正式应用在川崎重工造船厂的质量管理流程当中，因此鱼骨图又称石川图。鱼骨图是一种发现问题"根本原因"的分析方法，其特点是简洁实用，深入直观。

1. 构成

鱼骨图主要由"鱼头——骨干——鱼骨——鱼尾"组成，根据需要，在骨干上可以延伸出若干主骨，每个主骨还可以继续延伸出支骨，如下图所示：

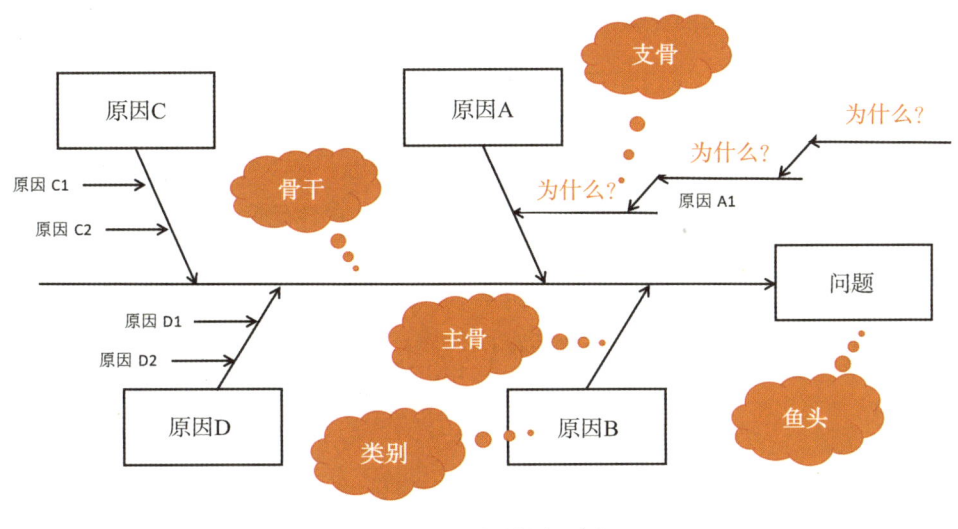

图 1-21　鱼骨图示例

其中，鱼头表示问题的特性（要因），主骨表示问题原因所对应的所有影响因素，支骨则表示主要因素之下更加细致的影响因素或类别。

2. 种类

鱼骨图按用途可分为：

（1）整理型

主要用于对问题或方法的整理，通常鱼头向右。鱼头与各分支之间不存在原因关系，只是结构构成关系。如下图，将鱼骨图提供给教师们，呈现了有效运用《学习活动》

教参中素材点的思考路径，是教师们可资借鉴的"支架"。

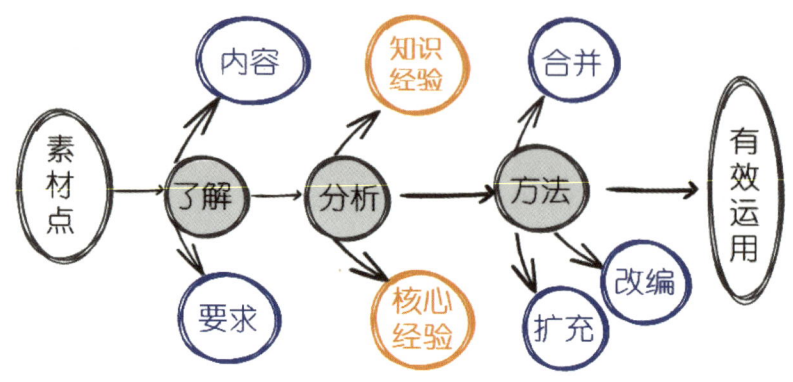

图 1-22　整理型鱼骨图示例

（2）原因型

主要是用来寻找问题发生的原因，一般鱼头向右。

如在下面的鱼骨图中，列出了中班集体科学活动"有趣的照片"现场教学完成后，从活动环节、师幼互动、教具选择等三个方面对活动目标未达成的原因所进行的分析，鱼骨图的应用有助于执教老师快速找到本次活动的问题所在。

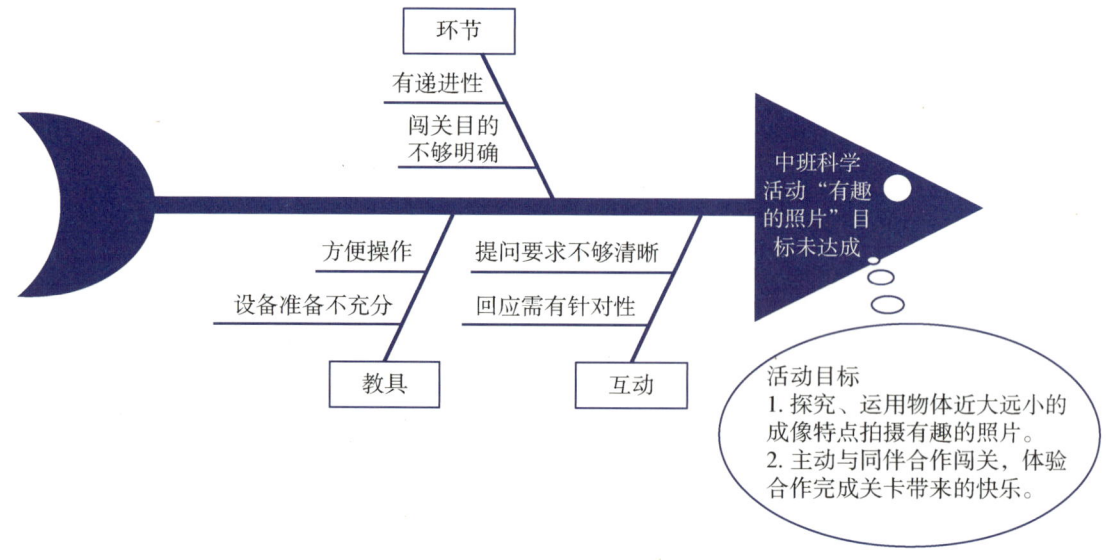

图 1-23　原因型鱼骨图示例

（3）对策型

主要是用来寻找解决问题的策略或梳理问题的解决方案，一般鱼头朝左。图 1-24
就是根据中班集体科学活动"有趣的照片"活动目标未达成的原因而提出的更为具体
的对策。如，根据教具准备不够充分的原因，在对策中提出为有效达成活动目标，活
动准备时就要提供给每组 1 台平板电脑，方便孩子们对如何让照片"有趣"进行探索
和尝试。

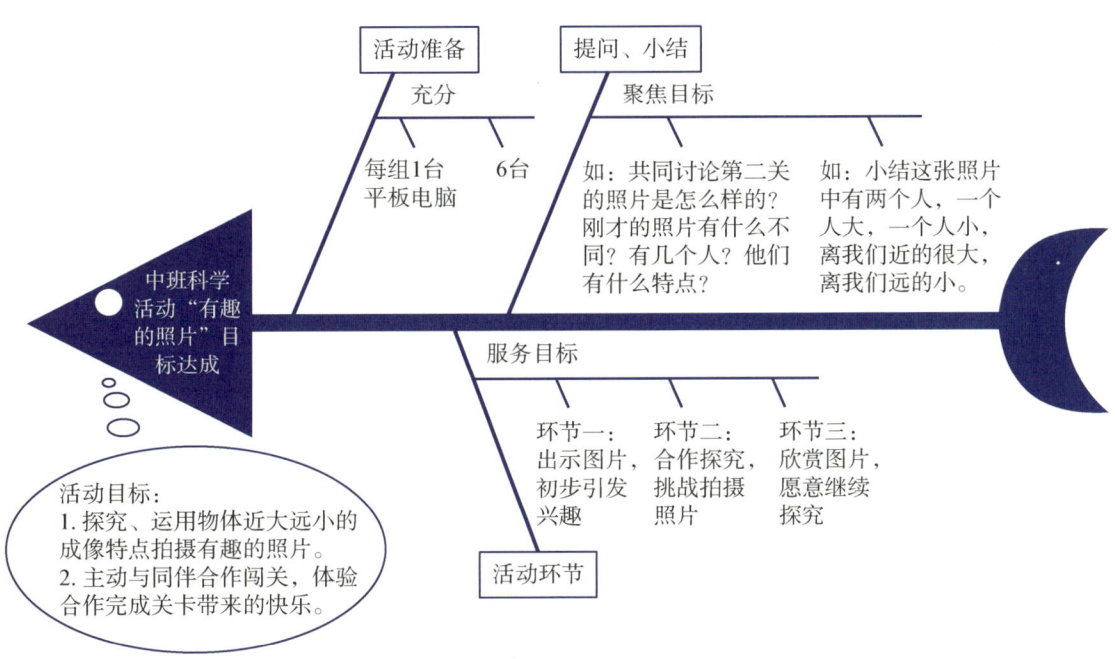

图 1-24　对策型鱼骨图示例

二、思维导图的异同

作为视觉化的思维工具，博赞式思维导图、思维地图和鱼骨图都是既非常直观又有较
强的逻辑性，不仅可以应用于教学、规划、研究、学习等不同领域，还可以强化记忆、激
发创造力。它们既有相同之处，也存在着不同点。

（一）相同之处

1. 思维的可视化

作为 20 世纪最重要的思维科学研究成果之一，思维导图可以将人们头脑中的思维过程进行视觉化呈现。通常情况下，我们是用纸笔记录思考的结果，而绘制思维导图则是将大脑思考的过程记录下来，让我们能更清晰、更全面地看到自己的思考特点，为大脑高效运转提供驰骋的空间。

2. 内容的结构化

思维导图可以帮助我们走出以往线性思维模式的束缚，让我们在一张图上记录丰富的信息，并显示结构化的内容和信息间的关联性，增强思维的逻辑性和创造性。一幅优质的思维导图可以让我们清晰地看到围绕中心主题所展开的不同层级间的关系，便于我们能以全景图的方式全面而深入地思考问题，增加思维的广阔性及灵活性，还可以让我们清晰地观察到已有知识结构与未知知识之间的联系，及时调整思维结构和模式。

3. 工作的高效化

大部分的思维导图不仅具有内容的层级关系以及内容之间的联结，而且具有可视化扩散、思考逻辑分类的特点。因此，我们在思考问题时，可以通过"边想边画"快速地看到我们的思考流程、可取之处和需要改进的地方，从而极大地提高工作效率。

例如，在召开工作会议时，我们可以根据会议内容及要求选择运用思维导图。如果是针对工作的安排与落实的执行型会议，可以事先绘制好导图，边讲解边布置分工，使会议高效务实。如果是研讨型会议，只要明确中心主题，搭好研讨框架，大家就可以头脑风暴，边讨论，边不断地开枝散叶。由于研讨内容聚焦，呈现方式简洁清晰，到会议结束时，也会有令人满意的结果。因此运用思维导图提高会议效率是个很好的选择。

4. 学习的意义化

思维导图可以促进学习者将已有知识和经验与新学习的内容进行连接，将大脑已有的知识结构进行整理和重构，让知识内化到认知结构中去，从而促进有意义的学习的发生和学习效果的提升。

从认知负荷理论看，思维导图通过图示形式展示知识及其之间的关系，其对知识的细化与整理缩减了冗余的信息，大大降低了工作记忆的负荷。同时，思维导图将零散的知识组织成一个新的有意义的整体，形成新的组块，为思维加工提供了良好的条件。

卡皮克记忆理论则认为"重复提取胜过细化学习"，与普通的文本阅读和理解相比，绘制思维导图包含了更为丰富的提取过程，能够更清晰地帮助人们认识到知识间的"缝隙"，从而有意去"填平"这些缝隙。

（二）相异之处

思考方式上的差异

正如博赞式思维导图的发明人博赞先生在他的书中所述：思维导图是一种放射性思维，体现的是人类大脑的自然功能。它以图解的形式和网状的结构，用于储存、组织、优化和输出信息，它利用的就是此自然结构的灵感，从而提高效率。博赞式思维导图比较强调放射性思考，容易延伸。鱼骨图在结构上具有一定的方向性，对思考而言就有了局限性，但用其分析事物的因果关系时更清晰。思维地图更聚焦具体问题，侧重的是类比、顺序、描述。

总之，思维导图不仅是把我们的思考内容用纸笔画出来的一个过程或一张静态的图，它更是一种动态的思考方法，其精髓在于思维的构建过程。在这个过程中，最重要的是思考的方法，是经历思考的过程。

三、思维导图的作用

关于思维导图的作用与价值，在许多专著和研究文章里都有详细的介绍和分析，其中不乏溢美之词。在此，我们仅根据课题研究结果以及在幼儿园教育教研中的实践探索做总结与分析。

（一）思维导图可以广泛使用并提高工作效率

在课题开展过程中，参与行动研究的教师从对思维导图一无所知、懵懵懂懂，逐渐发展到在教研活动、园务与班级管理、集体教学活动、个别化学习活动、主题墙创设、家园沟通、文章撰写等工作中广泛地、高频次地运用思维导图。

如我们在这3年所开展的近40场现场教研中，共使用了270多次思维导图，平均每场教研使用近7次。尤其是括号图和气泡图、流程图，几乎每场教研都使用，对教研活动的深入开展起到了良好的助推作用。

此外，研究成效的访谈词频分析还反映出，教师们不仅在保教管理、计划制订、教学活动、教研反思、案例撰写、园务管理等各项工作中已广泛运用思维导图，而且认为思维导图在自己的实际工作中起到了梳理思路、理清头绪、整体思考、深度思考、统整工作、提醒工作等作用，对提升工作效率和教育教学效果大有帮助。

图1-25　教师访谈高频词

例如，王园长自觉运用思维导图做答辩准备，取得了非常不错的效果，既显示出她娴熟的思维导图制作技巧和深厚的业务功力，也反映出其思维品质的缜密和深刻。

李老师，上一轮教师专业发展学校答辩，我们幼儿园没有通过，我自己反思，问题出在现场答辩的条理不够清楚，因为答辩内容主要为本校的校本研修设计思路和教师队伍建设设想，以与专家现场对话的方式进行，无需准备PPT。这就要求临场回应要快，表达要清晰而流畅。这次去答辩前，我用思维导图做了一些准备，专家表扬我思路清楚。这是参加现场教研和学习受到"熏陶"的结果。

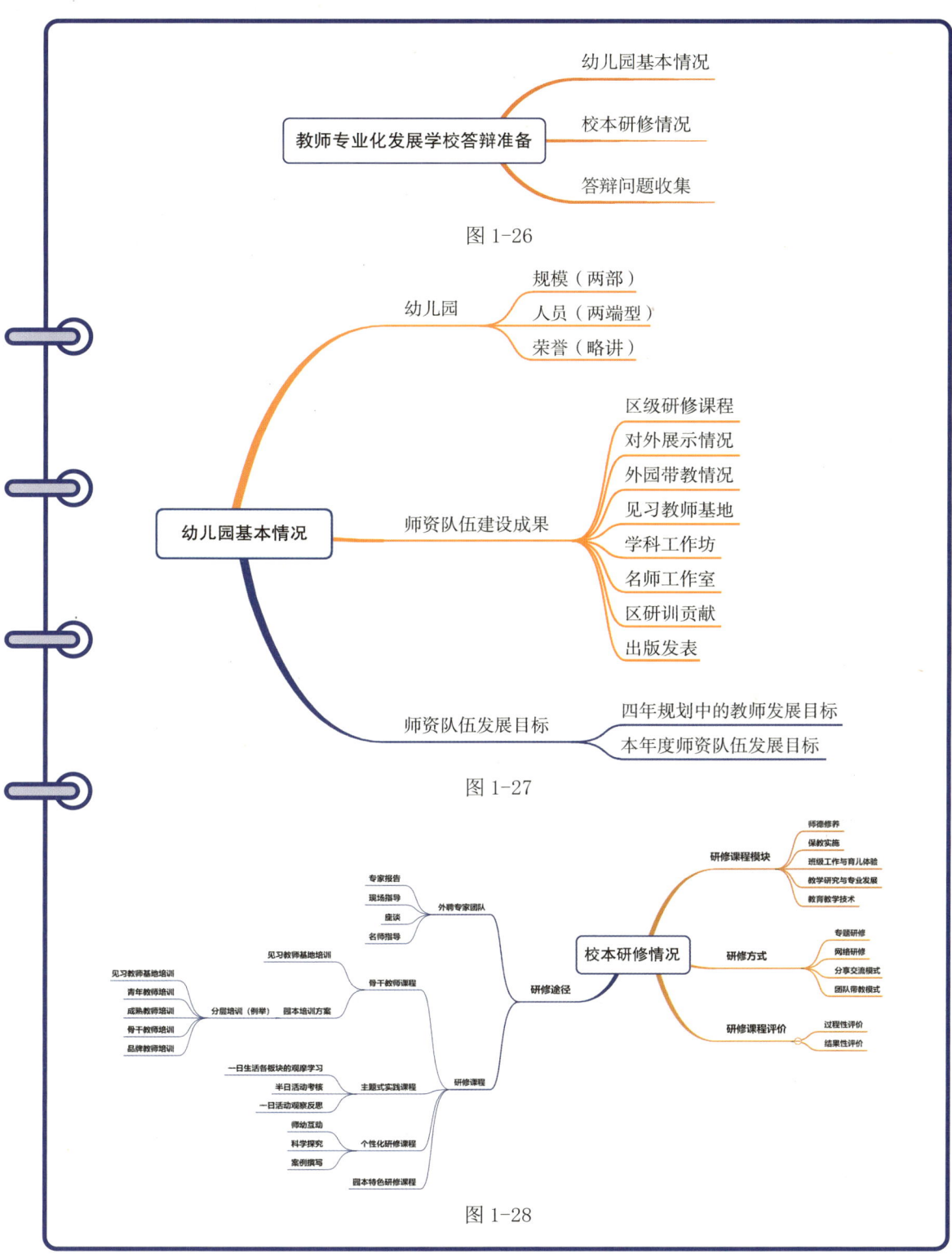

图 1-26

图 1-27

图 1-28

（二）思维导图可以提升幼儿教师的思维品质

1. 根据思维品质调查的前后测对比分析

根据数据统计并对均值进行 T 检验，发现中心组与课题组教师经过近三年的学习与实践，他们思维的广阔性、深刻性和灵活性均有显著提升，但思维的创造性与批判性则变化不大，见下表。

表 1-2　幼儿教师思维品质前后测比较

项目	广阔性		深刻性		灵活性		批判性		创造性	
	均值	标准差	均值	标准差	均值	标准差	均值	标准差	均值	标准差
前测	11.29	2.611	11.10	1.532	15.86	1.698	10.01	1.339	11.34	2.197
后测	15.13	1.563	12.56	1.141	17.43	1.567	10.47	1.175	11.67	2.564
P 值	0.000		0.001		0.000		0.597		0.958	

（1）思维品质的广阔性显著提升

根据数据统计，中心组与课题组教师思维的广阔性后测的均值为 15.13，高于前测均值 11.29，P 值为 0.000，说明经过近三年的学习与实践，幼儿教师思维的广阔性有显著提升。

（2）思维品质的深刻性显著提升

教师思维的深刻性后测的均值为 12.56，高于前测均值 11.10，P 值为 0.001，说明中心组与课题组教师思维的深刻性有显著提升。

（3）思维品质的灵活性显著提升

教师思维的灵活性后测的均值为 17.43，高于前测均值 15.86，P 值为 0.000，说明中心组与课题组教师思维的灵活性有显著提升。

（4）思维品质的创造性与批判性的提升不够明显

教师思维的创造性和批判性后测的均值都高于其前测均值，但 P 值均大于 0.05，说明中心组与课题组教师思维的创造性和批判性的提升不明显。

可见，经过三年的学习与实践，思维导图对课题组教师思维品质的广阔性、深刻性和灵活性等方面有显著的提升作用，但在思维的批判性和创造性方面的促进作用尚不明显。

对幼儿教师来说，思维品质的培养是一个长期而复杂的工程。教师能够较快地掌握思维导图的绘制技巧，也能在自己的学习与工作中运用思维导图，但要学会辨析现象背后的深层原因或创新运用知识，则需要一个较长的过程。

林崇德教授认为，创造性的发展较其他品质要迟、要慢，难度最大。深刻性与创造性的相关系数低，而灵活性、批判性与创造性的相关系数高，说明发散思维是创造思维的前提或表现，创造程度与批判程度具有高相关。当教师思维的广阔性、灵活性、深刻性等都有较大提升后，才可能引发和促进教师思维批判性和创造性的提升。

2. 根据教师访谈分析

经过近三年的学习与实践，大多数中心组和课题组教师都认为使用思维导图对提升思维品质有较好效果，具体如下。

在参与访谈的 62 名教师中，认为使用博赞式思维导图对提升思维品质有帮助的人数分别为：认为对提升思维广阔性有帮助的有 53 位教师，占 85.5%；认为对提升思维深刻性有帮助的有 47 位教师，占 75.8%；认为对提升思维灵活性有帮助的有 39 位教师，占 62.9%；近一半的教师认为对提升思维创造性有帮助；认为对提升思维批判性有帮助的仅有 13 位教师，占 20.9%。

表 1-3　教师反馈统计表（博赞式思维导图）

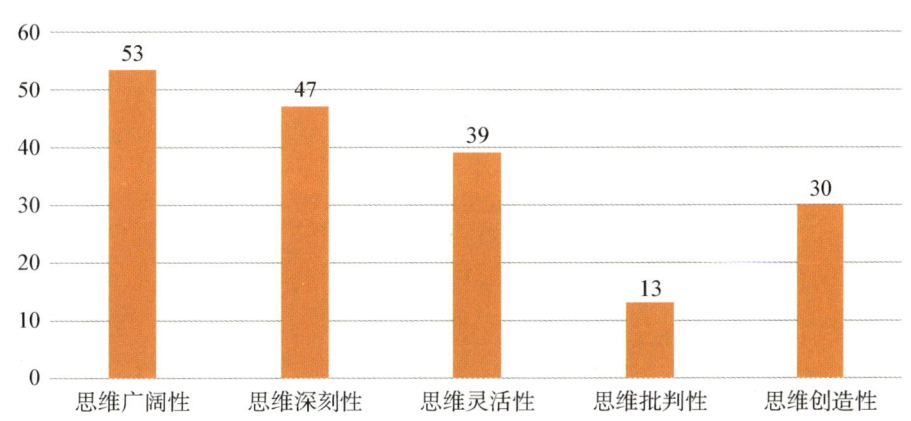

在参与访谈的 62 名教师中，认为使用思维地图（八大思维图示）对提升思维品质有帮助的人数分别为：认为对提升思维广阔性有帮助的有 55 位教师，占 88.7%；认为对提升思维深刻性有帮助的有 48 位教师，占 77.4%；认为对提升思维灵活性有帮助的有 43 位教师，占 69.4%；认为对提升思维创造性和批判性有帮助的分别有 20 位和 19 位教师，占比均不足三分之一。

表 1-4　教师反馈统计表（思维地图）

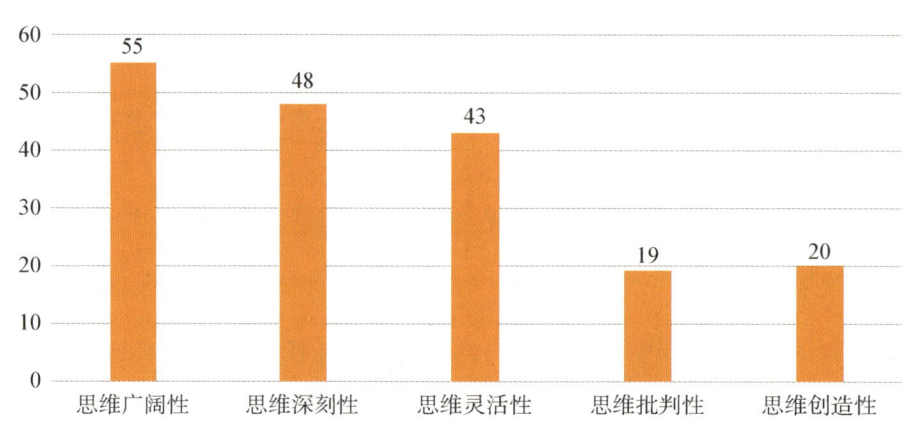

在参与访谈的 62 名教师中，认为使用鱼骨图对提升思维品质有帮助的人数分别为：有 52 位教师认为对提升思维深刻性有帮助，占 83.9%；有 48 位教师认为对提升思维广阔性有帮助，占 77.4%；有 34 位教师认为对提升思维灵活性有帮助，占 54.8%；有 27 位教师认为对提升思维批判性有帮助，占 43.5%；有 20 位教师认为对提升思维创造性有帮助，占比接近三分之一。

表 1-5　教师反馈统计表（鱼骨图）

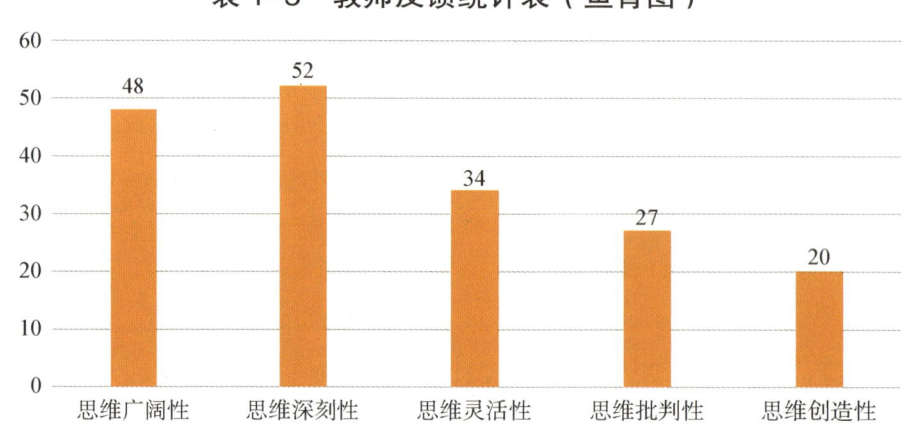

综合来看，大多数中心组和课题组教师都认为使用思维导图对提升思维品质有较好的效果。其中，75%以上的教师认为博赞式思维导图、思维地图、鱼骨图对自己思维广阔性和深刻性的提升有效果；超过一半的教师认为这三种思维导图对自己思维灵活性的提升有帮助；相比之下，认为这三种思维导图对自己思维批判性和创造性有帮助的教师人数均不足一半。这说明思维导图对幼儿教师的作用与价值主要体现在打开思路、深入思考、理清头绪、增强逻辑性。进一步比较发现，认为鱼骨图对提升思维深刻性和批判性有帮助的教师比博赞式思维导图和思维地图的略高一些，而认为思维地图对提升思维灵活性有帮助的教师则略多于鱼骨图和博赞式思维导图的。

3. 访谈词频分析结果

通过对 62 位教师的访谈内容进行词频分析，结果如下。

表 1-6 教师访谈词频分析表

思维品质	出现词语	出现次数	百分比
思维深刻性	深度、逻辑、思路清晰、概括、递进、有理有序、清晰、归纳、有条理、梳理、系统、有序、深刻、由浅入深、深入、重难点、梳理轨迹	45	73.8%
思维广阔性	全面、广阔、更广、完整、更多、拓展、角度变多、计划、开阔、广度增加、穷尽、完整、齐全、拓展、多角度、细化、全方位	37	60.7%
思维灵活性	灵活、扩散、不同维度、联想、开阔、活跃、整合	21	34.4%
思维创造性	创造	5	8.2%
思维批判性	批判、发现偏差、反思、评价、剖析	9	14.8%

从对教师访谈的词频分析来看，在回答"运用思维导图，带给您最大的思维变化是什么？"时，有 73.8% 的教师使用了能够体现教师思维深刻性的关键词来形容，如概括、递进、归纳、清晰、有条理等。有 60.7% 的教师认为思维导图能够提升自己思维的广阔性，

在访谈中体现思维广阔性的关键词有很多，如全面、穷尽、全方位等。34.4% 的教师认为使用思维导图能够提升思维灵活性，如在访谈中提到思维导图能够让自己的思维变得活跃、开阔、灵活等。

可见，思维导图带给教师最大的变化是在工作中教师逻辑性增强、思路更清晰，而且思考问题的广度也进一步提升。

研究发现，人们思考与绘制思维导图时，首先要确定中心主题、提炼关键词，而使用关键词既容易刺激大脑自由联想，也需要进行提炼和概括，因而要求绘制者具有一定的深度思考与抽象概括能力；其次，要做到导图主干清晰，需要绘制者进行发散思维与聚合思维，这又要求绘制者具有较高的思维广阔性、灵活性和深刻性；再次，要做到导图层次分明，更需要绘制者有一定的独立思考、抽象概括和深入分析的能力。而通过大量的制作思维导图的练习也可训练和促进绘制者的思维品质，见下图。

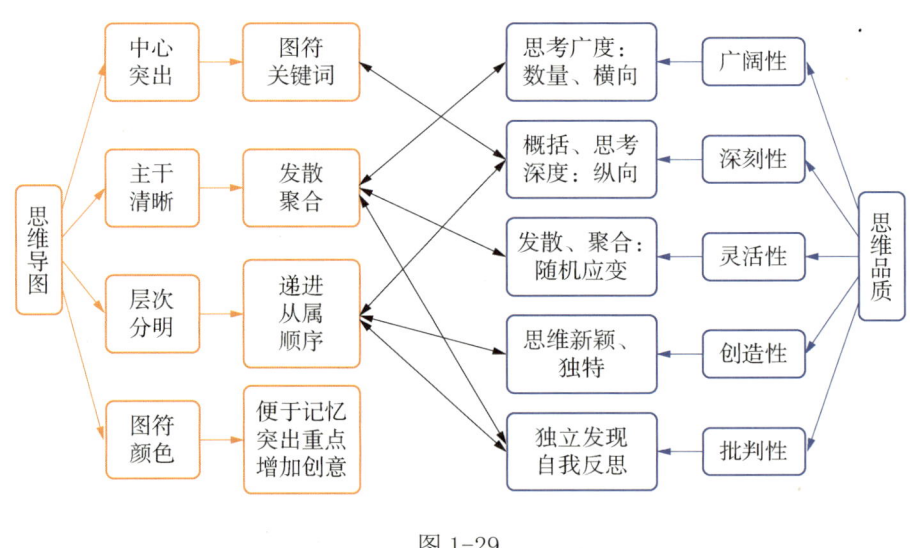

图 1-29

（三）思维导图可以提高幼儿教师的专业能力

1. 增强问题思考能力

教师们普遍认为，思维导图让他们在面对教研、教学、案例撰写、班务管理等日常工作中出现的问题时，能够打开思路、深入思考、抓住重点，思考问题有广度和深度，逻辑性、递进性也不断增强。

在访谈中，很多教师都提到：思路更开阔，让我想到更多解决问题的点子；思考角度变多，学会全面看待问题；思考问题的角度变广了，答案越来越多；思维导图的运用让老师们能"举一反三"，去思考自己的内容与他人有无共通之处；使用思维导图让我对要做的事情更为清晰和明确，同时也帮助我对相关的内容有更深刻的认识和理解；等等。

2. 提升反思提炼能力

在课题研究中，课题组将思维导图充分地运用到教师对教研活动、教学活动、个别化学习活动等的反思中。很多教师对工作的反思的灵活性、广阔性和深刻性都有明显的变化。

如下图，这是孙老师第一次使用思维导图对集体教学活动进行反思。从思维导图的呈现来看，教师对每一根鱼骨上的关键词还缺少概括提炼的能力，只会用一句话或一段话的形式进行描述性的反思；另外，反思的内容与角度也有局限，主要从活动环节的设计与调整、教具的呈现形式、师幼互动三个方面进行反思。

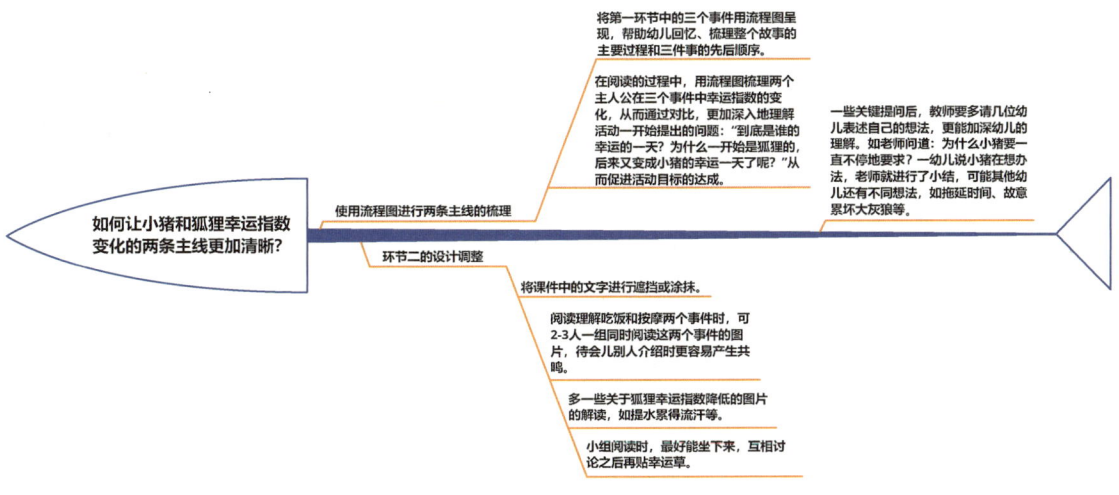

图 1-30

经过再一次地认真学习和理解思维导图的绘制技巧、注意事项之后，孙老师运用鱼骨图对该集体教学活动进行反思与总结。

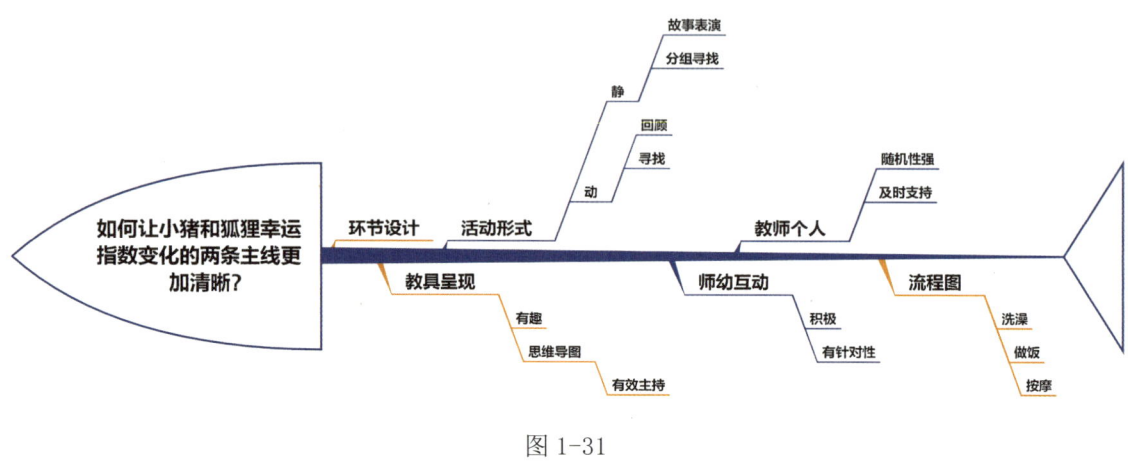

图 1-31

从上图可看出，孙老师反思的维度已从原来的三个维度扩充到了六个维度，增加了活动形式、流程图和教师个人三个方面。原来鱼骨上长长的一句话或一段话也不见了，代之以简练的关键词，清晰明了地表达了自己的反思结果，可读性大为增强。

通过两幅鱼骨图的对比可看出，孙老师已较好地掌握思维导图的绘制技巧，同时她的思维广阔性和深刻性等也得到很好的锻炼与提高。

3. 增强语言表达效果

有些教师因为准备不足或紧张担忧，在演讲或汇报时容易出现思路混乱、逻辑不清、语无伦次、词不达意的现象，或照本宣科，或忘了台词，效果大打折扣。

思维导图可以帮助教师打开思路、深入思考、提炼关键词、梳理流程，可以让教师的表达观点鲜明、条理清晰、重点突出、富有逻辑性。

有一位中心组教师谈到她的一次特殊经历：曾经有一次我担任某场主题沙龙的主持，作为第一次主持大型活动的"菜鸟"，为了现场能有更好的效果，我决定自己先试讲一下，还邀请了几个小伙伴当听众，谁知在台下侃侃而谈的我，一上台就卡壳了，同伴们纷纷为我支着儿，可我的脑海里还是一片空白。

就在此时，我脑子里突然冒出"思维导图"四个字。于是，我尝试聚焦研讨主题，采用"八爪鱼"式的导图，从教师的特质、联系自己和身边的实例、讨论和梳理什么样的教师才是 ×× 教师等方面展开沙龙活动的研讨。结果，沙龙活动取得了令人惊喜的效果，我结合研讨内容所做的最后的发言还博得了满堂彩。经历那一次体验之后，我开始喜欢上了用思维导图进行思考和梳理。

近三年来，课题组将思维导图运用到每一次大大小小的教研、会议、主持等工作中，帮助教师全面而深入地思考，并助力教师条理清晰、语言简练地表达自己的观点，许多教师语言表达的流畅性和逻辑性有了长足的进步。

4. 提高写作能力

在访谈中，许多教师均提到了思维导图在教案、案例、小结、论文等的撰写中的应用，思维导图让他们受益颇多：在撰写文章、做学习笔记或梳理归纳重点的时候，往往都会有意无意地使用到思维导图，把那些原本在脑子里乱哄哄的一堆东西通过思维导图逐一梳理清晰，分门别类地进行规整，不仅理清了写作思路和具体内容，同时也便于进一步补充和完善，最后写起来也就容易多啦。

从下面的词频图也可看出，大多数参与访谈的教师认为使用思维导图对案例分析和文章撰写非常有用。

图 1-32

从陈老师对游戏案例的撰写及调整的过程中，我们更欣喜地看到了思维导图对教师思考能力的增强和写作能力的提升具有特殊的作用与价值。

从轨道变形记到小矮人矿车游戏的演变

2018 年 10 月，教育部发出了"有关全国幼儿园优秀游戏活动案例的征选通知"。我运用思维导图陪伴陈老师撰写《小矮人矿车游戏》案例。2019 年 10 月此案例荣获"上海市幼儿园优秀游戏活动案例特等奖"。2020 年 11 月该案例被录入人民教育出版社出版的《游戏·学习·发展：全国幼儿园优秀游戏活动案例选编》一书。

回首辅导陈老师撰写案例的过程，我们共同经历了从"轨道变形记到小矮人矿车游戏的演变"。

第一次收到陈老师发来的游戏活动案例《轨道变形记》时，我反复阅读后，感觉内容来源于幼儿生活，游戏素材有趣，对幼儿有学习和发展的价值，对教师有反思教育行为的意义。但是，文章初稿存在着几个问题：主题和内容之间的匹配性不强；实录与分析不够细致；综述部分缺乏深刻性。

针对这些问题，我和陈老师通过电话沟通，提出了一些修改建议。从她与我通话时的语气语调，我感觉到她对于如何修改有些纠结和茫然。因此，我跟她提出能否采用思维导图来思考案例撰写的框架和内容。她欣然接受。

没过几天，陈老师完成了案例的修改，把思维导图与案例文本一并发送给我。

我先看了这张思维导图，她使用博赞式思维导图对游戏案例从主题到内容以及总结的框架进行思考。

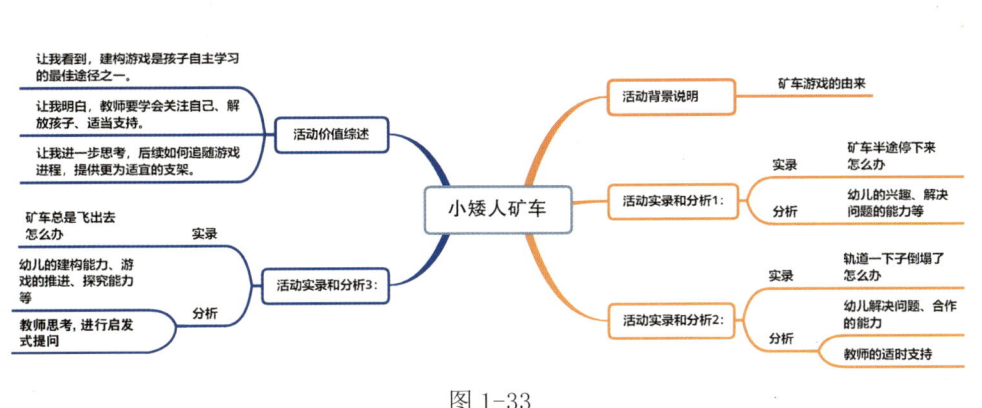

图 1-33

从导图看，她制定整体案例框架时还是依据主办方对游戏案例的要求和要素进行思考和罗列。同时，结合上一次游戏案例撰写过程中出现的问题，依据幼儿游戏的具体情况，第一，把案例主题调整为"小矮人矿车"；第二，根据主题，将游戏的发展分为三个情节，即矿车半途停下来怎么办→轨道一下子倒塌了怎么办→矿车总是飞出去怎么办，并对照幼儿游戏行为进行分析；第三，从三个实录与分析中梳理和提炼出三个活动价值。仅这三点梳理，层次较前一次要清晰，内容也不再重复。

看来，借助思维导图法，陈老师对游戏案例的框架和具体内容都有了更细致和深入的思考。

随即，我点开她修改的游戏案例，发现案例的可读性比前一稿强、逻辑也比较严谨。

我又一次与她沟通，建议她继续用思维导图法对活动实录和分析部分做更深一步的思考和分析，让实录更流畅、表达更清楚、分析更到位。

就这样，在来回几次的沟通、修改后，游戏主题确定为"小矮人矿车游戏"并最终定稿。

可以说思维导图成就了《轨道变形记》向《小矮人矿车游戏》的成功转型，也促进了陈老师写作能力与思考能力的快速成长。

后来陈老师接到人民教育出版社编辑的来电，告知她本游戏案例作为即将出版的游戏案例集的样例，供其他入选老师修改自己的游戏案例时参考。编辑老师要求陈老师根据后续游戏开展的情况，对《小矮人矿车游戏》再做修改。

陈老师接到通知后，第一时间和我联系。我们进一步讨论了如何修改案例。陈老师提出，在解决"矿车总是飞出去"的问题之后，幼儿还玩过矿车进站、搭建有关卡的轨道，这些游戏行为对幼儿的发展很有意义，而且是幼儿游戏的转折，是否可以对这些情节和行为做细致的介绍和分析。我表示认同，并鼓励她使用"起承转合"的方法进行整体思考和内容修改。

陈老师按照"起承转合"的方法，运用思维导图对《小矮人矿车游戏》再次进行梳理和架构。

中心主题定为"小矮人矿车游戏"，围绕主题确定主分支，分别是"起""承""转""合"。"起"通过阐述游戏的背景，引出"小矮人矿车游戏"。"承"详细记录幼儿游戏中的三个"怎么办"以及教师相应的观察、思考和支持。"转"以"建个矿车站台"和"挑战搭建有关卡的轨道"的游戏实录，说明幼儿在经历前期游戏并积累了一定经验之后，有进一步探究的欲望和行动。"合"作为总结，教师的三点提炼和总结不仅与正文"承""转"两部分的内容相契合，又有分析的深度。至此，陈老师用思维导图完成了她对整个文章结构和内容的梳理及修改。

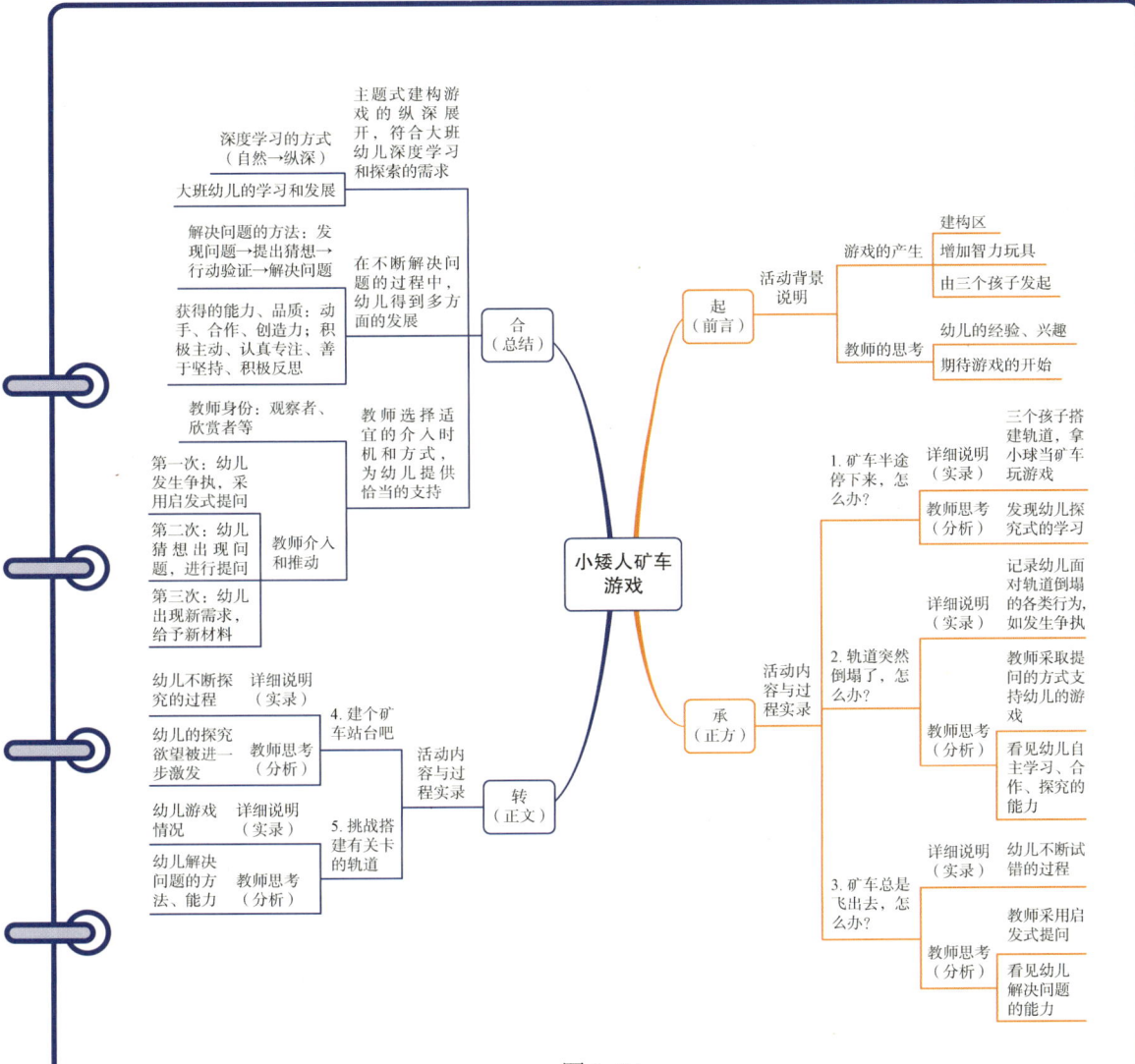

图 1-34

　　当她再一次把《小矮人矿车游戏》这篇游戏案例给我看时，我发现其主题更明确、层次更清晰、分析更深刻、逻辑更严谨，整体也更统一了。

第三节 思维导图的绘制和评价

在看了思维导图的诸多介绍后，大家是不是有一种冲动，想"画"思维导图了？好，咱们开始吧！

一、思维导图的绘制技巧

（一）博赞式思维导图

以下的内容节选自我写的一篇题为《数字脚印讲故事》的案例，原文有 4 000 多字。当用思维导图（图 1-42）做呈现时，因为筛选后只留下关键词、句，所以整体字数为 200 字左右，虽然字数减少了许多，却依然能表现出原文的主要概念与逻辑关系，这就是思维导图的魅力所在！

数字脚印讲故事（节选）

图 1-35

故事一：我想挑战一下

成成是个小班女孩，那天一进思维室，她就迫不及待地拿起装着拼板的托盘坐到地毯上，看也不看就哗的一下全倒出来，然后率性地拿了标有数字5的拼板放到左脚底板上的小脚趾位置，不行，拼板太长，她又往中趾上放，也不合适，放下这块拼板，她又重新拿了一块，继续在底板上挨个尝试。这时，一个叫豆豆的男孩走过来说："这个很难的！""我想挑战一下自己！"成成答道。看得出，豆豆也想玩，但成成的回答让他无奈地走开了。成成则继续努力地想把拆开的"我"恢复原形，她试了一块又一块，每次失败之后脸上都闪过些许无奈的表情。然而，由于只是盲目地试误式拼装，成成还是不成功。五六分钟过去了，成成仍然没有拼好，豆豆又走过来说："这个很难的。"成成把盘子移到自己的左侧，扭动了一下身体，像是告诉豆豆自己还是不愿意给他玩，豆豆再次闷闷不乐地走开了。

成成继续着自己的试误式学习，十多分钟过去了，情况依旧，成成向小何老师投去求助的目光。小何老师没有马上走过来，只是提醒她："成成，你看看拼板上有什么秘密？"成成拿起一块拼板，注意到上面有数字3。"想想有数字3的拼板可以放在哪个脚趾上呢？"小何老师说。成成想了一下，把这块拼板放到左脚的中趾上固定好。接着，成成又拿起其他拼板，依旧没有章法地摆放，可把余下的拼板都试了一遍，还是没有办法拼出脚的样子。小何老师再次提醒："成成，你想一想数字3和谁是好朋友？"成成略一沉吟，马上拿起标有数字2和4的拼板，这次她没费任何力气就把这两块拼板嵌在标有数字3的拼板左右。受此启发，成成很快地把左右脚都拼好了，兴奋的她举起托盘，大声说："看！"豆豆走过来酸酸地说："你举这么高，会撞到别人的。"成成脸上兴奋的表情凝固了，默默地把托盘放下来。随后，成成再一次把拼板全倒在地板上，重新拼装，这次她采用的是按照拼板上的数字顺序进行拼装的方法，结果很快就拼好了，成成兴奋地握紧小拳头，轻轻地对自己说："成功了！"

多有坚持精神的孩子啊！即使遭到同伴不时的干扰和善意的劝阻，成成仍能坚持不懈、专注地拼图。当她将混乱的拼板一块块拼装回去直至成功的时候，她自然拥有了成就感，这不仅可以提高她玩拼图玩具的兴趣和独立完成任务的信心，也对她良好学习品质的形成颇有裨益。

从整个过程看，成成的行为属于直觉式的试误型拼装，她不会根据拼板上的信息，先观察脚趾上的特点，再决定如何拼装，而是倾向于很快地动手操作。在前面十多分钟，成成都未能通过观察或摆弄来发现每个脚趾拼板的形状、长短与对应的底板位置之间的关系，更没有注意到脚趾上的数字。但成成的领悟能力还是比较好的，在小何老师的启发下，她利用数字与脚趾的

图1-36

关系很快地完成了拼图任务。后来，成成又通过再一次的成功拼装来验证刚刚学会的拼装方法的有效性，及时巩固自己的学习成果，这让人有些意外，看来在经历了一次次的试误后她开始从混沌中理出头绪，尝试建立属于自己的拼图策略，这是难能可贵的！

故事二：不想再拼了

锐锐是个小班男孩，那天他似乎早就想好了要玩脚趾拼板，所以一走进思维室，就迅速地站到放拼板的柜子旁边，小何老师一说可以玩了，他马上端起托盘来到旁边的小方桌前坐下。和成成不一样的是，锐锐没有一下子全倒出来，而是先拿出左脚底板放在他身体左侧的桌面上，再拿出两个脚趾拼板，交换它们的位置在底板上拼装。可是两个脚趾都嵌不进去，于是他又取出一个脚趾拼板，尝试用三块拼板互换位置进行拼装。六分钟过去了，锐锐没有成功，但他发现了一个现象，就是单个脚趾拼板放进底板的任意脚趾位置似乎都可以，连在一起却无法像右脚那样平整契合。于是锐锐取出左脚的所有脚趾拼板，随意地拿起一个脚趾拼板尝试着看能否放进底板上某个位置里。玩了一会儿，许是觉得这样颠来倒去的也不行，他依旧拿了三个脚趾拼板在底板上寻找与其相匹配的脚趾形状，多次尝试后锐锐终于为这三个脚趾拼板找到了自己的位置。十五分钟过去了，锐锐总算把左脚重新拼好。锐锐接着拆右脚，由于有了拼装左脚的经验，这一次他自信地把所有的右脚脚趾拼板都从底板里取出来，逐个尝试拼装，结果只用五分钟就把右脚拼好了。锐锐兴奋地把小椅子翘起来、身体后仰，得意地说："好了！"看到锐锐玩数字脚印可以玩这么久，小何老师觉得难以置信，因为如果是集体学习活动的话，这会儿锐锐不是躺在地上就是四处游荡去了。

为进一步了解和考察锐锐的注意长度、学习策略与迁移能力，小何老师当着锐锐的面把两只脚的脚掌和脚趾拼板全部倒出来，混在一起，让锐锐重新拼搭。看到这一幕，锐锐先呆了一下，接着小椅子也不翘了，直起身来饶有兴趣地再次投入拼装。然而，从对五个脚趾的掌控到对十个脚趾的拼装，锐锐似乎有些力不从心，一会儿在左脚掌里放一块，一会儿往右脚掌里放一块，反复尝试着，五分钟过去了，一片混乱，十分钟过去了，依然如此，一只脚都没有拼装成功。锐锐的表情从轻松变得有些难看，噘着嘴，一脸的凝重，呆坐了一会，他把散在外面的拼板全部放进托盘里，站起来把没有拼完的拼板送回柜子里。

从锐锐的行为表现看，锐锐更像是一个动觉型学习者，喜欢通过动手来探索外部世界，享受操作过程带来的乐趣。因此，尽管锐锐还没有真正找到拼装规律，且多次遭受失败，但他还是乐在其中，能长时间集中注意力拼装，直至成功拼出左脚。在打乱左右脚十个脚趾拼板后，面对复杂的问题和更大的挑战，锐锐也没有焦躁、退却，仍然坚持了十多分钟，说明拼图活动有助于培养孩子的耐心及专注力，提高挫折耐受度。只是锐锐与成成一样，面对一堆被打乱的拼板，他还不能很好地辨认每块拼板的形状、长短和方向，也没有注意到脚趾上的数字规律。因此，尽管用了十多分钟，锐锐仍没有把打乱的十个脚趾拼装回去。

当然，看似自发的、盲目而无序的试误操作对孩子的成长并非毫无价值。锐锐用了十五分钟才拼出左脚，而成功拼出右脚则仅用了五分钟，这说明前面反复多次的试误学习有助于锐锐对技能的掌握，对他智慧的成长也是有意义的，只要情景相似、任务难度差不多，锐锐自然而然会把自己动手操作的经验和技能很好地进行迁移应用。

故事三：太简单了

这天，小班的安安来找我玩，他拿到拼板之后，并不急于拆开，而是很仔细地观察了一会儿。只见他把左脚脚趾拼板依次取出放在他的左手边，又把右脚脚趾拼板依次取出放在他的右手边，然后从左面开始，先拿起左脚的小脚趾拼板，眼睛扫视左脚底板，然后准确地将其拼装进去，依此方法，每一个脚趾拼板都很快找到了家。拼好左脚后，他又用同样的方法拼好右脚。仅仅用了三分钟，安安就把左右脚都拼装好了，还朝小何老师笑笑说："太简单了。"

看得出，安安不仅是一个做事颇有计划性的孩子，而且像是一个视觉型学习者。他玩拼图不再是直觉式的试误学习，而是能够借助观察、依据顺序、经过思考和判断来完成任务。安安在拆卸脚趾时已经知道要把左右脚的脚趾分开放在桌上且不能打乱脚趾之间的顺序，而在拼装时也懂得先从左脚的小脚趾拼起，一边观察一边拼装，直至左右脚全部拼装成功。这说明安安已有一定的观察判断与逻辑思维能力，懂得顺序、秩序及逻辑的意义，理解部分和整体的关系，才能不走样地很快拼装好。

虽然安安解决问题的方法及策略与成成完全不同，完成任务的时间也比锐锐少得多，但进一步分析可发现，安安主要还是通过观察与模仿范例习得了一种拼装技巧。在此，我们还不能简单地推断安安的拼装水平一定比成成和锐锐高得多。在安安的拼装过程中，我们仍不确定安安是否已知道所有

脚趾拼板之间存在着长短、方向和左右关系，如果打乱了是否还能拼起来，更看不出安安是否掌握脚趾与数字之间的对应关系且能根据拼板上数字的大小、顺序进行拼装。

对以上案例的总结——"博赞式思维导图"是这样"诞生"的：

图 1-37

步骤一：在图的中心放上"数字脚印照片"，作为中心主题。

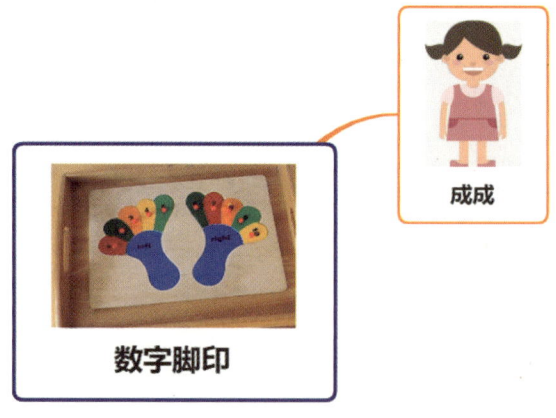

图 1-38

步骤二：呈现第一个主干，写上本故事第一个出场的人物——成成，以关键词的方式填写。

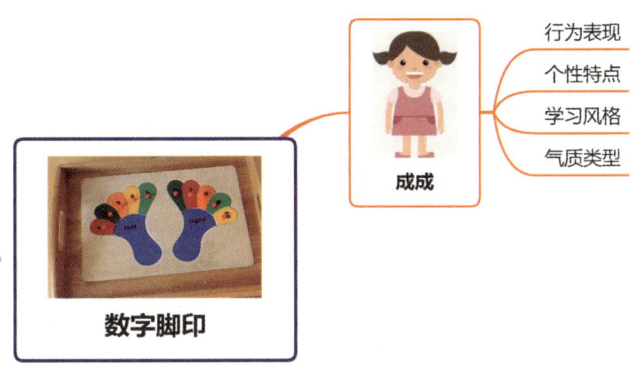

图 1-39

步骤三：画上第一个主干的各个子分支，同样用关键词标注各分支，即行为表现、个性特点、学习风格、气质类型。

图 1-40

步骤四：建立第二个主干及其子分支，本故事第二个出场的人物——锐锐来了。

图 1-41

步骤五：建立第三个主干及其子分支，本故事第三个出场的人物——安安来报到啦。

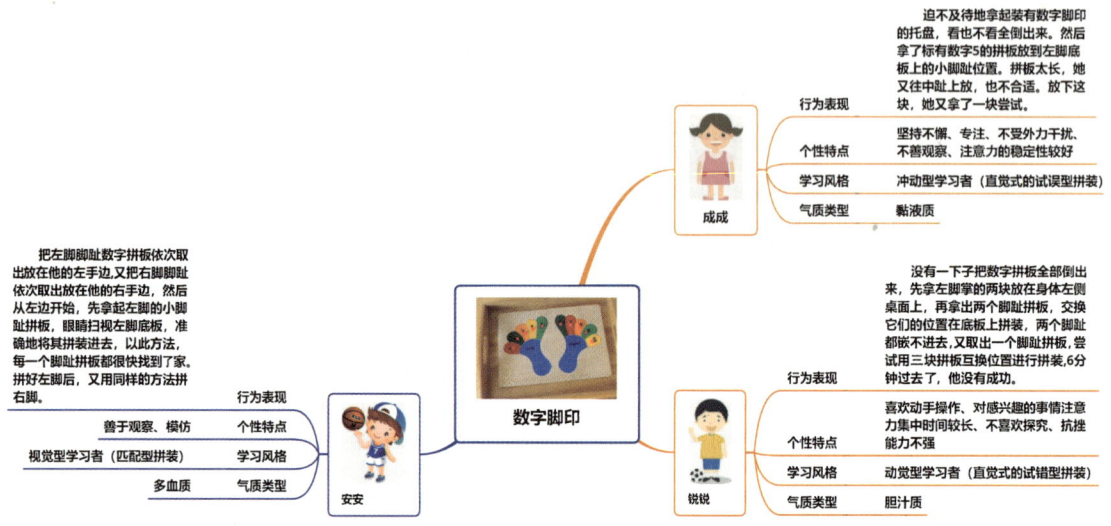

图 1-42

步骤六：完成博赞式思维导图全景。一张以关键词整理的博赞式思维导图就大功告成了。

（二）思维地图

1. 圆圈图

圆圈图由一个小圆和一个大圆组成，其中小圆里填写需要进行联想的关键词，大圆和小圆之间填写与关键词有关的信息，可以是文字，也可以是表格、图像、图符等。

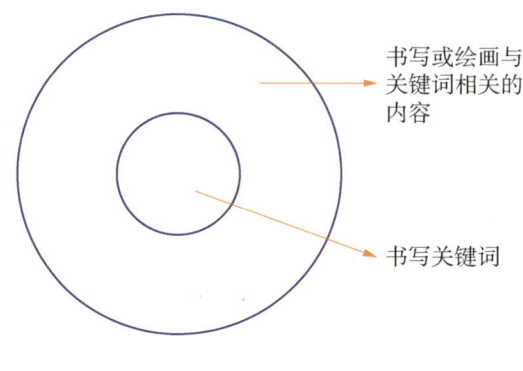

图 1-43

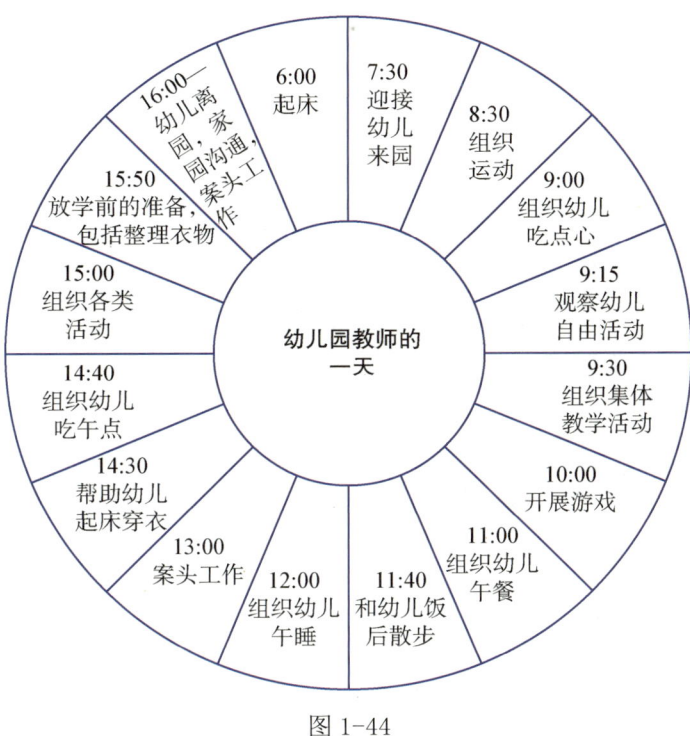

图 1-44

这张圆圈图加上时间分割线，可以让我们清楚地看到幼儿园教师一天工作的流程、工作的琐碎和忙碌，感受幼儿教师的不易和辛苦。

2. 气泡图

气泡图的形式与圆圈图相似，中间的大圆内写主题或关键词，围绕在大圆周围的小圆圈内则分别写上描述该主题或关键词特征的词语。

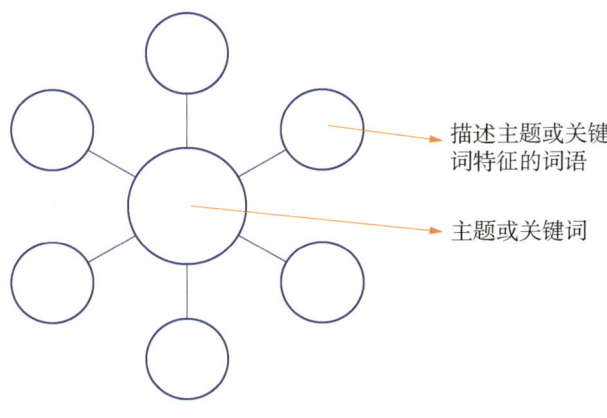

图 1-45

用气泡图罗列深受孩子们喜爱，也是幼儿园自然角里的常客——小乌龟的特征与本领，使孩子们对小乌龟有更加全面的认识和理解。

图 1-46

3. 双气泡图

在纸上画出两个圈——大气泡，把两种需要分析比较的事物分别列在这两个大气泡里。在两个大气泡之间的小气泡里列出它们的相同点——与两个大气泡相连。在两个大气泡两侧的小气泡里列出它们的不同点。

双气泡图经常用于比较两个事物，将两个事物的相同点放在共有的气泡里，不同点放在各自的气泡里。

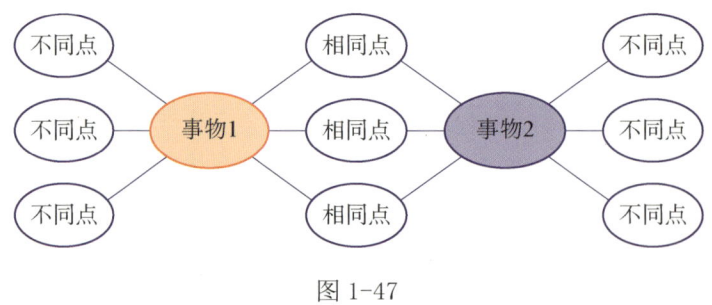

图 1-47

4. 树形图

树形图由主题、类别、项目构成，像一棵倒挂的树，主题是树根，类别是树干，各个类别中的项目是树干上的树枝。绘制树形图，要先写出主题，然后根据类别数量先画出主干分支，再书写类别。为了区别类别和项目，要注意在每个类别下方画竖线，而后在竖线下方书写类别中的项目。

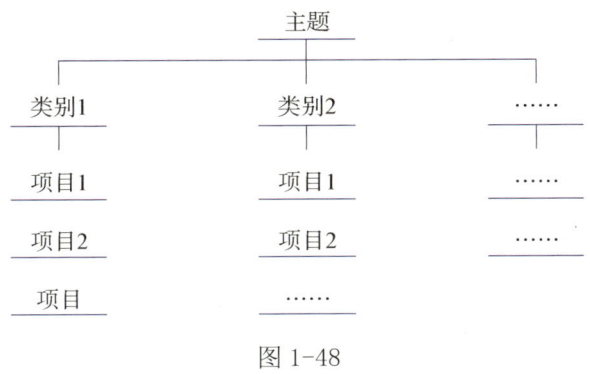

图 1-48

学期末教师常常会面临需要撰写并上交大量案头资料的情况，如图 1-49，教师可以用树形图对所需要撰写的案头资料分层级进行分类罗列，并标注是否完成，这样既能够避免漏写、多写等现象，也可以增加工作的计划性，做到有条不紊。

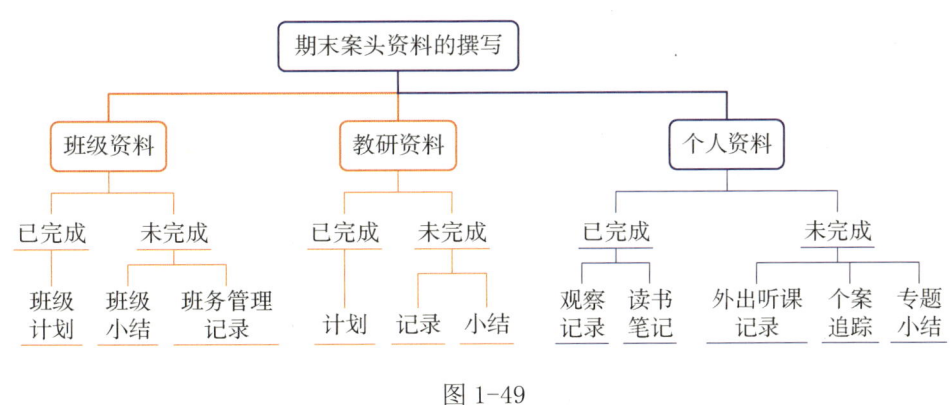

图 1-49

5. 括号图

括号图由整体和部分所组成，它的"整体"在左侧，"部分"在右侧，中间是大括号，"部分"还可作为"整体"继续拆分。括号图可以包含多个层次，只是需要注意的是层次的划分要合理恰当。此外，要注意，括号图不适合用来表示类别关系，不要与树形图混淆。

刚开始学画括号图时，我们可以先画三层：

第一层是我们要认识的事物本身，也就是整个事物；

第二层是事物的主要分支，也就是主要组成部分；

第三层是每个分支的"零部件"，也就是细项。

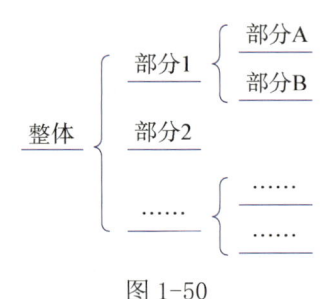

图 1-50

这是一张班级工作每月提示图，把这张图贴在自己的办

公桌前，既能提高工作效率，又能顾及方方面面。

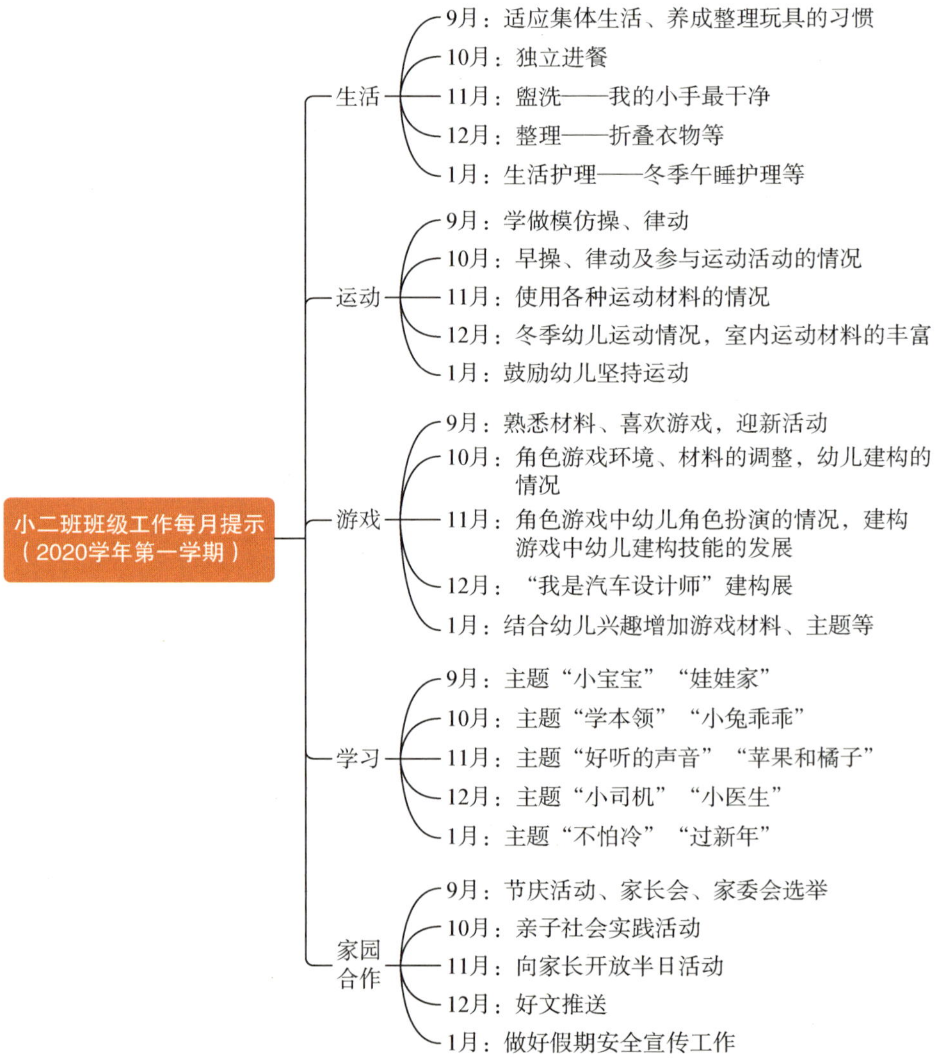

小二班班级工作每月提示（2020学年第一学期）

生活
- 9月：适应集体生活、养成整理玩具的习惯
- 10月：独立进餐
- 11月：盥洗——我的小手最干净
- 12月：整理——折叠衣物等
- 1月：生活护理——冬季午睡护理等

运动
- 9月：学做模仿操、律动
- 10月：早操、律动及参与运动活动的情况
- 11月：使用各种运动材料的情况
- 12月：冬季幼儿运动情况，室内运动材料的丰富
- 1月：鼓励幼儿坚持运动

游戏
- 9月：熟悉材料、喜欢游戏，迎新活动
- 10月：角色游戏环境、材料的调整，幼儿建构的情况
- 11月：角色游戏中幼儿角色扮演的情况，建构游戏中幼儿建构技能的发展
- 12月："我是汽车设计师"建构展
- 1月：结合幼儿兴趣增加游戏材料、主题等

学习
- 9月：主题"小宝宝""娃娃家"
- 10月：主题"学本领""小兔乖乖"
- 11月：主题"好听的声音""苹果和橘子"
- 12月：主题"小司机""小医生"
- 1月：主题"不怕冷""过新年"

家园合作
- 9月：节庆活动、家长会、家委会选举
- 10月：亲子社会实践活动
- 11月：向家长开放半日活动
- 12月：好文推送
- 1月：做好假期安全宣传工作

图 1-51

6. 流程图

流程图由方框和箭头组成，在每个方框中书写一个步骤，箭头方向表示步骤的顺序。每一个步骤还可以有子步骤，也就是将步骤细化拆分后的步骤，这些子步骤需要写在该步骤的下面，用竖线连接。如果步骤之间有明显的顺序，也可以用箭头将它们连接起来。

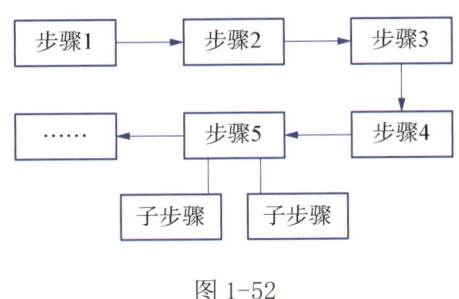

图 1-52

书写步骤时，描述要精简概括、准确无误。方框的形状、排列方式都没有限制，可以按照你喜欢的形状和布局来绘制。

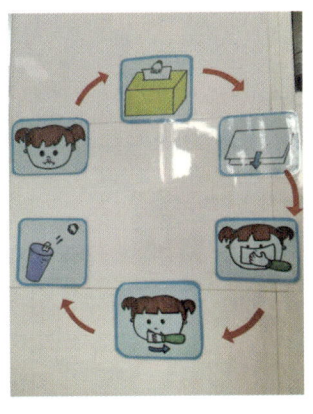

图 1-53

图 1-54

作为培养幼儿良好生活习惯的流程图，它们在幼儿园里很常见，也发挥着无声的示范、渗透作用。

7. 复流程图

复流程图是多个流程图的组合，通俗地讲就是将每个流程图的步骤、顺序关系变为对原因和结果的描述，它们就形成了复流程图的一条分支，多条这样的分支组合起来便形成了一个复流程图。绘制时，将需要由原因推导出结果的事件作为中心词，在它的左侧书写这一事件的原因，在它的右侧书写原因给该事件带来的结果，箭头的方向则是从原因到中心词，再从中心词到结果，注意不要将箭头方向画反；同时，原因和结果的表述要简洁、完整，不需要一一对应。

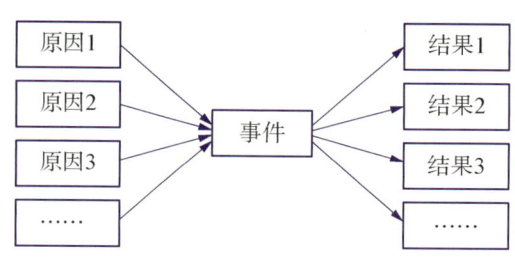

图 1-55

这张复流程图（图 1-56）就直观地体现出植物茁壮生长所需的因素和植物生长对我们人类的作用。如果旁边再贴上相应的图像，那就可以让幼儿也看得懂较为复杂的植物生长的因果关系了。

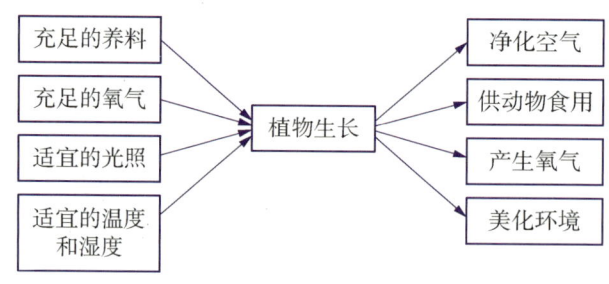

图 1-56

8. 桥形图

桥形图的形状像一座桥。桥的中间书写"相当于"，横线上方和下方书写一组具有某种关系的两种事物，每组事物的关系是相同的，各组之间形成类比的关系。

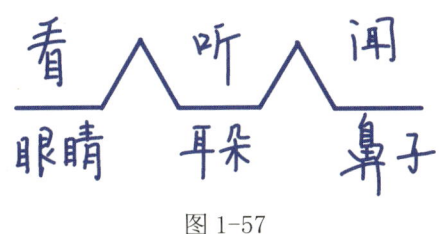

图 1-57

（三）鱼骨图

鱼骨图有些类似树形图，都是分析思考、理清思路，帮助我们全面系统地了解问题、细化问题的利器。鱼骨图"顾名思义"像鱼的骨架，鱼的头尾间用粗线连接，犹如脊椎骨（即图 1-60 中的骨干），脊椎骨的两侧就是鱼骨（如图 1-60 中的主骨、支骨）。

鱼骨图的绘图过程可分为如下几个步骤：

1. 确定问题

在绘制之前，首先需要确定想用这个鱼骨图解决的问题是什么。一般来说，在幼儿园工作中，问题可以是幼儿园发展中的困境、教师专业发展的瓶颈、集体教学活动中的问题，等等。

2. 绘制骨架

首先根据需要在纸的左侧或右侧画上鱼头，填上要解决的问题，然后自左向右（自右向左）画出一条较粗的主干线，并在线与鱼头接合处标注箭头。

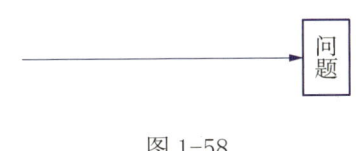

图 1-58

3. 梳理主要因素

确定问题之后，就开始寻找各种可能造成该问题的主要因素，然后将各主要因素用简单的字句，分别写在骨干两侧的主骨上，为了重点突出，可以用方框来标识，每个方框用稍微细一些的支线指向骨干，注意主骨与主骨之间平行（美观）。

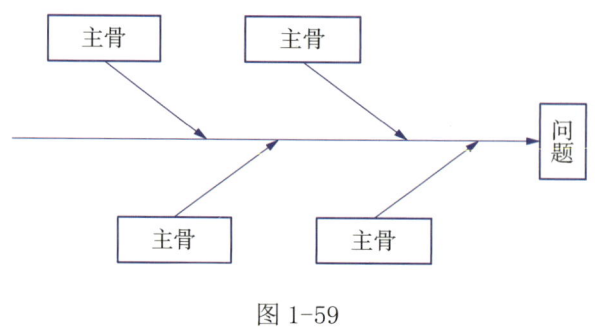

图 1-59

4. 依据问题分析等的需要，主骨上的大要因还可以继续分解出中要因，即支骨

细分出中要因的支线应比主干线更细，中要因的选定通常以 2—3 个为宜，绘制时可将有因果关系的要因归纳在同一支线内。对各要素进行归类、整理，明确其从属关系。

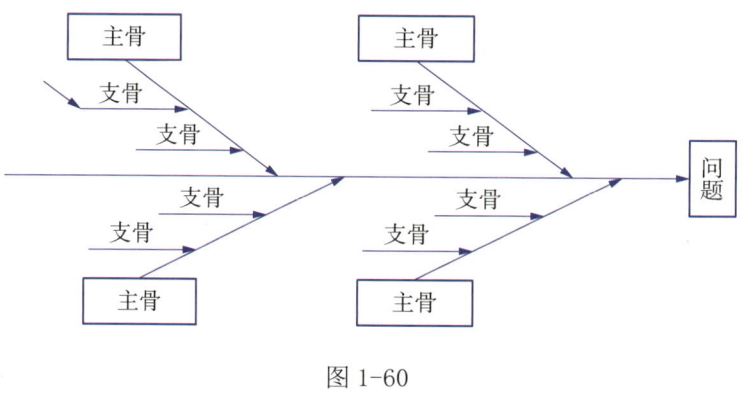

图 1-60

5. 选出最重要的原因

造成一个结果的原因有很多，可以通过收集数据或自由讨论的方式，比较它们对问题的影响程度，选出最重要的原因，方便进一步讨论或采取对策，也可以用图符加以标识。这样就很容易发现，哪些是困扰当前问题的要因，该如何去解决与面对，哪些可以马上解决，需要调动哪些资源，等等。

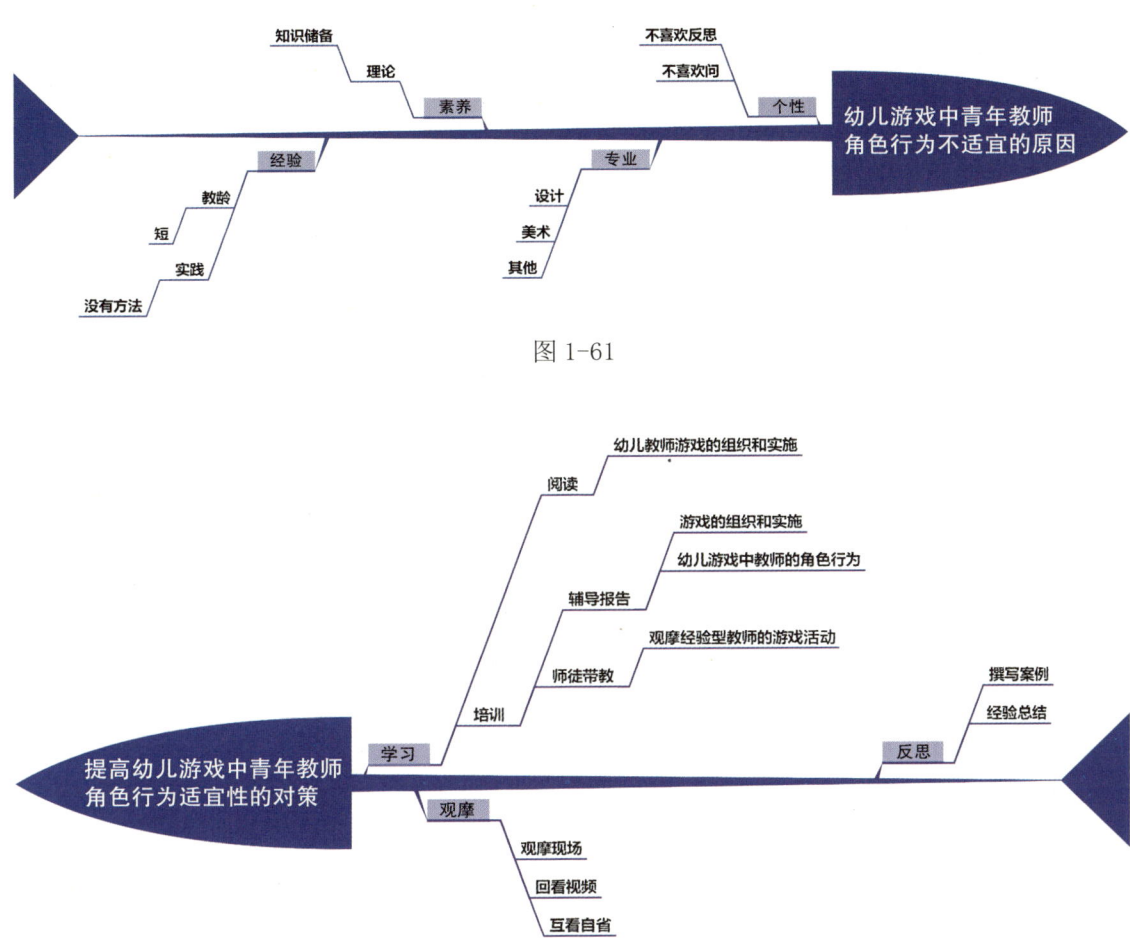

图 1-61

图 1-62

二、绘制要领

无论是博赞式思维导图，还是思维地图抑或是鱼骨图，在绘制过程中，都有一些绘制要领需要理解和掌握。

（一）中心主题的确立

中心主题是整张思维导图的核心，也是该思维导图要表现的主要内容或想传递的主要信息。中心主题可以是文字，比如讲座的题目、书名、事件的名称、问题的要因等，也可以用图符来表现。

由于人的思维较容易偏离主题，确立中心主题除了可以凸显主题的主要性之外，还可以时刻提醒我们不要偏离主题，更让看图的人"秒懂"。博赞式思维导图的中心主题通常放在图的中央，鱼骨图通常把中心主题放在鱼头，思维地图则根据不同的形式摆放中心主题。

（二）关键词的梳理

所谓关键词是指概括提炼出来的，最能表达该思维导图中心主题的一类词语。由于思考最大的敌人是复杂，最大的障碍是混乱，所以需要我们具有概括凝练的能力，把想要表达的一句话或者是一段话，尽量准确地概括为一个词或一句短语。

时常练习提炼关键词，可以培养我们思维的敏锐度和深刻性，再将这些关键词绘制在一张思维导图上，则可以协助我们记忆与复习，推敲该思维导图的逻辑关系是否正确。

（三）分类的要求

不少初学思维导图的教师们最常出现的问题就是确立关键词之后，接下来不知道该如何进行分类。

博赞先生曾提出在不同知识领域的逻辑分类原则，我们可将其作为展开思维导图第一阶层类别的参考依据。比如，书本以章／节／主题来分类；历史以发生的时间顺序来分类；流程以事物如何进行来分类等。

提醒大家注意：如果自行分类的话，分类要有依据，要符合科学常识；至少分为两个类别，还可以分成三类或者四类等；每个类别不宜交叉、重复。

看到这里有点累了吧？来，我们玩个小游戏：

电视　　牛肉　　黄瓜　　榴莲　　苹果　　草莓

请大家想一想：这六个词可以怎么分类呢？

在这六样东西中，电视和其他五样东西属于不同类别，我们可以采用"异类出局"的方法将它们分为两类。再用"同类相聚"的方法进一步分类，即分为荤食和素食。当然，还可以进一步往下分。

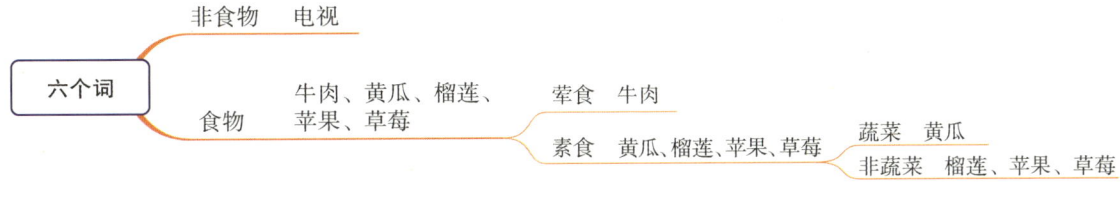

图 1-63

（四）层级的建立

在确定了关键词、完成分类后，就需要建立层级关系，层级关系中更上位的代表重要的、抽象的概念，下位的代表具体事物，重要性相对较低。以 3—5 级（层）为宜，特别提醒大家要注意的是，建立层级时还需要思考彼此之间的关联性，这也是训练和提升思考力的关键。

（五）图符和色彩的使用

图符的价值在于提升内容的丰富度，增强其表达力，同时加深对内容的理解，所以图符和关键词是一一对应的关系，当它们同时存在时一定是相互依存、不可分离的。

图符一般会放置在关键词的后面或右上方，也可以独占一根线条。

色彩可以提升思维导图的可读性、突出重点、方便记忆。还可以根据颜色进行分类，这样会更直观。因此我们既可以根据个人喜好选择色彩，也可以根据内容的重要性加以选择，如以红色等醒目的颜色标识最重要的内容。

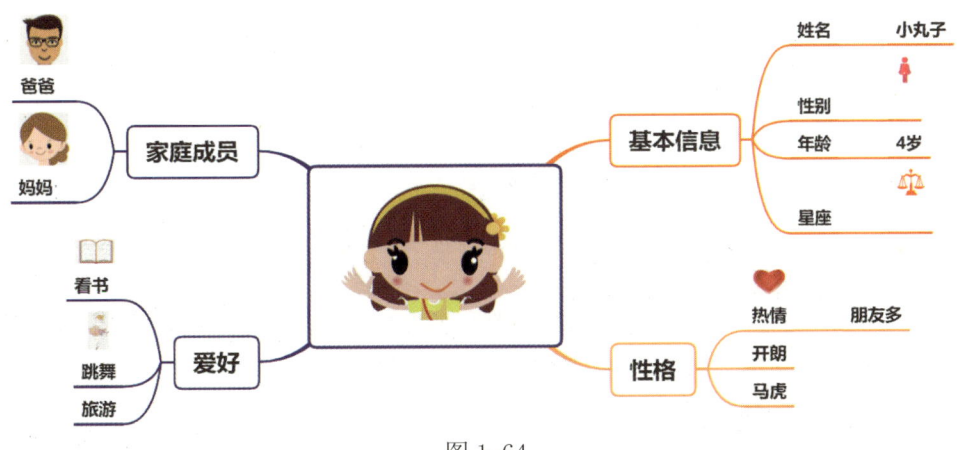

图 1-64

幼儿园里的思维导图赏析

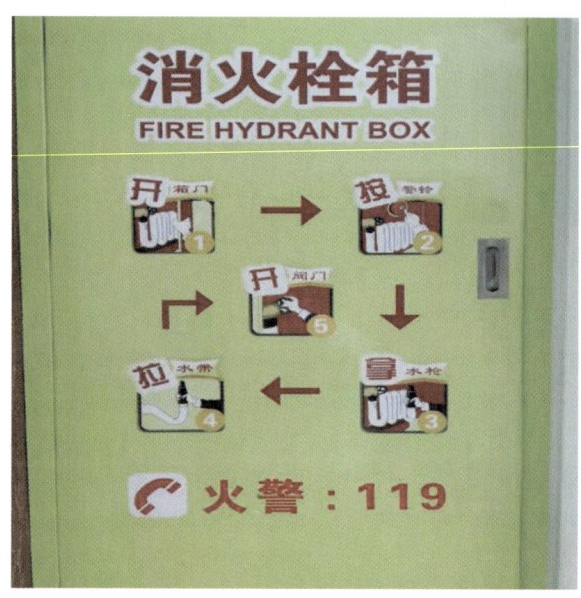

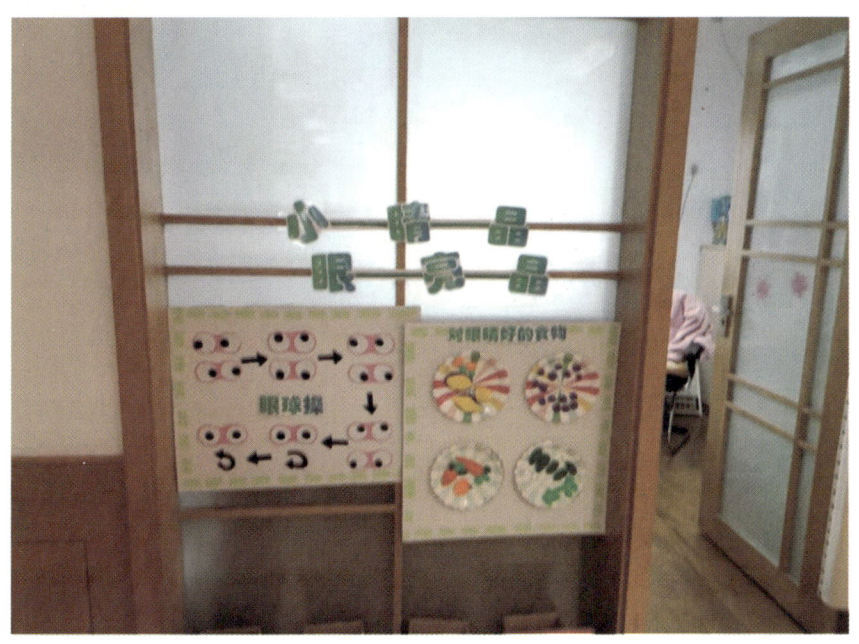

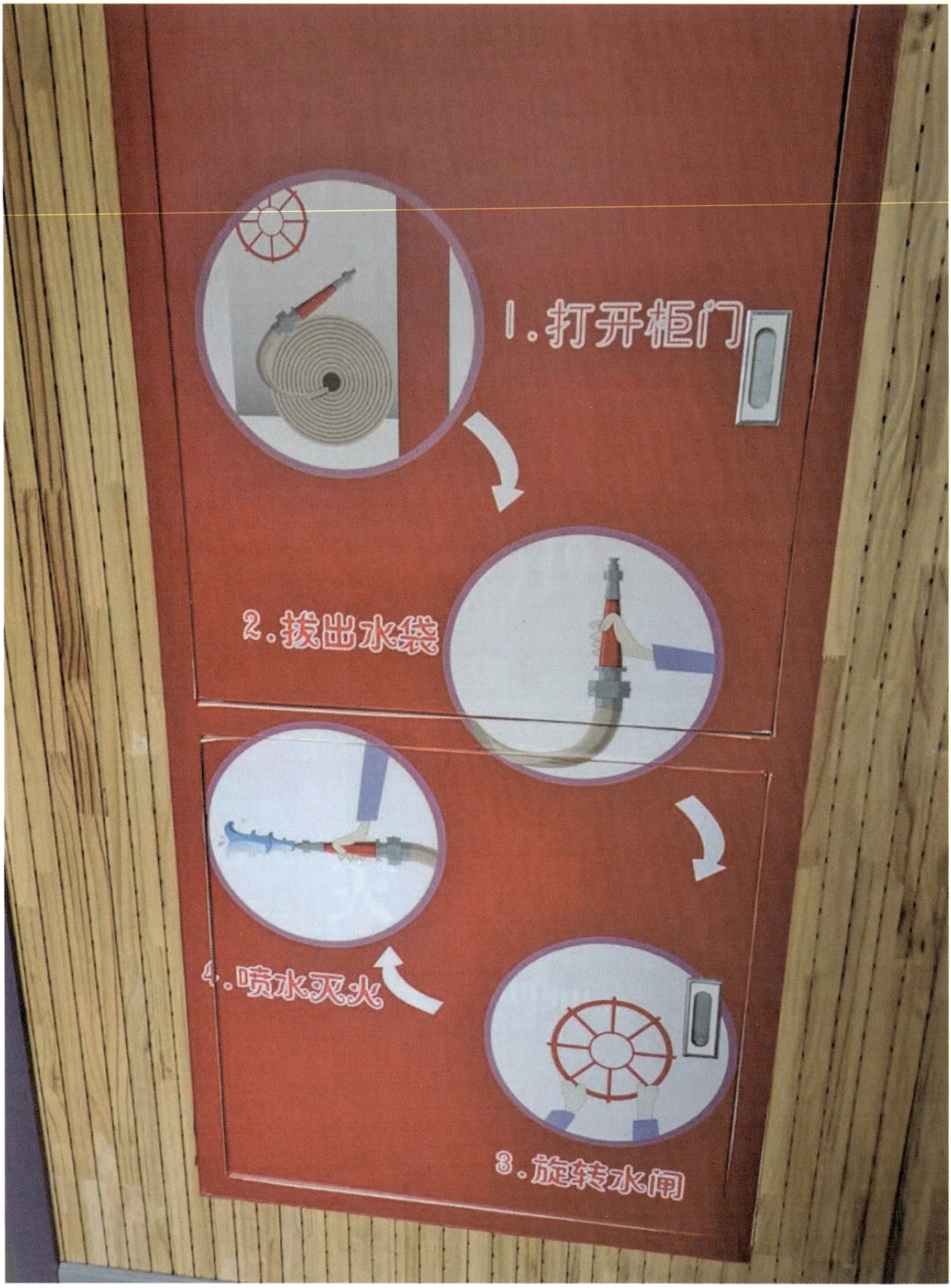
1.打开柜门
2.拔出水袋
3.旋转水闸
4.喷水灭火

第二章

思维导图在组织
管理中的应用

应用一　组织管理的系统架构

作为一个社会系统，无论规模大小，幼儿园都有着一般社会系统所具有的特质：明确的目标导向、确定的人员规模、相互依存的部门、专业化的分工、规范化的规章制度、独特的园所文化等。这些影响系统的重要因素，大多可以通过思维导图工具加以梳理、分析和架构，以利于管理者在管理中厘清关系、减少困扰、抓住关键、科学管理。（塞西尔，2013）

一、管理系统的组织架构

采用思维导图可将该幼儿园的内部关系结构化、简单化，通过一张图便能清晰地看懂一所幼儿园的组织结构、岗位设置及人员安排，有利于幼儿园领导组织与协调人力资源，提高工作效率。见下图。

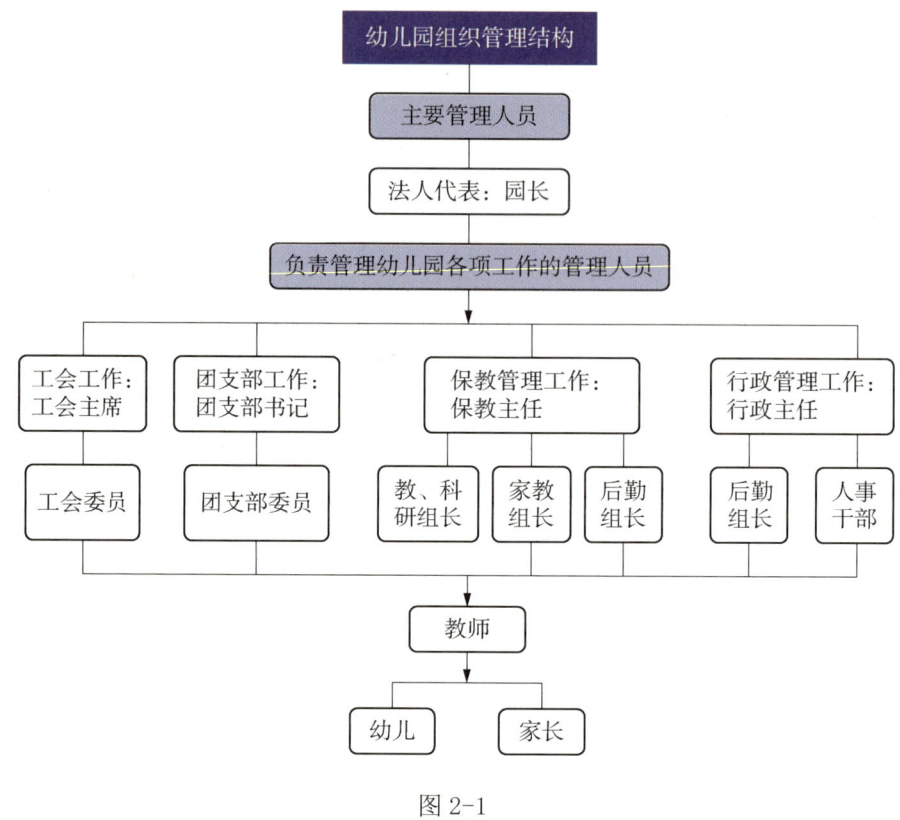

图 2-1

从以上树形图可看出，该组织系统被分解为横向和纵向两种结构形式。其中，纵向结构设计的结果是决策的层级化，确定了由上到下的架构，以及每一级的权责关系，可视化思维工具的应用使得这种关系具有明确的方向性和连续性；横向结构设计的结果是组织的部门化，即确定部门划分的标准、每一部门的基本职能以及各部门之间的工作关系。

随着幼儿园规模的不断发展和壮大，当下有不少幼儿园是多园区的，其部门设置与人员结构更为复杂。若采用思维导图呈现，可将复杂的结构清晰化。

图 2-2 是一所多园区的幼儿园组织管理架构图。该幼儿园由四个园区组成。各园区之间的管理有合有分，有共性管理也有个性管理。面对这样多园区的幼儿园，同样也可用树形图将错综复杂的管理部门与组织架构结构化、系统化，将各园区之间共同所需的职能部门打通，进行统筹管理，既减少了层级，又整合了人力资源，一举多得。借助思维导图，可以清晰地看出该幼儿园中的决策层级、部组设置、人员配置、班级数量、权责分工、运

营流程以及相互之间的关系等，将杂而多的管理事项及多园区、多部门的定位和功能梳理清楚，使整个管理系统全面而均衡，不至于顾此失彼。这张组织管理架构图，既是幼儿园的资产配置图，也是园长的"作战指挥图"。园长可根据该图随时分析检视部门设置与人员配置是否合理有效，也可以用来向上级领导、来宾和新进员工介绍本幼儿园的基本情况。

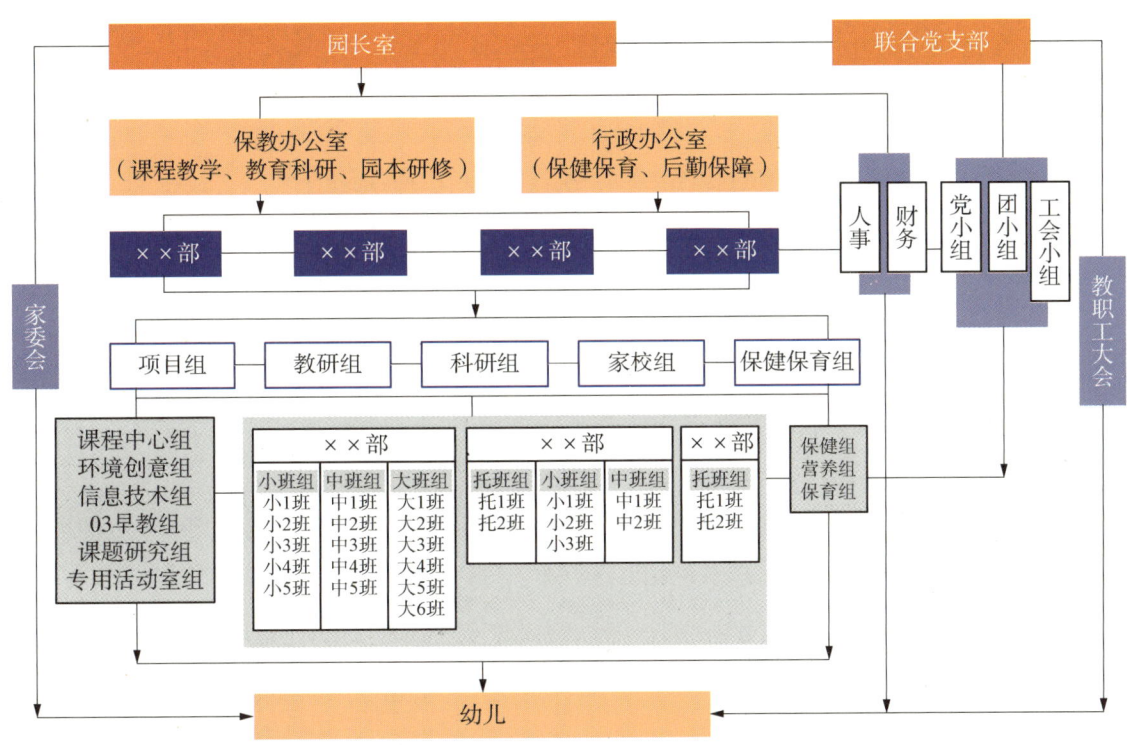

图 2-2　××幼儿园组织管理架构图

二、顶层设计的整体架构

在幼儿园组织管理中，如何正确定位幼儿园的组织管理目标？如何对目标进行有效落实？这需要进行顶层设计。

顶层设计是指运用系统论的方法，从全局的角度，对某项任务或者某个项目的各方面、各层次、各要素统筹规划，以集中有效资源，高效快捷地实现目标。简单地说，一所幼儿园总体的育人目标就是"培养怎样的儿童，如何培育儿童"。顶层设计所涉及的各方面均应围绕幼儿园育人目标而展开。要实现这一目标，需要有顶层理念和顶层规划，并在理念的引领下落实规划。

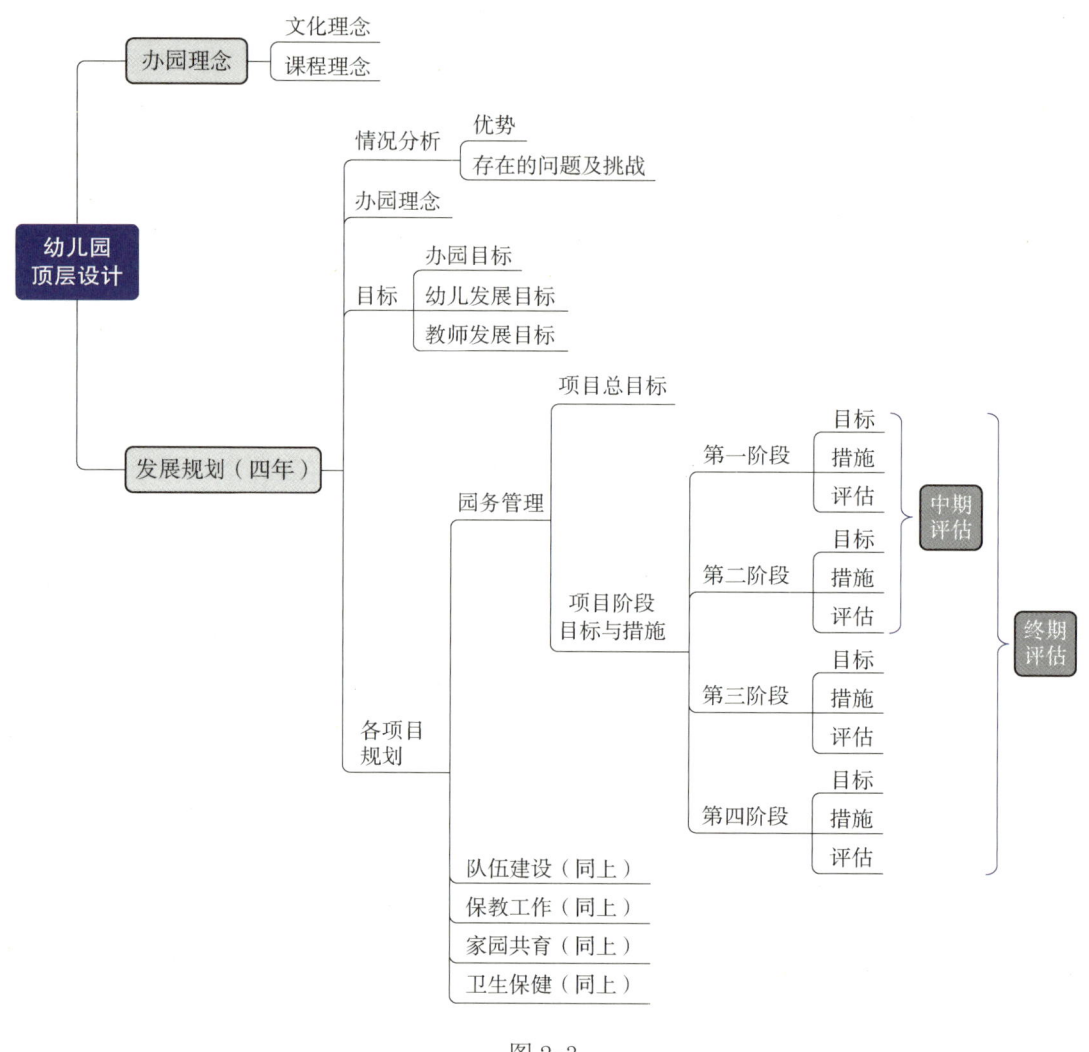

图 2-3

上图是某幼儿园运用思维导图绘制的幼儿园顶层设计的总框架，主要包括办园理念和发展规划。幼儿园的办园理念通常是幼儿园具有的、准备付诸行动的信念，它既是一种观念、思想，又是一种行动指南，也是幼儿园的办学之道、教学之道和管理之道，更是教育工作者实现育人价值、追求卓越、走向辉煌之道。因此，办园理念是幼儿园之"魂"，它是长期存在的、稳定的、不可随意变动的。办园理念的确立与育人目标有着紧密的关系，与培养什么样的人紧紧相连。

在办园理念的基础上，幼儿园的文化、课程理念随之确立。文化理念是幼儿园充分地利用各种因素，形成的具有自身独特的价值观、信念、手段、语言、环境和制度的文化特质。校园文化具有导向功能、凝聚功能、规范功能，是幼儿园各群体所具有的思想观念和行为方式，其中最具决定作用的是思想观念，特别是价值观念，是由办园理念引领的。课程理念是在办园理念的指引下，确立的课程实施的思想、观点和价值观，也体现着教育者的育儿价值观和师生关系。

因此，从上面的思维导图（图2-3）中可看出办园理念与文化理念、课程理念之间的关系。幼儿园管理者在做顶层设计时，需要对此三者进行结构化思考，厘清彼此之间的关系，系统架构，形成整体，以利于有效实现育人目标。

理念属于精神层面、思想层面的内容，想要将此思想理念落地实现，需要一份完备的幼儿园发展规划，发展规划是幼儿园一切行动的指南。图2-3中呈现了幼儿园的一份四年发展规划，需要重点考虑的是关键要素（目标、措施）和核心项目（园务管理、队伍建设、保教工作、家园共育、卫生保健）。

从图2-3中可见，设计发展规划时首先要对本园进行全面的分析，主要从幼儿园的五大核心项目分析其优势和存在的问题，特别是需要梳理出存在的核心问题，再根据国家、地区的育人目标，结合本区域、本园幼儿的情况，确立本园在未来四年的发展目标，同时明确本园的幼儿发展目标及教师发展目标。目标确立后，需要将其落实在幼儿园五大主要项目中，先确立总目标，再进行每一阶段的阶段目标和措施的制定，以更好地实现目标。

采用思维导图呈现幼儿园完整的发展规划，有助于将未来四年所要达成的目标具体化、清晰化，使规划制定者与执行者能够一目了然地看清楚发展规划中各要素间的关系和逻辑，便于规划制定者与管理层加强宣传和追踪，也利于各部门、全体教职工进一步细化和落实，统一思想、明确方向，发挥导向与激励效能。

应用二　组织管理的项目运营

运营在企业界主要是指对运营过程的计划、组织、实施和控制，是与产品生产和服务创造密切相关的各项管理工作的总称。幼儿园组织管理所涉及的项目运营，也可借助企业界的运营思路，建立一个思维框架，在此框架下进行思考、实施。

园务管理、队伍建设、保教工作、家园共育、卫生保健等五大项目的实施就是幼儿园的项目运营。项目运营应根据幼儿园的发展规划制订更加明确、具体、可操作的阶段目标，并做到层层落实。

面对众多项目的同步运营，可运用思维导图对运营思路进行梳理，形成可视化的图表，便于管理者和教职员工在同一阶段对不同项目的运营有全面的知晓，及时了解动态，跟进管理，将项目运营效能最大化。根据幼儿园工作内容与要求，我们可以将每一项目的运营分四步走：计划、执行、反思、调整。对每一个运营步骤深入思考，它们将直接影响项目的运作方向和实施成效。图 2-4 就是项目运营中的关键四步。

幼儿园在落实发展规划的每一阶段（每一学年、每一学期）的每一项目时，可以按照图 2-4 中的思路进行。同理，每一学期的项目运营要通过每月工作来落实，每月的项目运营也可分计划、执行、反思、调整四步，可依此类推每周、每日的工作计划与实施。图 2-5 呈现的是项目运营的时间轴，可以将每一项目的运营细化到月、周、日工作，做到时间明确、节奏清晰、层层落实，以保证项目计划的顺利实施。

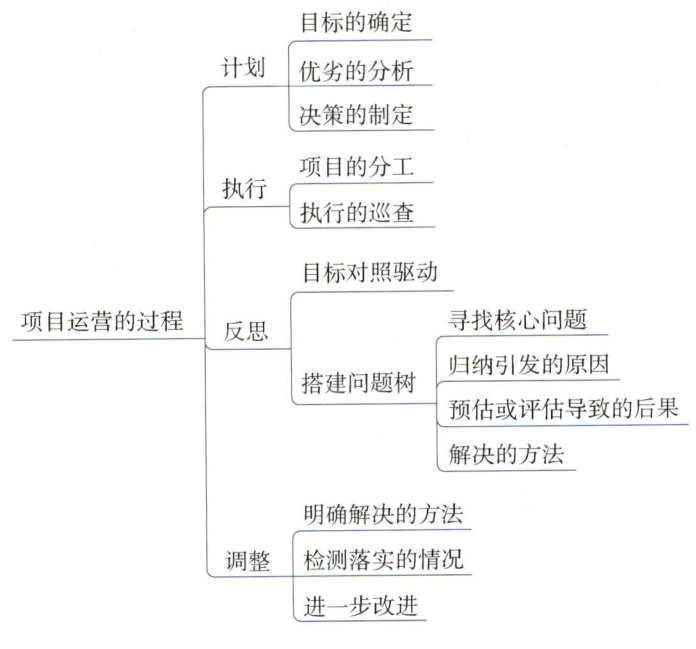

图 2-4

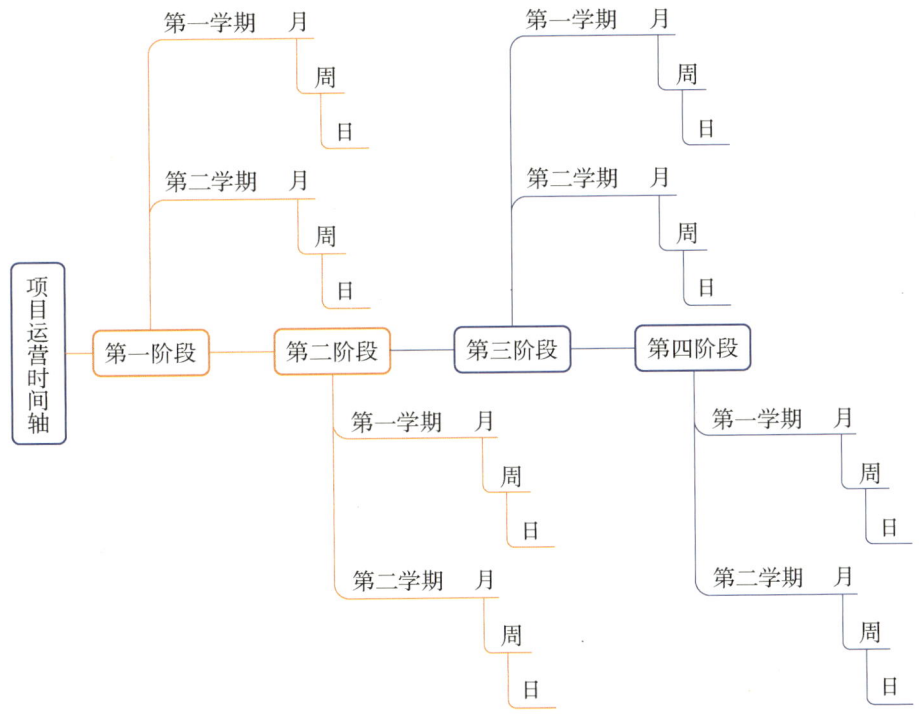

图 2-5

接下来，我们可以采用可视化的思维导图对四个步骤的每一步骤的实施要点进行梳理与呈现，帮助管理者和教师进一步了解和掌握项目运营的具体方法和注意事项，以提高管理者和教师的管理水平及专业能力。

一、计划

所谓计划，是指分析计算如何达成目标，并将目标分解成子目标的过程及结论。在管理学中，计划具有两重含义，一是计划工作，根据对组织外部环境与内部条件的分析，提出在未来一定时期内要达到的组织目标以及实现目标的方案途径。二是计划形式，用文字和指标等形式来表述组织以及组织内不同部门、不同成员在未来一定时期内关于行动方向、内容和方式安排的管理文件。在幼儿园的各类项目管理中，均含有这两种意思。

计划的清晰度和方向的正确性直接决定着未来执行的效能。一张清晰的思维导图可以把繁杂的工作计划可视化呈现，便于计划的执行和落实。

计划的制订主要考虑：优劣的分析、目标的确定、措施的制订三个方面。计划制订的第一步就是要对计划对象进行思辨式分析，即从优点、亮点，存在的问题或面临的调整两方面进行分析。下面以某幼儿园运用思维导图制订的学期家长工作计划为例加以说明。

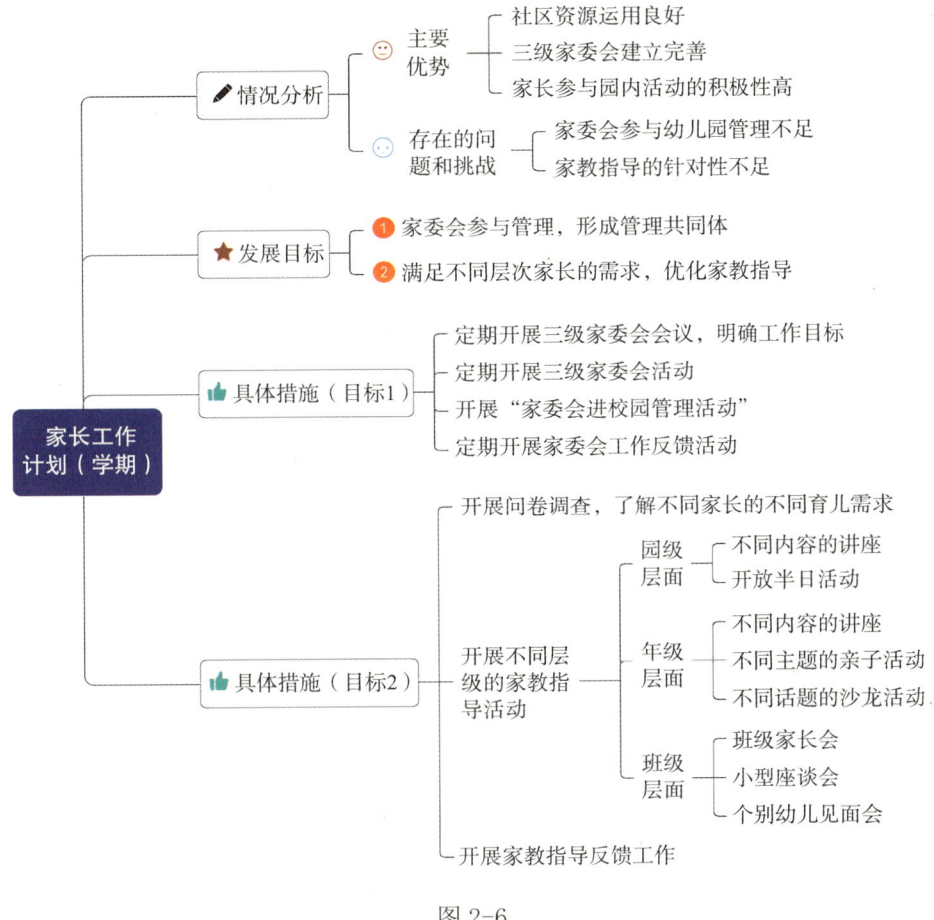

图 2-6

从上图的家长工作计划可看出，项目运营计划的制订主要包括情况分析、发展目标和具体措施等方面的内容。情况分析可从优势和不足两个角度进行分析，目标的确立既要结合幼儿园的发展规划，还要考虑当前工作中存在的问题。从情况分析看，目前存在的核心问题是家委会较少参与幼儿园管理及家教指导的针对性不足。因此在制订目标时可以将这两大问题作为重点目标：1. 家委会参与幼儿园管理，形成家园管理共同体。2. 根据家长们的不同家教需求，优化家教指导。根据上述两大目标，再分别制订相应的具体措施。

针对目标 1，采用的主要措施有：定期开展三级家委会会议、家委会与园方携手开展活动、开展"家委会进校园管理活动"等，从而让家委会真正发挥其职能和作用，与园方形成管理共同体，以优化幼儿园管理并促进幼儿身心的健康发展。针对目标 2，采用的主要措施有：开展全园性的家长问卷调查，了解不同家长育儿中的主要问题和需求，然后对这些问题与需求进行梳理和分类，开展和安排有针对性的家教指导活动。这些家教指导活动包括在园级、年级、班级等不同层面开展的不同形式、不同内容的活动，以满足不同家长各自的育儿需求。活动之后，进行信息反馈的收集与梳理，了解家教指导活动的实施效果以及家长们新的问题与需求，以便于进一步调整和改善家教指导工作，形成良性循环。

可见，运用思维导图制订家长工作计划，可以将复杂多样的家长工作进行可视化呈现，便于管理者和教师检验工作计划的合理性和可行性，也便于教师对家长工作有全面和整体的了解，有利于达成共同目标。

同理，幼儿园其他项目的运营计划也可按此思路进行，可以在学年计划的框架下细化和完善学期、月计划，以提高项目运营的针对性和有效性。

二、执行

执行是根据既定的目标实施各类措施，从而达成项目的目标。执行之所以关键，原因在于"执行是目标与结果之间的桥梁"。执行是计划实施中不可或缺的一环，是各级管理者的主要工作。幼儿园四年规划总目标的达成，关键在于这五大主要项目的执行到位。每一个项目，都不是一个事件，而是一个系统。执行不是一个人的行为，而是一个组织的系统性流程。上述这五类项目涉及的群体基本为全园教工，项目落实中涉及分工合作，同时，在实施过程中需要进行阶段性检核，以了解项目实施的进度、质量等情况，便于下一步的分析与调整，从而提升项目实施的成效。

在执行过程中，需要把握三个关键点：知人善用、明确目标、及时跟进。

第一，知人善用。在组织管理中除了确定好项目负责人外，还需合理安排人员，做到分工合理、职责明确。

第二，明确目标。在执行中，确定好人员后，需要人员进一步明确目标。不仅要明确主要目标，同时需要对各阶段的主要目标和措施进行细化，并梳理出达成目标的关键措施，这些关键措施是可检测的、可达成的。因此，执行中的目标越具体越好，便于执行和检验。

第三，及时跟进。执行中的跟进可以按照月、周、日等不同阶段进行，可以结合实施的进程来确定，也可以是随机性的跟进。跟进的内容由项目的情况而定。跟进的主要目的是检验上述目标是否达成。跟进的方式有多种，可以是观察现场、对话交流，也可以是及时鼓励或给些建议，或者几种方式交替使用。主要关键点如下图所示。

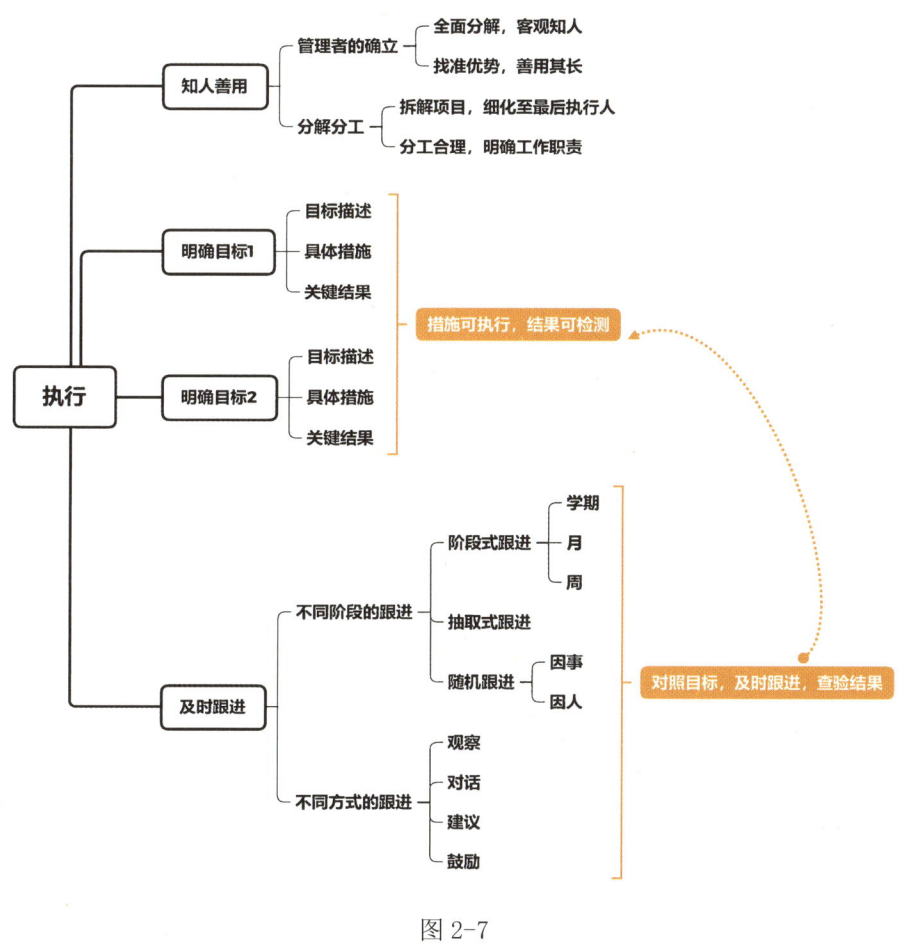

图 2-7

根据上图原理，现就某幼儿园家长工作项目的执行运用思维导图进行梳理（见下图），使家长工作更加清晰化、系统化，可操作性也更强。

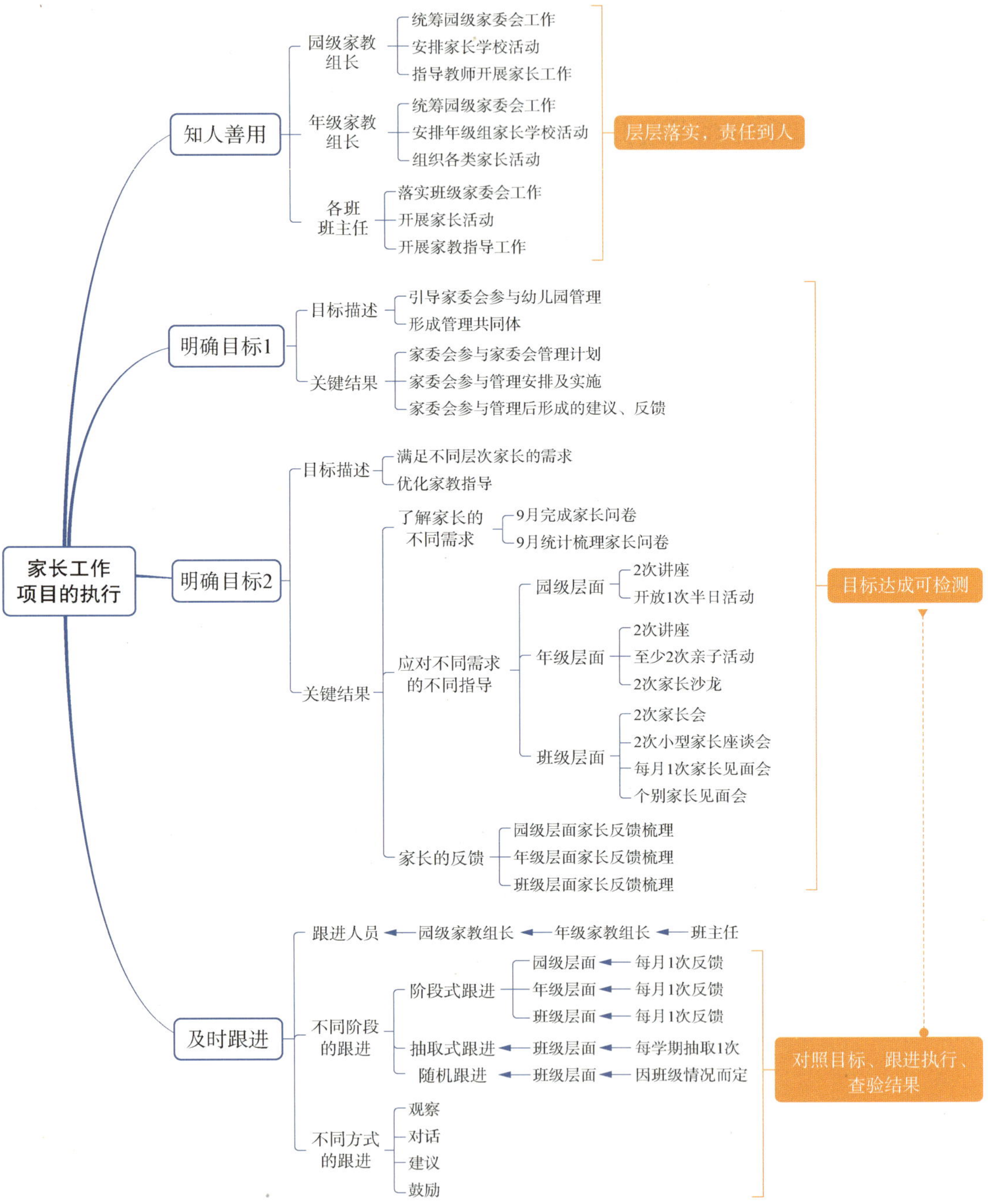

家长工作项目的执行

- 知人善用
  - 园级家教组长
    - 统筹园级家委会工作
    - 安排家长学校活动
    - 指导教师开展家长工作
  - 年级家教组长
    - 统筹园级家委会工作
    - 安排年级组家长学校活动
    - 组织各类家长活动
  - 各班班主任
    - 落实班级家委会工作
    - 开展家长活动
    - 开展家教指导工作
  - **层层落实，责任到人**

- 明确目标1
  - 目标描述
    - 引导家委会参与幼儿园管理
    - 形成管理共同体
  - 关键结果
    - 家委会参与家委会管理计划
    - 家委会参与管理安排及实施
    - 家委会参与管理后形成的建议、反馈

- 明确目标2
  - 目标描述
    - 满足不同层次家长的需求
    - 优化家教指导
  - 关键结果
    - 了解家长的不同需求
      - 9月完成家长问卷
      - 9月统计梳理家长问卷
    - 应对不同需求的不同指导
      - 园级层面
        - 2次讲座
        - 开放1次半日活动
      - 年级层面
        - 2次讲座
        - 至少2次亲子活动
        - 2次家长沙龙
      - 班级层面
        - 2次家长会
        - 2次小型家长座谈会
        - 每月1次家长见面会
        - 个别家长见面会
    - 家长的反馈
      - 园级层面家长反馈梳理
      - 年级层面家长反馈梳理
      - 班级层面家长反馈梳理
  - **目标达成可检测**

- 及时跟进
  - 跟进人员 ← 园级家教组长 ← 年级家教组长 ← 班主任
  - 不同阶段的跟进
    - 阶段式跟进
      - 园级层面 ← 每月1次反馈
      - 年级层面 ← 每月1次反馈
      - 班级层面 ← 每月1次反馈
    - 抽取式跟进 ← 班级层面 ← 每学期抽取1次
    - 随机跟进 ← 班级层面 ← 因班级情况而定
  - 不同方式的跟进
    - 观察
    - 对话
    - 建议
    - 鼓励
  - **对照目标、跟进执行、查验结果**

图 2-8

三、反思

在幼儿园组织管理中，反思不是简单的思考，而是通过提出问题、分析问题、采取行动的方式来实现项目的系统流程。

在幼儿园的项目管理中，反思的第一步是围绕目标对照检验是否达成，目标是驱动反思的直接动力。当发现目标没有完成，便生成了反思的第二步：发现问题，也就是"搭建问题树"。

搭建问题树的第一点：寻找核心问题。目标未能达成，可能是由不同的问题造成的，这些问题显然未必能也难以全部解决。因此，找到影响目标达成的核心问题是关键。例如，图 2-9 中未达成的目标是"形成管理共同体"，针对这一未达成的目标，需要搭建"问题树"来解决。通过集体思维碰撞，发现影响目标达成的问题有：家委会参与人数不足、家委会发现问题的情况少、家委会听教师安排的情况多等。这些问题归纳起来其实是家委会的能动性不足，尚未发挥其积极性、主动性。

第二点：归纳引发问题的原因。找到了核心问题，需要借助同伴的力量一起用"头脑风暴"梳理出引发问题的原因，特别是针对主要原因要把握准确，这是制订解决办法的依据。针对上述核心问题，通过家教组成员的探讨，发现主要原因是园方对家委会的授权不足，尚未放手让家委会自主管理，家委会难以发挥主动性和积极性。同时，家委会对自身职责不明确，需要园方进行指导。另外，家园之间没有打开心扉，尚未建立充分的信任感。因此，作为管理主体的园方，应先行一步信任家委会，放下戒心，让家委会参与到幼儿园的各项管理工作中，让家委会走进幼儿园、走进课程，真正和幼儿园融为一体。

第三点：评估可能导致的后果。针对核心问题，结合引发问题的原因，需要及时评估现有的问题已经带来或可能产生的后果，以引起管理者对核心问题的重视，以便能从容应对。通过评估发现，上述核心问题造成家委会形同虚设，家园之间的信任感难以建立，影响家委会功能与作用的充分发挥，对孩子的教育与发展不利，自然无法达成设立家委会的"初心"。

第四点：制定解决的方案。最后的关键在于思考并制订能解决问题的方案。经过上述分析后，家教组团队共同制订了解决问题的方案。如开放管理的尺度，允许家委会预约进校园，了解幼儿园的运作情况；每学期开放教学活动，让家委会看到教学现场；幼儿园和班级的工作计划，可以邀请家委会一同参与，多听取他们的意见和建议；等等。围绕项目运营中出现的其他问题，可以不断地思考和制订类似的方案和措施。

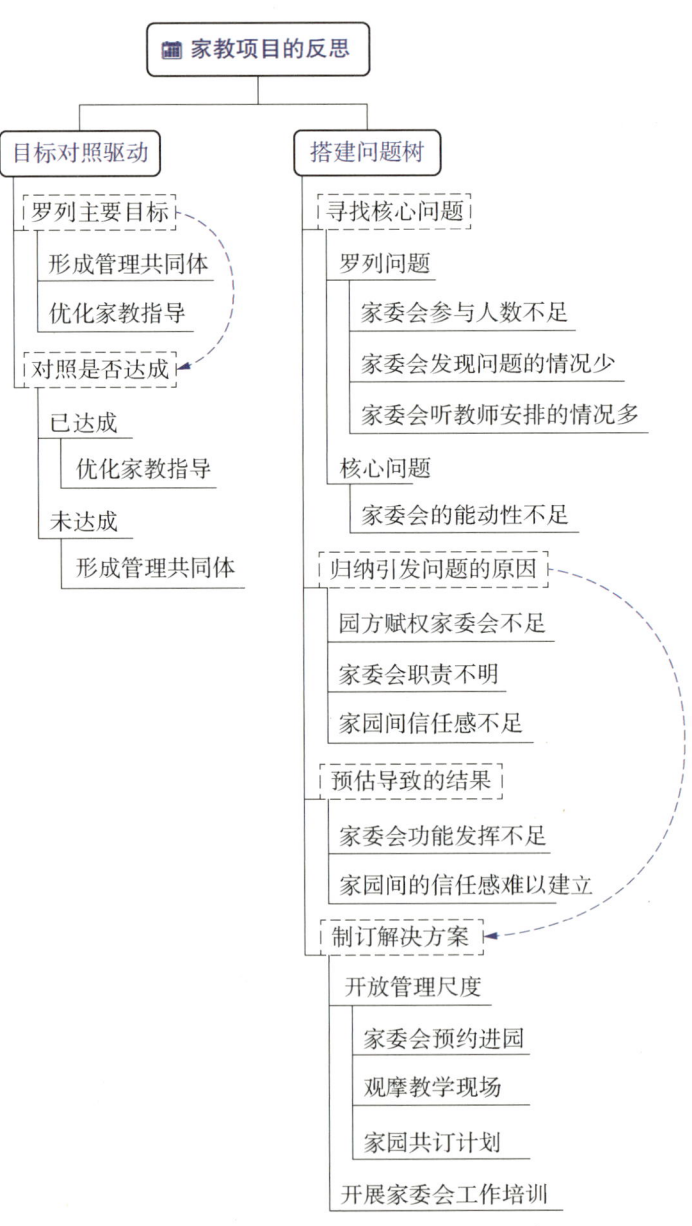

图 2-9

运用思维导图可以将对家园合作中核心问题的思考过程可视化，有助于管理者和教师围绕执行过程中的重点问题进行分析与反思，为后续的调整和问题的解决奠定基础。

四、调整

调整是指重新调配整顿，以适应新的情况和要求。在幼儿园的项目管理中，是指经过反思后，找到解决问题的方法，对解决问题的办法进行再执行和落实，从而达成预定的目标。又可将其称为"第二次的执行"，执行的关键点如前所述，但更侧重于"及时跟进"，以不断检验是否达成目标，若有问题，及时解决，使调整发挥应有的价值。

针对上述家教工作中出现的问题，通过"问题树"的搭建，确立了解决问题的方案，该方案的再一次实施相当于"第二次的执行"。在此过程中，既要实施解决问题的方案，还要检视落实的效果，视情况再次调整和改进，真正实现目标。主要过程如下图。

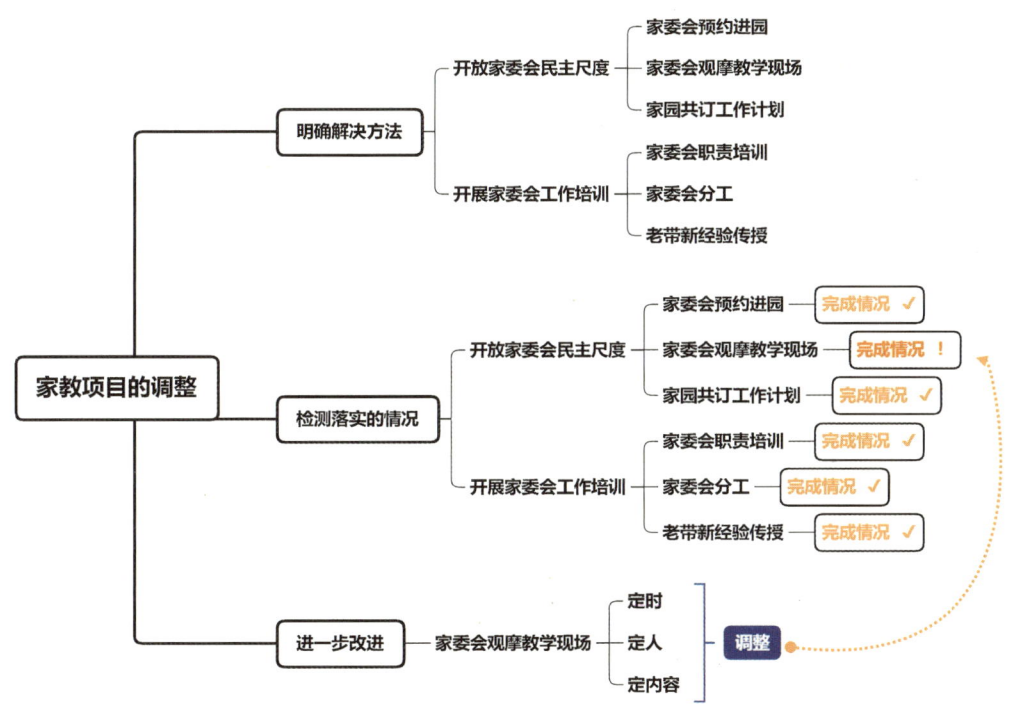

图 2-10

　　组织管理中的项目运营，通过规划—执行—反思—调整、再执行—反思—调整、再执行，循环往复，形成优化闭环和良性循环，这样的过程有助于组织管理目标的实现和质量的提升，使管理既轻松又高效。

　　总之，思维导图的运用，不仅可以使幼儿园组织管理明晰化、系统化、结构化，有效地保证组织活动的开展、组织目标的实现，使幼儿园管理向科学化、高效化迈进，同时也可以使幼儿园领导与教师正视问题和困难，把思维导图作为一种管理工具和手段，助力解决各种管理问题，努力提高管理能力和领导水平，进而提升办园质量。在这过程中，园长和各级管理者的思维品质也可得到很好的锻炼和成长。

应用三　组织管理的效能提升

时间管理、会议效能、信息处理、应急回应等因素影响着幼儿园组织管理的效能。在此过程中，若能用思维导图将这些琐碎的、零星的、突发的事情系统化或程序化，并不断优化，可事半功倍，大幅提升工作与管理效能，做到高效管理。

一、用于时间效能的提升

在任务多、时间紧、压力大的情况下，园领导和教师更需要理清思路，了解自己的时间花在哪里，分析这些时间是否有价值。尽量集中时间和精力办重要的事情。管理者要学会管理时间，可以从记录时间、发现时间、运用时间三方面入手。

（一）记录时间

当自己不清楚时间花在哪里，不知道自己整天在干什么时，可以记录一下自己的时间。以半小时为单位进行记录，连续记录一周。在此过程中，可以将工作时间与生活时间分头记录，并统计各自时长。

例如，有一位管理者记录并分析了自己一周的工作时间，结果如图 2-11。

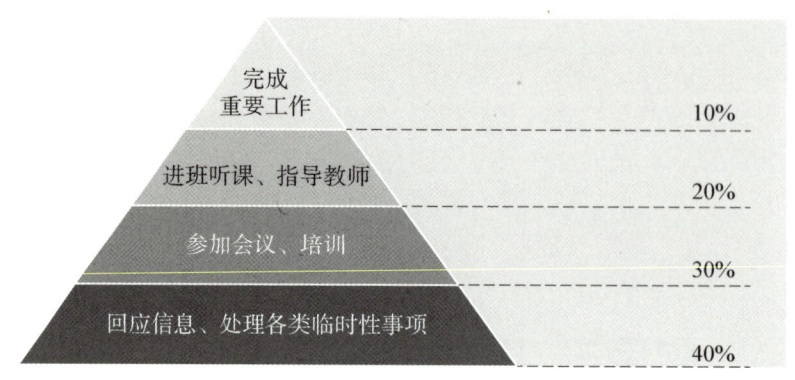

图 2-11

从上图可见，该管理者的一周工作时间主要花在回应信息、处理各类临时性的事项上，而在重要工作方面花费的时间并不多，因而感到时间不够用、任务完不成。正是通过这样的时间记录与分析，才能清晰地知道工作时间都去哪儿了。

（二）发现时间

在记录时间的基础上进行归类统计后，该管理者可以清晰地发现自己时间的分布和利用情况。因此，这位管理者需要进一步排查与分析，看看这 40% 的时间运用得是否合理、是否做了有价值的事情、是否所有的信息和事务都需要及时回应，并从中发现时间、节省时间。

（三）运用时间

现代管理学之父彼得·德鲁克曾谈道：每一位知识工作者，尤其是每一位管理者，要想有效就必须整块地运用时间。如果将时间分割开来零星使用，纵然总时间相同，高效时间也肯定不够。

管理者可利用整块的时间做重要的事情。在做重要事情时，排除各类干扰，集中精力办要事，以提高工作的效率。

下图是关于"高效用时"的思维导图，运用此导图，可以梳理自己的时间，管理好自己的时间，从而达到高效管理。

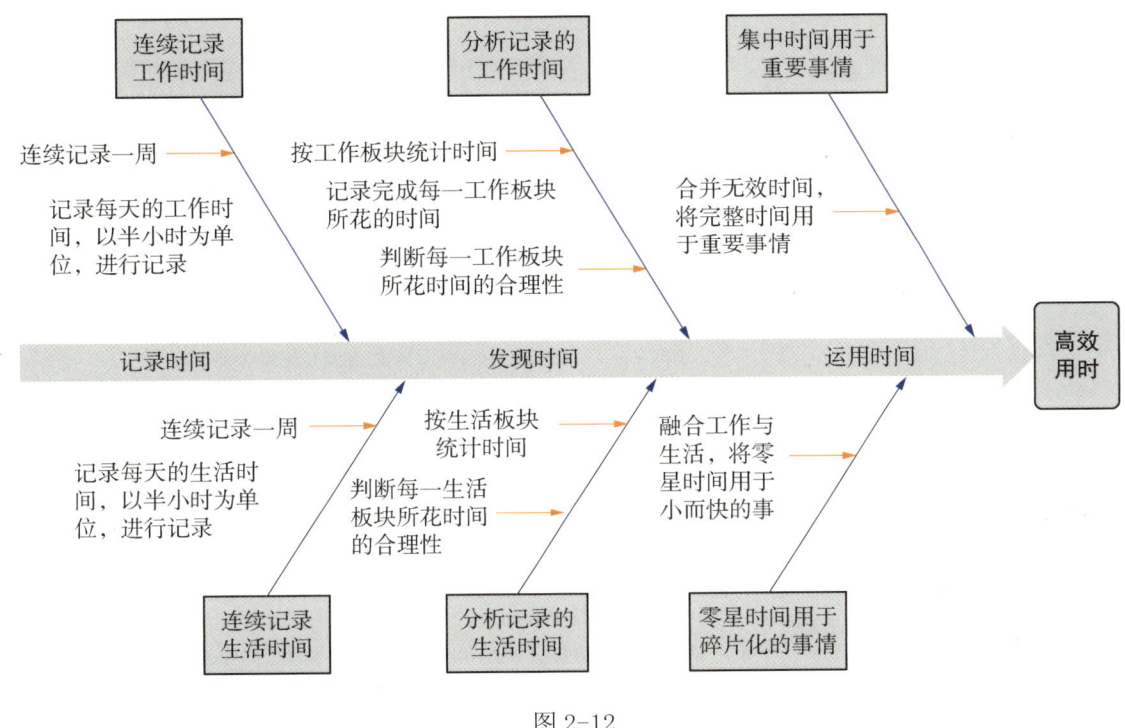

图 2-12

二、用于工作效能的提升

（一）管理层会议效能的提升

某园园长、保教主任及大小教研组长在日常巡检和半日活动观摩中发现，有些青年教师对幼儿一日生活的组织管理虽有自己的想法和预设，但由于缺乏与幼儿沟通的技巧，结果在落实中常常事与愿违，甚至有些班级还出现了常规问题。

如图 2-13，由于该园年轻教师多，参加工作的年限较短，大多缺乏沟通的技巧与方法。为此，园长决定围绕这一共性问题召开一次管理团队会议，请大家围绕"青年教师如何与幼儿进行沟通"这一问题展开交流研讨，并请会议记录人用思维导图的方式进行梳理。

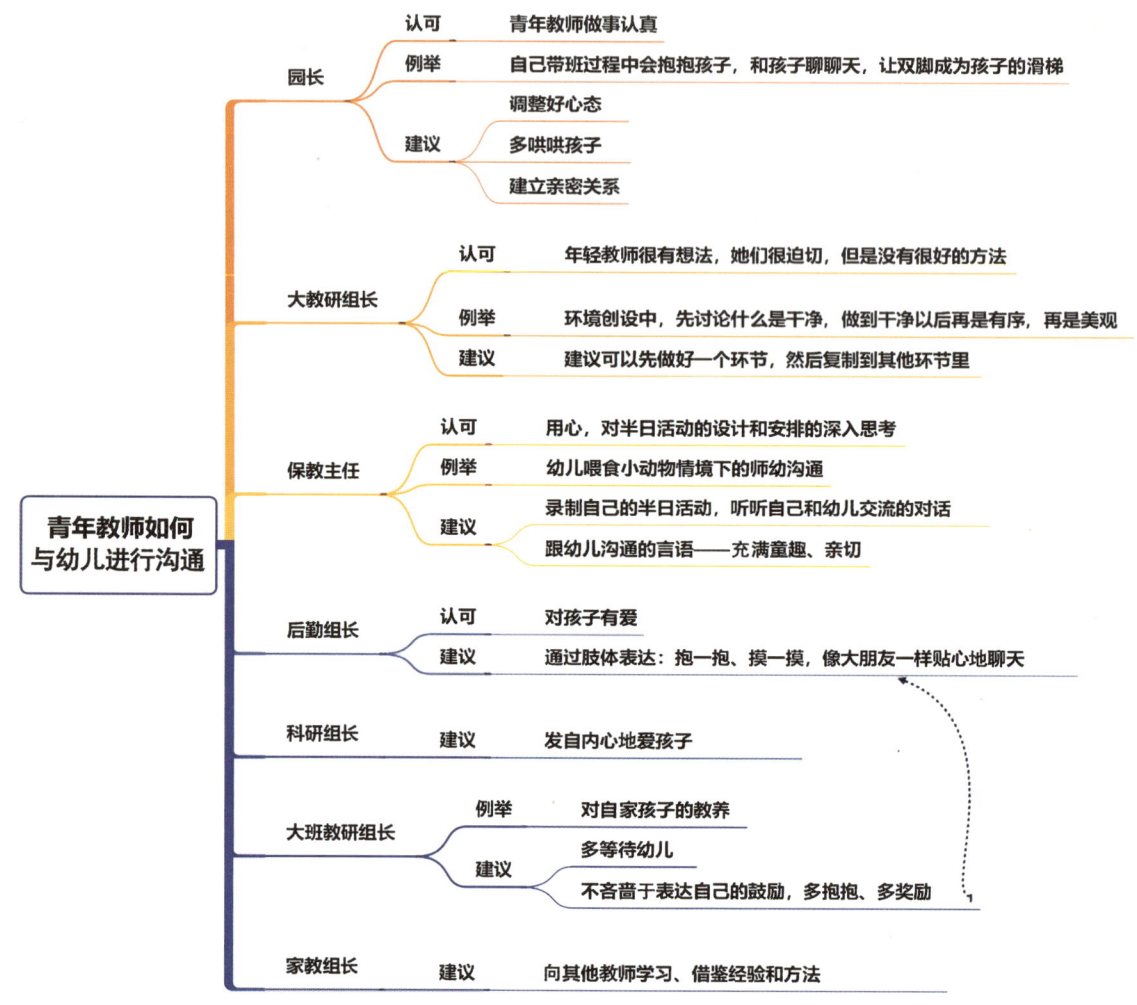

图 2-13

　　这种有既定方向、采用思维导图的研讨，不仅可以使会议主题不跑偏，而且经过"头脑风暴"，将每位管理者曾经的实践经验挖掘出来加以共享，提供给青年教师不同视角、多路径的做法，提高了会议的时间效能、解决问题的效能。整理成思维导图，可以一目了然地看到大家围绕问题进行讨论交流的情况，并及时梳理出问题的解决方法。

　　为了使会议效能最大化，方便青年教师看到自身的问题，快速记住建议要领并在工作中加以借鉴和使用，保教主任又进一步运用鱼骨图从成因和对策两个角度对青年教师与幼儿的沟通问题做了梳理。

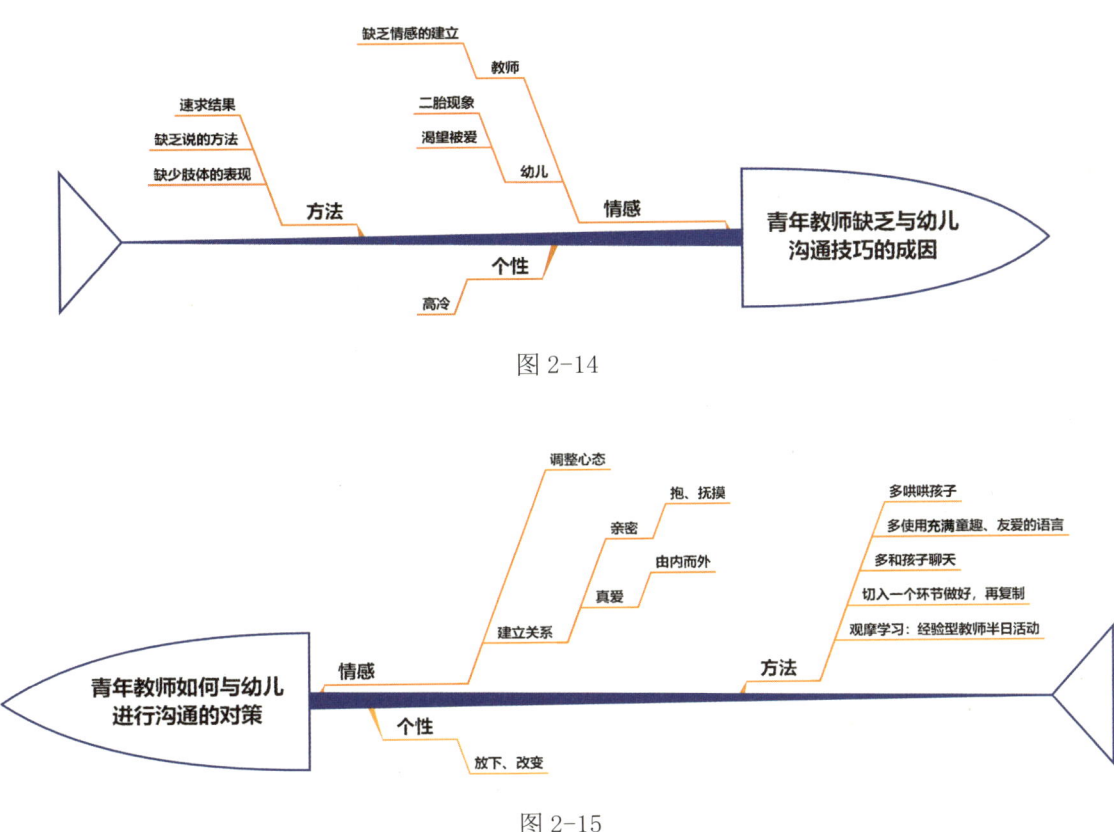

图 2-14

图 2-15

这样，通过这两张图青年教师不仅可以找到自己与幼儿沟通不畅的原因，还可以快速找到解决问题的方法，并根据自己班级的实际情况制订可操作的行动方案，进而提高自己与幼儿沟通的技巧和能力，最终达到改善师幼关系、建立良好常规的效果。

可见，针对幼儿园面临的一些比较重要的共性问题，园领导可以召开管理团队会议加以深入研讨，并用思维导图对会议重点和关键信息进行记录、梳理，找到该问题的成因并形成相应的对策，既有利于引起重视、统一思想、形成共识，也方便相关教师对照学习并在后续工作中落实各种对策，从而真正解决问题。

（二）保教工作效能的提升

思维导图具有较为清晰的分类功能，这使得它在幼儿园的工作检核中可以发挥独特的作用。我们先来看几张图，它们呈现了某幼儿园保教主任对月保教工作的梳理和反思，及在此基础上对本学期工作的小结和对下学期工作的思考。

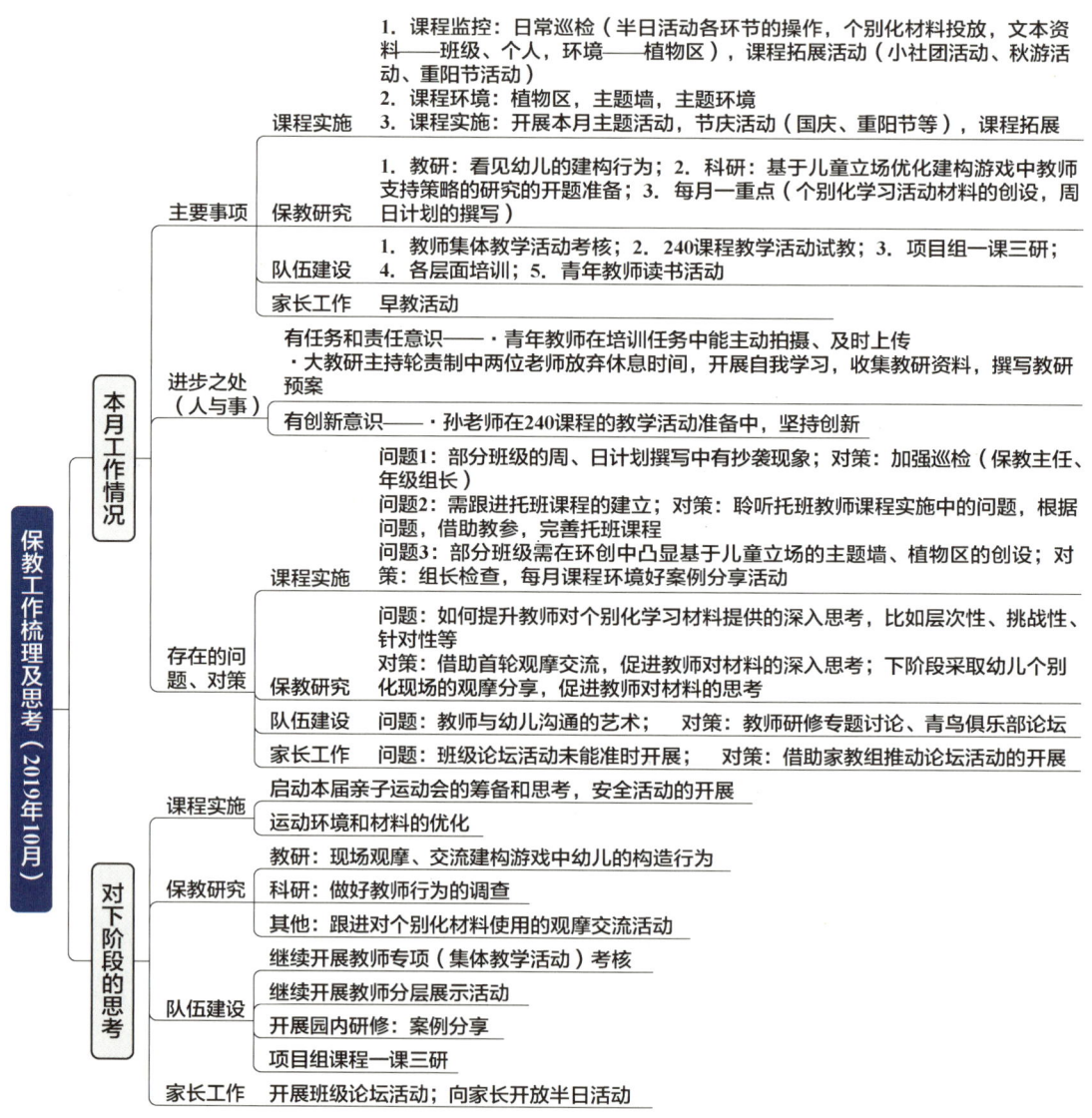

图 2-16

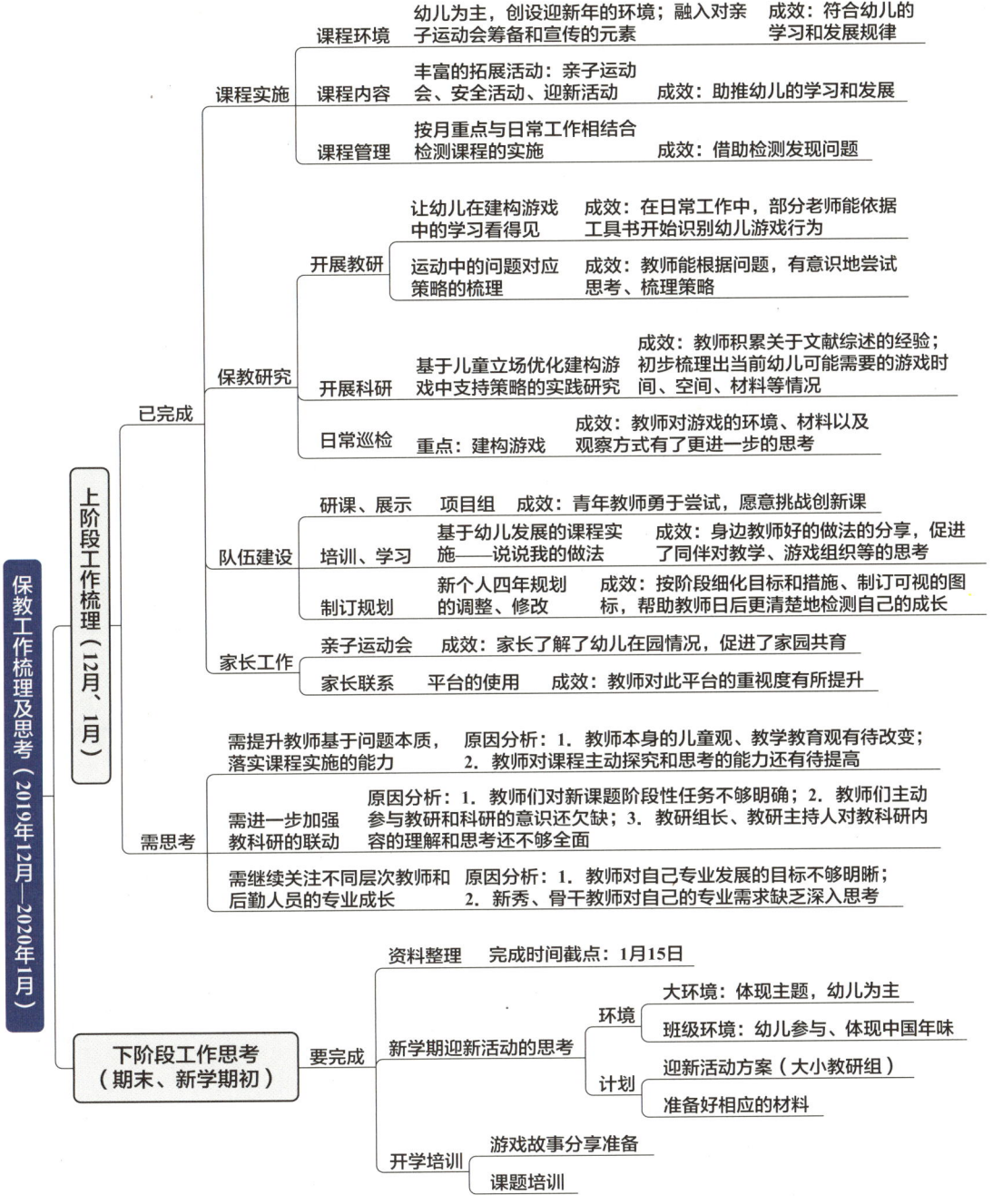

图 2-17

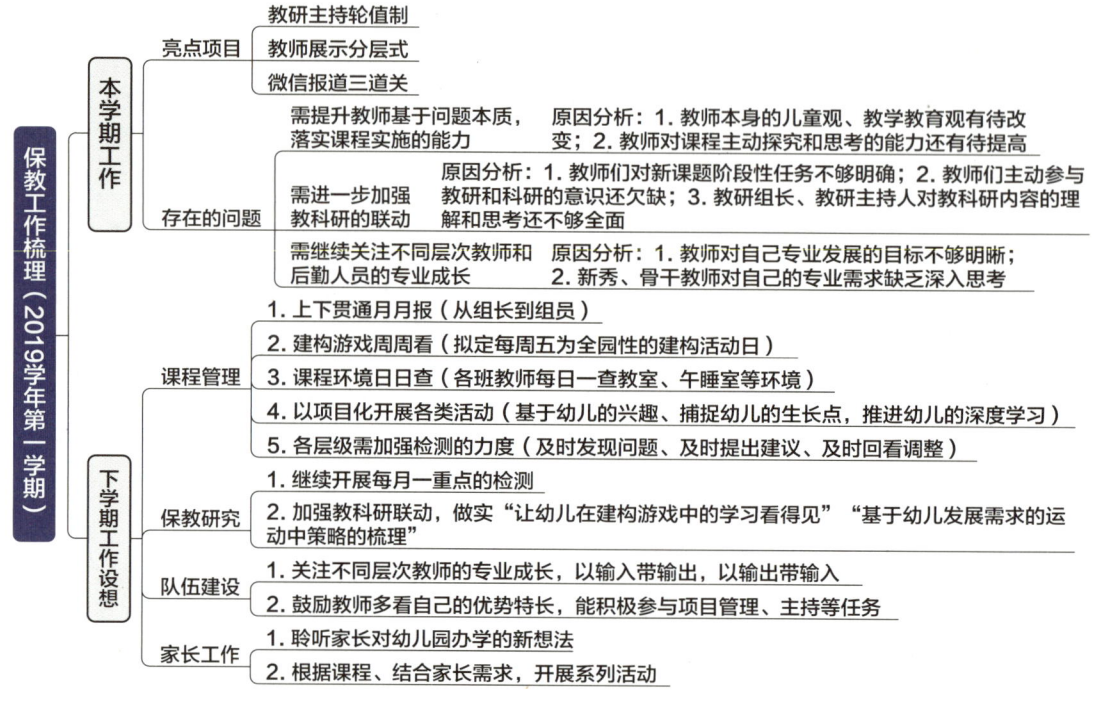

图 2-18

细品这三张思维导图，会发现它们有不同之处。比如图 2-16，经历了 9 月的适应期，幼儿园的各项工作渐入佳境，所以在这张图上该保教主任先罗列了 10 月自己在课程实施、保教研究、队伍建设和家长工作等保教工作中做的事情，相较 9 月丰富许多，然后呈现进步的人和事，提出对后续工作的思考。图 2-17，因为学期临近结束，所以根据开学的保教工作计划，梳理已完成的保教工作，进行下一步的思考。图 2-18 中的梳理清晰地从本学期工作完成情况和下学期工作设想两个方面展开，既有对亮点项目的肯定，又有对存在的问题的原因分析。

"一图在手"使保教主任可以总览自己每个月、学期甚至学年的保教管理情况，也为下一步的管理打下良好基础。

三、用于组织管理中的应急管理

在幼儿园的组织管理中，可能会出现各类紧急事件打乱正常工作的运行，管理者或项目负责人应及时做出反应；采取有效措施，将伤害或损失或负面影响降低至最小。这些应急事件主要包括三大方面的事项：传染病的应急事件、意外伤害的应急事件、舆情的应急事件。不同的应急事件，处理的方式也不同，但都需要做到积极响应、紧急应对，以及时解决问题、消除不良影响。

针对以上三类不同的应急事件，管理者可以采用思维导图将应急事件的回应流程结构化和图示化，帮助其他管理者和老师们理解、记忆处理的流程与方法，从而快速、有效地处理各种应急事件，尽快恢复正常的教育教学秩序。

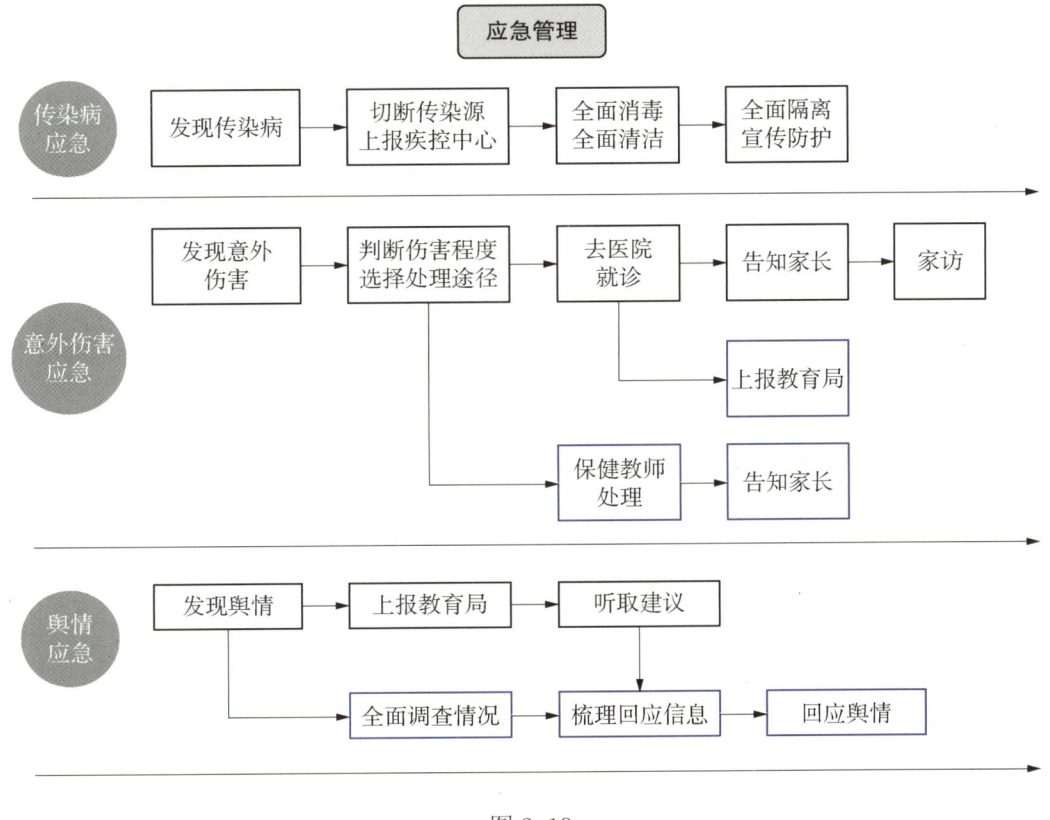

图 2-19

可见，幼儿园组织管理中的时间管理、信息处理和应急管理问题，皆可通过思维导图的梳理和提炼，将其结构化和明晰化，帮助管理者和广大教师在第一时间做出正确的判断和及时的反应，从而提高管理效能，使管理卓有成效。

组织管理中的思维导图赏析

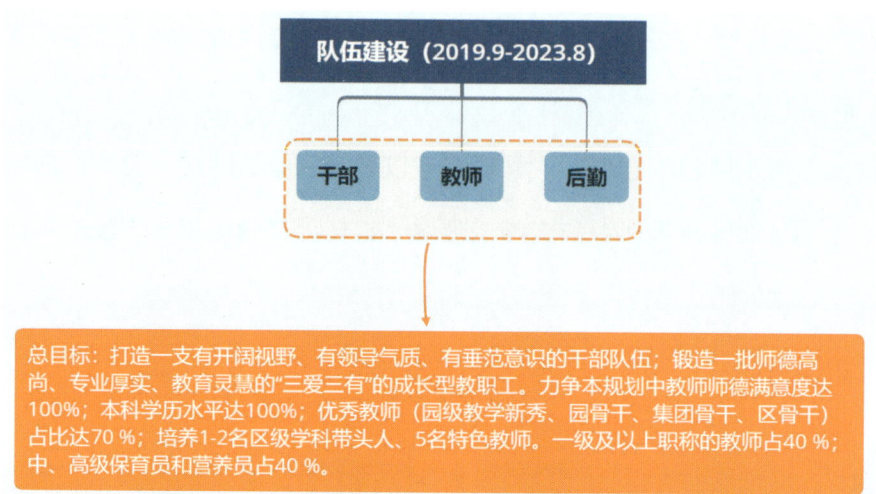

图 2-20

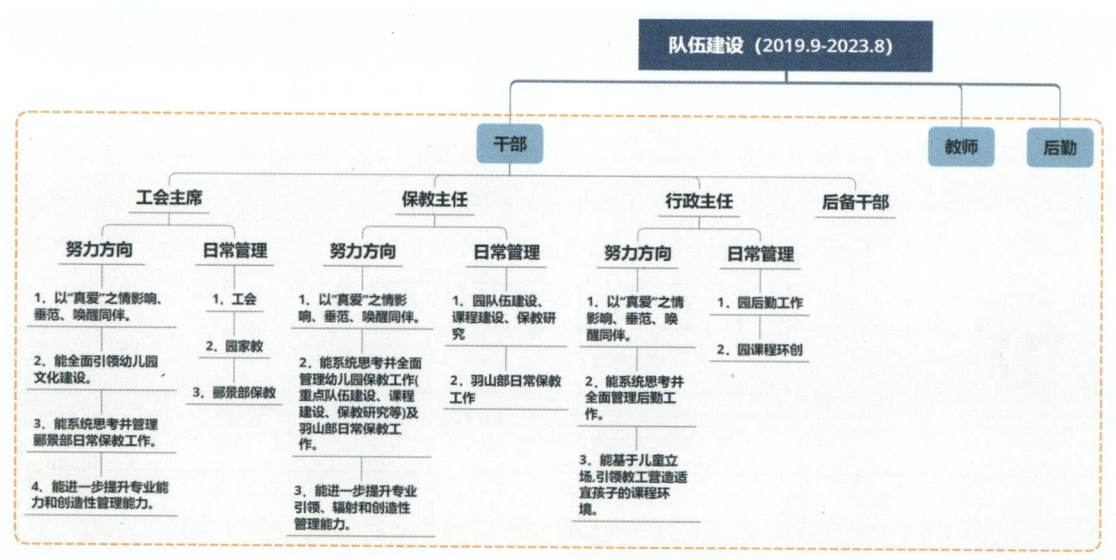

图 2-21

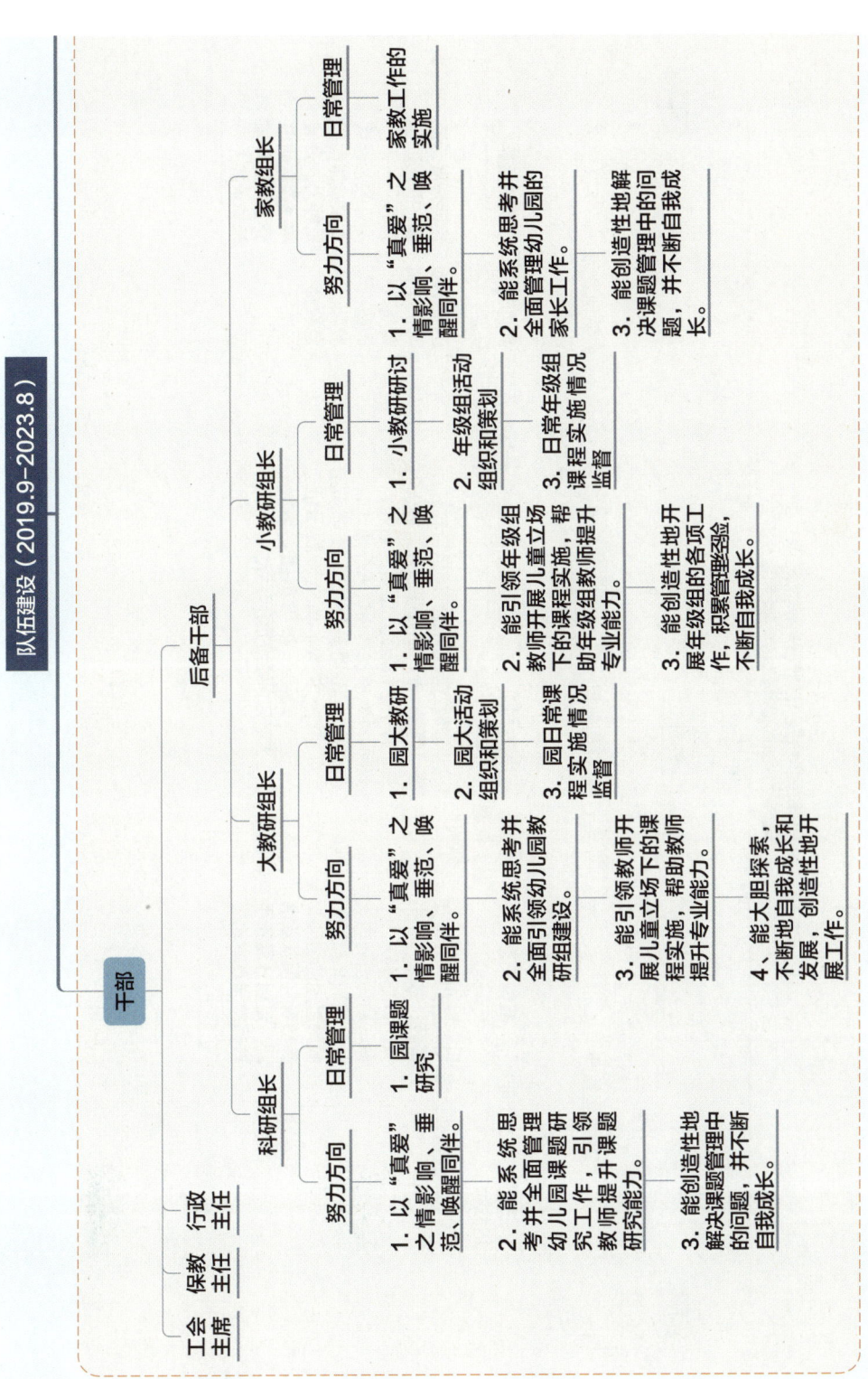

图 2-22

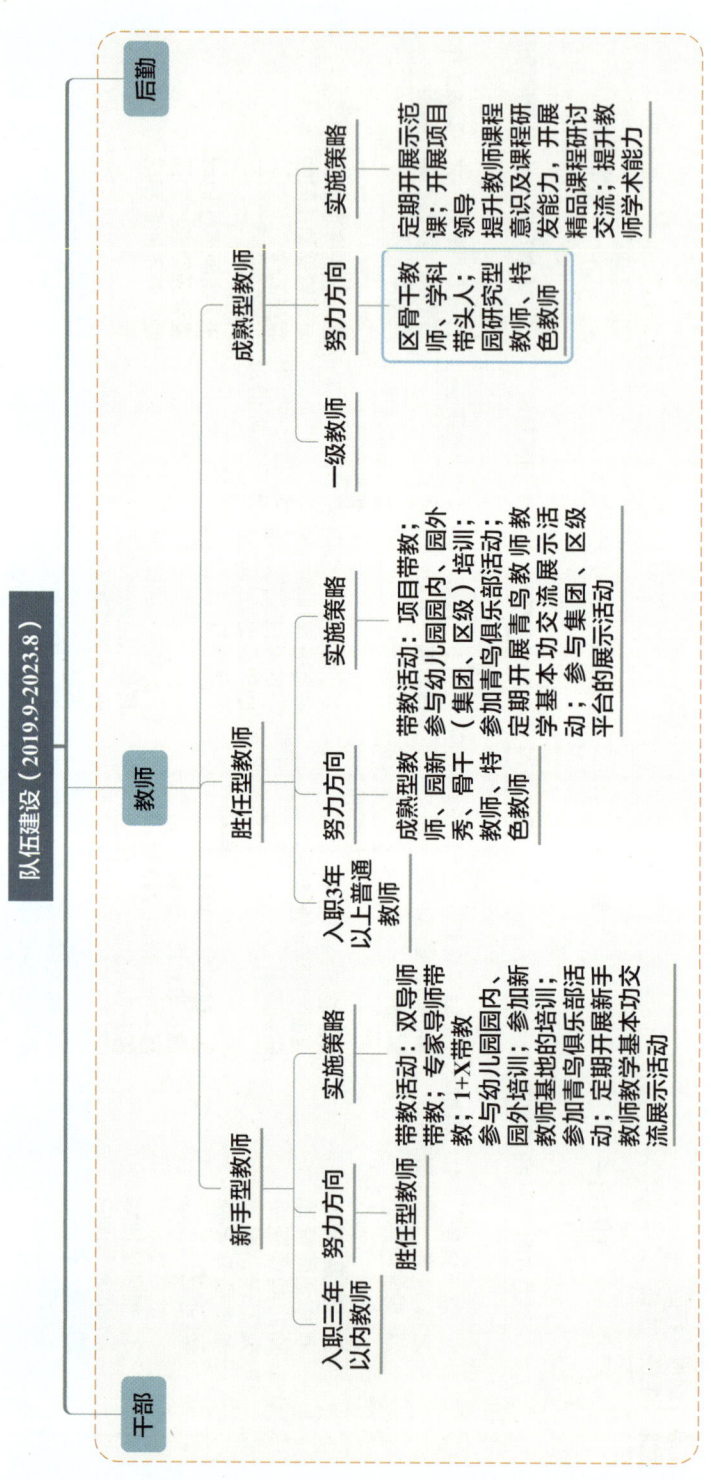

图 2-23

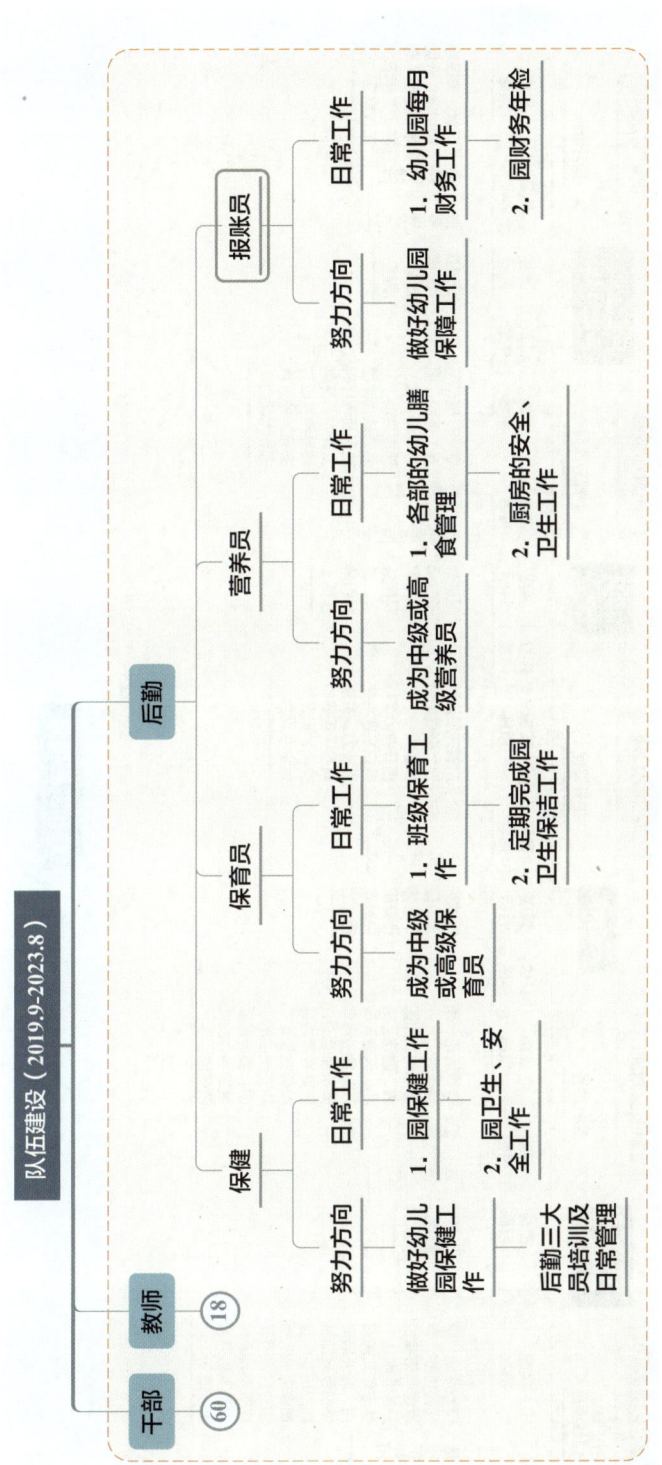

图 2-24

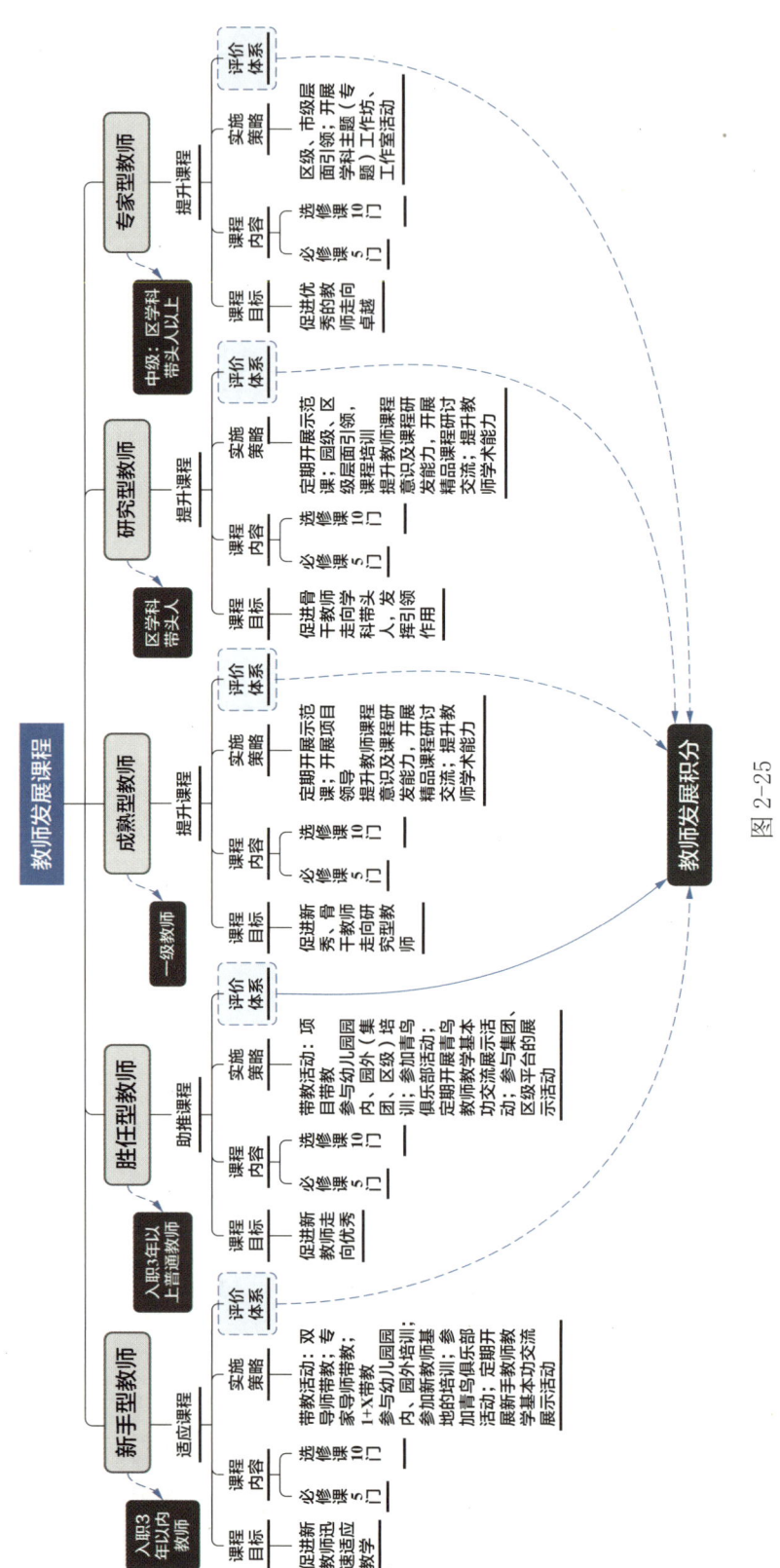

图 2-25

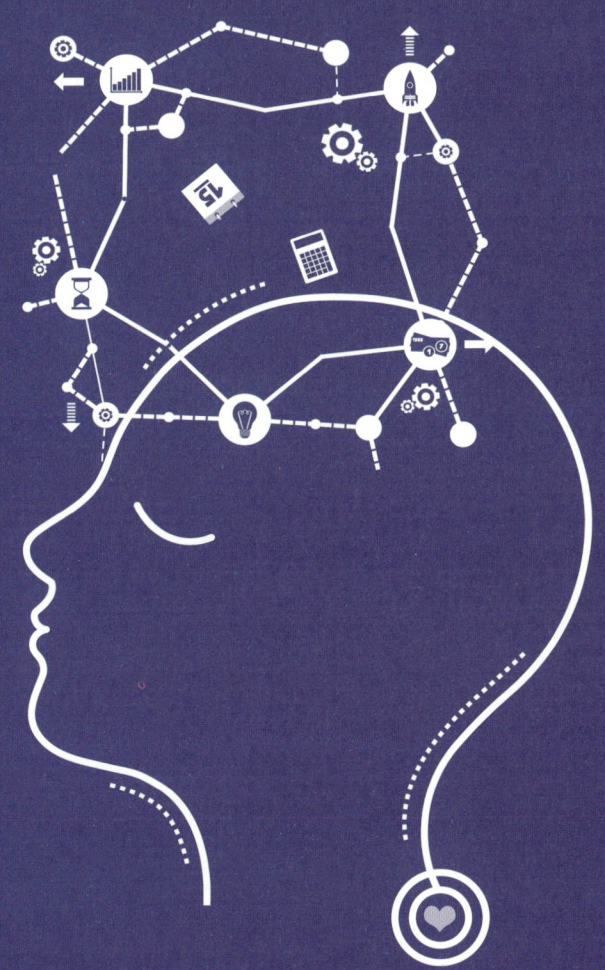

第三章

思维导图在教研
活动中的应用

在教研活动中，运用思维导图可以激发教师积极参与研讨，也可以形成对教研活动的小结。可以帮助幼儿教师拨开现象看本质，学会全面深入、多角度地去分析教研的内容及内在逻辑等，提升幼儿教师思维品质与专业能力。下面就来介绍如何在教研活动中运用思维导图提升教研活动质量。

应用一　制订教研预案中的应用

在思考与撰写教研预案时，我们可以运用博赞式思维导图、思维地图、鱼骨图等。根据教研主题，运用不同的思维导图呈现教研活动的流程、内容、形式、小结等，有助于主持教研活动的老师快速地梳理教研活动各方面内容之间的逻辑关系，更好地理清教研预案的撰写思路，从而提升工作效率和思维品质。

一、规划与制订教研预案

教研活动前，教研主持人需要根据计划中的教研主题撰写活动预案。但在教研回顾中往往发现，每次教研活动的内容不少，可个别环节的目的其实是相同的，有时还会有遗漏环节的现象。这是教研主持人对教研活动缺乏整体性的思考以及对教研活动的流程、层次没有梳理清楚导致的。

运用思维导图可以将教研预案以可视化的形式呈现出来，把教研主题和常规工作中需要解决的问题、希望达到的目的、期望教师有何收获、准备使用的方法一一罗列出来，这样就可以将教研内容置于教研框架之中，使教研活动有条不紊地进行。

了解了思维导图对制订教研预案的作用和价值之后，作为教研组长，如何运用合适的思维导图呢？接下来，我们结合具体案例，手把手地教大家绘制和使用思维导图以助力教研预案的撰写。

×××幼儿园中班教研活动预案

常规教研：研讨"有用的工具"主题包内容、分享足球游戏。

专题教研：角色游戏中幼儿规则行为的解读

环节一：围绕"基于观察的中班幼儿角色游戏行为解读"，解读角色游戏中幼儿的规则行为。

预设问题：

（1）角色游戏中幼儿的规则行为有哪些？

（2）请例举你在组织幼儿角色游戏时，观察到的幼儿规则行为有哪些？

（3）这些规则行为蕴含了幼儿哪些方面的发展？有什么特点？举例说明。

预设小结：

在幼儿的角色游戏中经常会出现一些混乱、冲突的场景，规则可以起到协调幼儿关系的作用，合理的规则行为可确保游戏能够顺利开展。

幼儿在角色游戏中的规则行为可反映出幼儿的行为习惯、公正意识、竞赛意识、规则意识、自律和责任意识以及逻辑思维这几项的发展。用规则来解决同伴纠纷、在游戏中创造规则都需要幼儿有较高的游戏水平来支持。

同时，教师还要注意游戏中幼儿规则行为的"自主性"。如果行为规则是教师制定的，可能会有一些外部强制性，幼儿不一定喜欢或自觉遵守，因此幼儿的规则意识不能得到很好的发展。教师在游戏中要给幼儿更多的"自由"，在出现冲突、解决冲突的过程中，让幼儿去创造规则、体验公正、发展逻辑思维。在这样的游戏过程中，幼儿慢慢地从规则他律走向规则自律，规则不断内化。

环节二：围绕案例进一步分析幼儿的规则行为表现

　　游戏开始了，小黄来到小小旅行社，大声地说："我要当导游。"可是，小小旅行社刚开张，很多人都想当这一角色，谁也不让谁。最后，经理君君提议用面试的方法来决定谁来当这一角色，孩子们都同意了。"你知道上海最高的建筑是什么吗？上海的黄浦江上有几座著名的大桥？"经过"经理"的一番面试后，小黄最后如愿赢得了"导游"的角色。

　　旅游团组建好了，"导游"小黄用响亮的声音招呼着"游客"，可是没有一个人过来。小黄想了想，到美工区找了一根小棒，在上面贴了一张红色手工纸当成导游旗。这下，还真招来了不少"游客"，大家七嘴八舌地围住他说："导游，我要去北京。""导游，我要去世博馆。"小黄把小旗一挥说："车子在那里，大家先上车吧！"只见不远处整齐地排着两排椅子做成的"车子"，于是大家都向车子拥去，很快车上便坐满了"游客"，司机问："你们去哪里？"大家争相说着自己要去的地方，"导游"一脸的无奈，不知该怎么办。

　　这时,老师以"游客"的身份上了车，问身边的游客："你去哪里玩啊？""游客"阳阳说："我去北京。"前排的婧婧回头对老师说："我要去世博馆！"坐在右边的佳佳说："我今天要去台湾玩！"老师对小黄说："你这辆车要去那么多地方吗？"小黄挠挠头说："嗯，不是不是，我们今天去世博馆！"说完，他把导游旗一挥，说："去世博馆的上车，其他地方我们不去！"老师又说："我还没买票呢，要买票吗？"这句话提醒了小黄，他连连说："要买的，要买的，你们等一等。"说完，马上跑到材料区，找了各种颜色的纸条，对车上的"游客"说："这是车票！"这时雨欣说："那我要做售票员，行吗？""嗯，那你卖票吧。"小黄把票都给了雨欣。雨欣对"游客"说："粉色的票就是去世博馆的，好吗？"游客们都表示同意，车子终于开动了。

预设问题：

（1）案例中幼儿表现出的规则行为有哪些？

（2）案例中的新规则是如何产生的？反映了幼儿哪些方面的发展？

（3）从五大领域的角度分析，本案例反映了幼儿哪些领域的发展？

预设小结：

（1）游戏中幼儿表现出的规则行为有哪些？

a. 旅行社刚开张，经理君君提议用"面试"的方法选择谁当导游。小黄通过回答问题成功地成为导游。

b. 导游小黄用自制小红旗作为导游旗指挥大家上车，游客们都遵守规则。

c. 游客们有各自想去的地方，在教师的暗示下，小黄以导游的身份制定了规则——"只去世博馆"，游客们也都能遵守，无人提出异议。

d. 导游在教师的提醒下，寻找材料，自制车票。有车票才能坐车——这也是一种游戏规则。

e. 导游制作了各种颜色的车票，雨欣提议持粉色的车票才能去世博馆，对规则进行了提升、细化，也获得了导游与游客的认可。

（2）案例中的新规则是如何产生的？

在游戏中出现争执、产生冲突时，在"竞争导游""游客的目的地不一样""各色车票"等情况下幼儿能自发地或在教师引导下自己创造规则来解决游戏中出现的问题，且参与游戏的幼儿都认可这些规则，幼儿的规则意识、公正意识、自律等方面都发展得相当好。

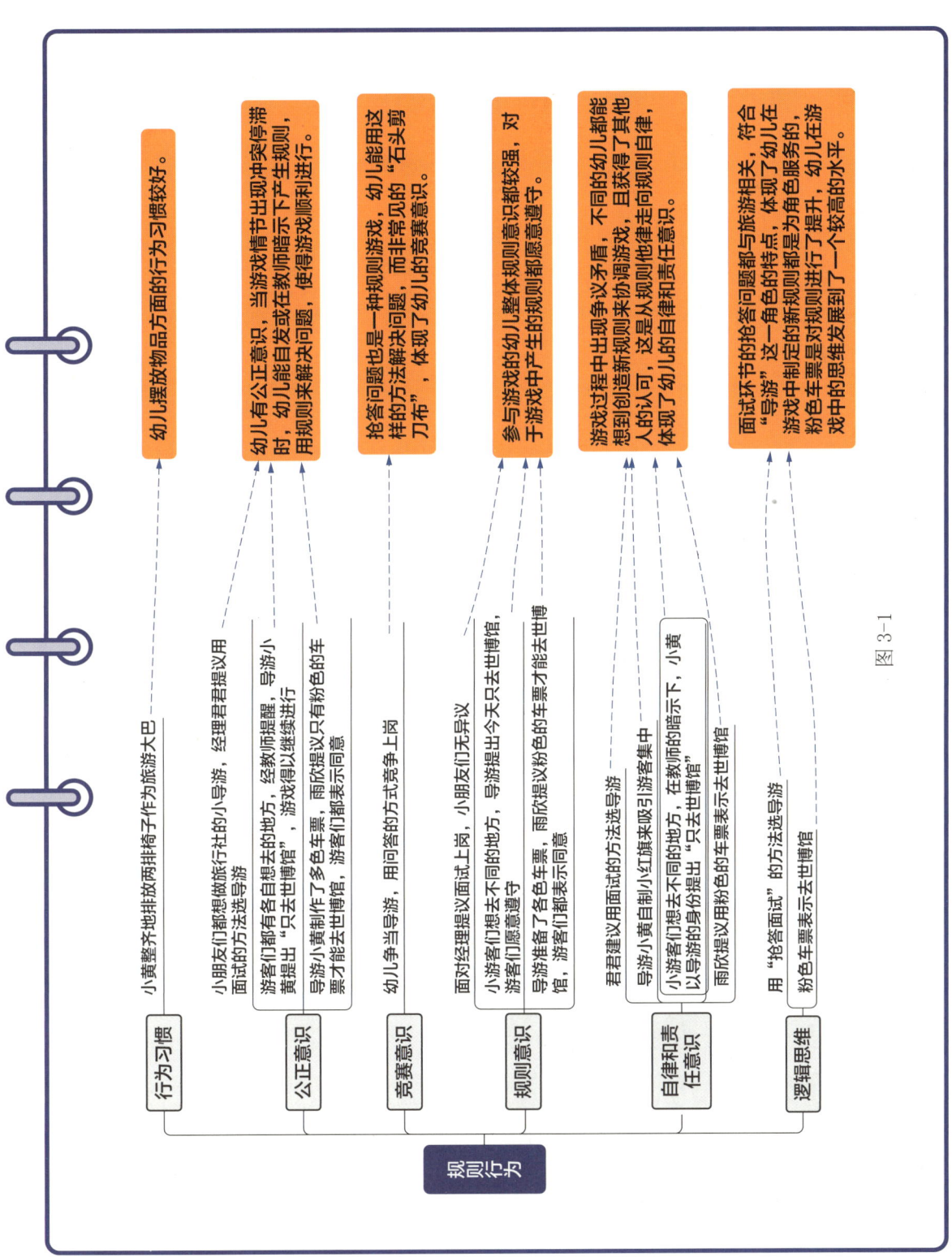

图 3-1

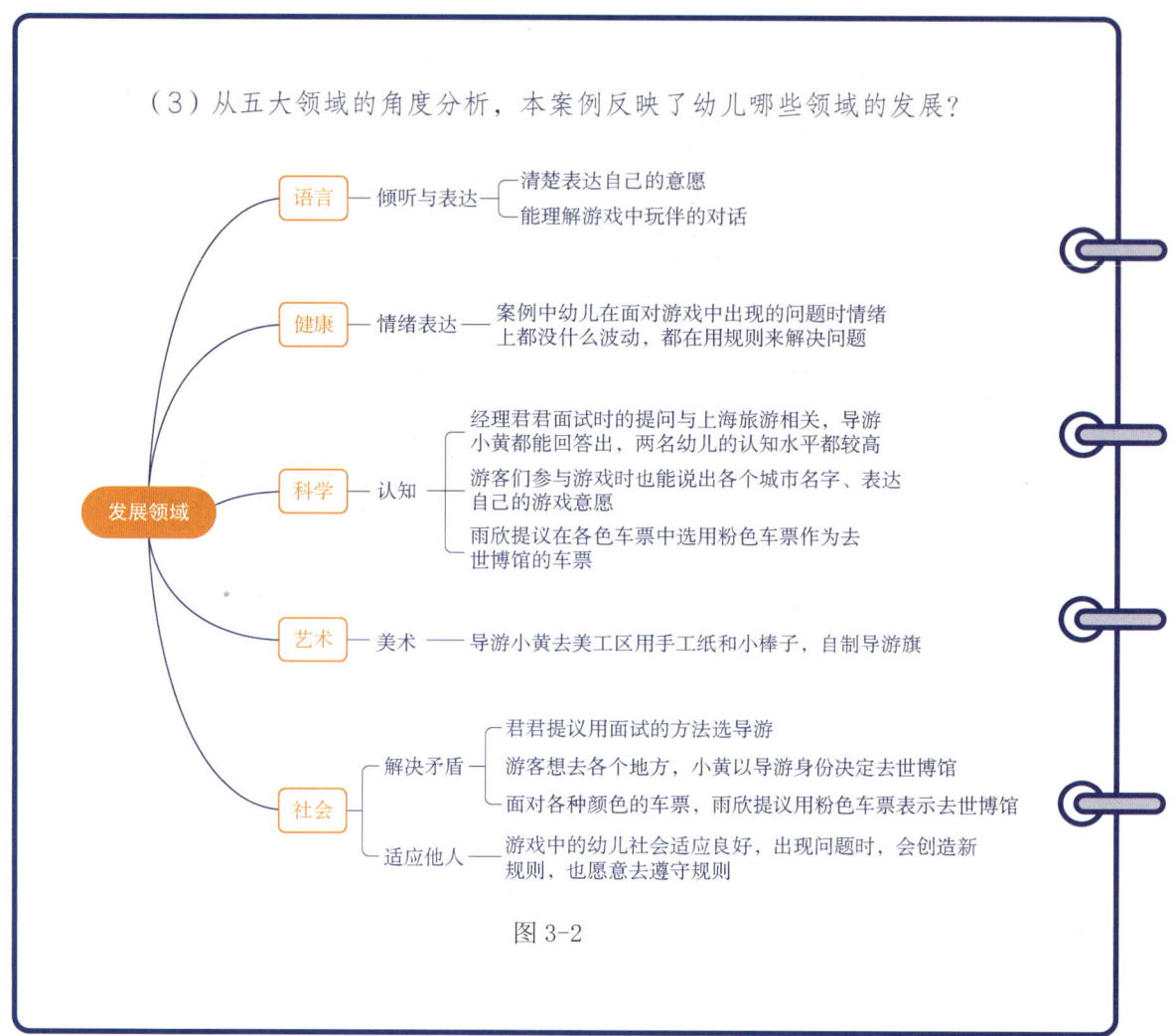

（3）从五大领域的角度分析，本案例反映了幼儿哪些领域的发展？

图 3-2

（一）绘制要点

首先，阅读原文。在绘制前快速地阅读一下教研预案的文字稿，以便掌握教研预案的整体结构。上述案例中的教研预案是具有包含关系的，因此可以用括号图的形式来对该教研预案进行整理。

其次，尝试分类。不论内容多寡，整理思维导图时都会面临同样的问题：如何根据内容结构做有效的分类？可以根据由上而下的方式，先是整理大类，然后中类，接着是小类，再接着是细节。

最后，完善细节。补充细节，完善思维导图内容。

（二）绘制导图

原来用大段文字描述的教研预案，如果用思维导图的方式加以呈现会是什么样呢？我们一起来看看（图3-3）。

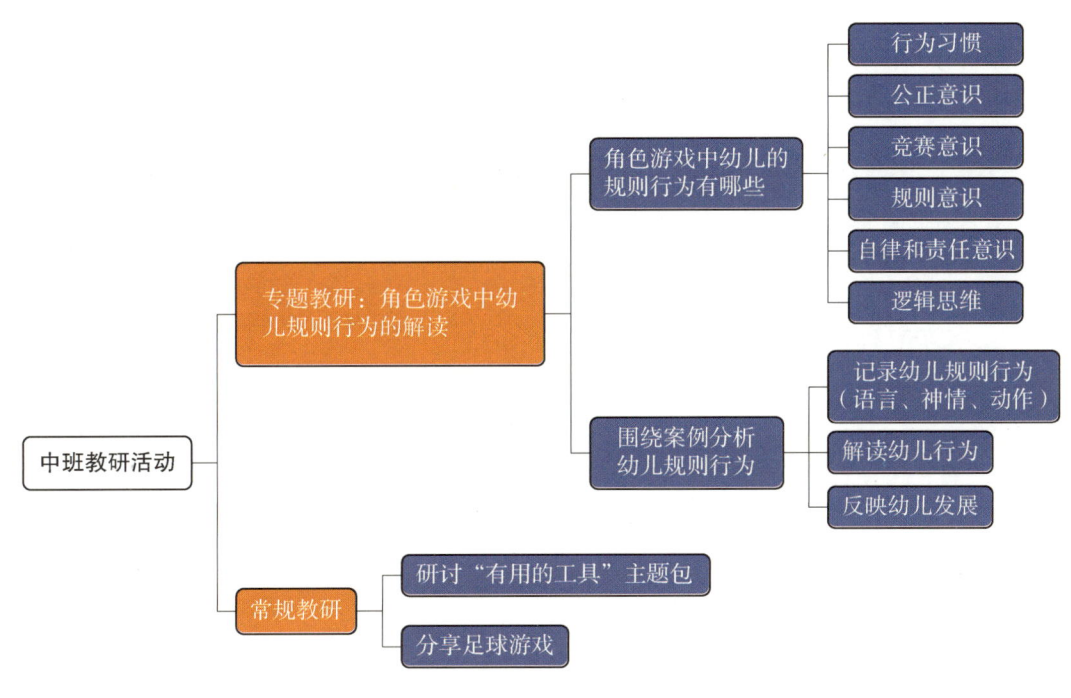

图 3-3

是不是清楚了许多？相信将教研预案的流程和内容用层级的方式进行分类，并在中心主题、大类、中类、小类等分类中用关键词的方式加以提炼，能够帮助教师快速记忆和理解，对教研活动进程起到指引方向的作用。

二、呈现教研流程并提供研讨支架

在以往，教研组长们在研前介绍本次教研目标及内容等时，往往会用一段长长的文字加以描述。参研教师需花费较长的时间阅读和理解，且易忘记。

如果用关键词提炼教研流程，并将所有的关键词用一张思维导图加以呈现，让参与教研的教师在研讨前快速浏览一下思维导图，不仅有助于参研教师迅速理解和记住教研的流程及主要内容，让教研的内容变成一种"影像"深植在教师们的脑海里，而且可以确保教研活动沿着教研主题的思路顺利开展。

下图是某幼儿园大教研活动（即全体教师参与的教研活动）中，教研组长利用括号图制作的教研预案流程图。

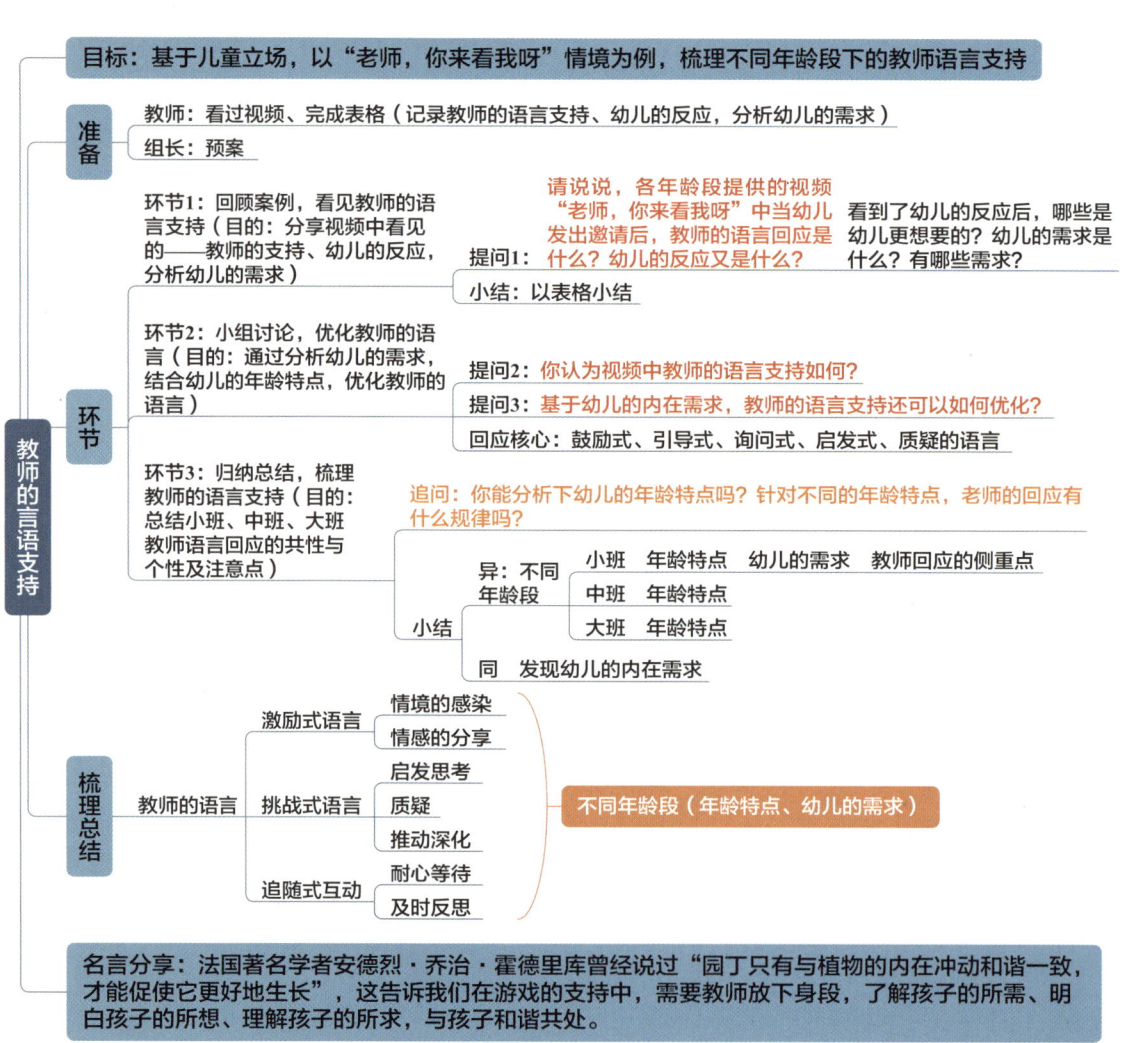

图 3-4

运用思维导图的方式将整个教研流程加以呈现，教师们可以及时了解此时此刻教研进行到哪一个环节、讨论的关键问题是什么等。同时，利用思维导图作为研讨的引导工具，参研教师还可以根据自己的情况来调整思考的重点和节奏。比如，有些教师还在围绕前一个问题进行思考，那么对这个问题已思考成熟的教师就可以开始思考下一个问题。

三、解决教研环节缺少递进的问题

有一次，教师们在积极准备"主题核心经验下个别化学习活动的设计与调整——以'我要上小学'科学领域活动为例"的主题教研活动。一开始绘制的思维导图如下。

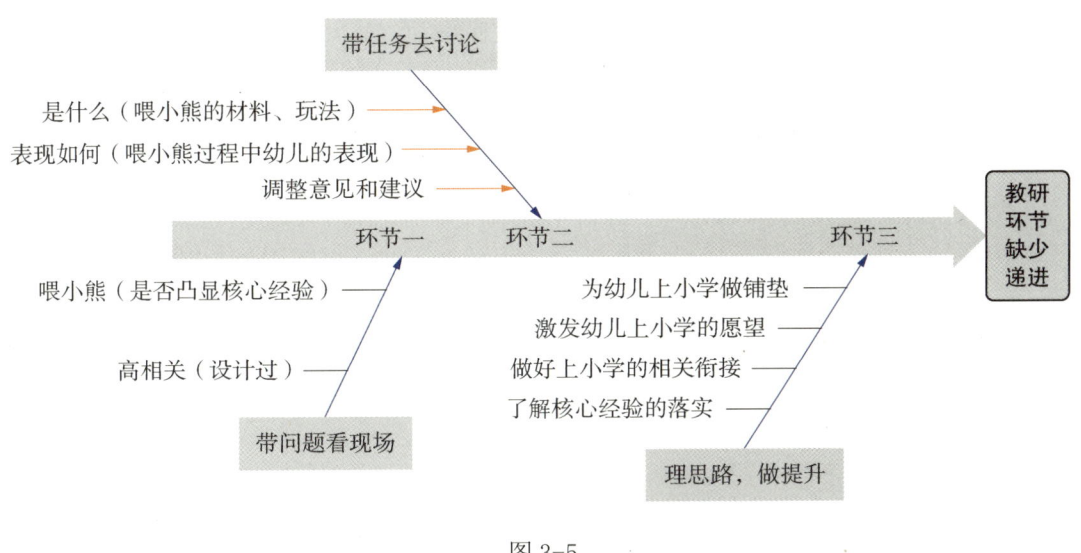

图 3-5

用原因型鱼骨图对各个环节进行梳理和罗列，将几千字的预案浓缩成为一张鱼骨图，教师们一下子就看出了环节之间的问题：环节一与环节二之间看似层层递进，但从看现场到研讨之间，缺少一座"桥梁"，即参研教师要研讨"喂小熊"的个别化学习活动与"我要上小学"主题核心经验之间是高相关还是低相关时，教师对什么是高相关、什么是低相关，以及如何判断等问题缺少相应的经验。这样就会导致教师的研讨缺少基础，没有了相关的支架，教师的讨论只能够就事论事，很难提炼、提升。

绘制鱼骨图能够清晰直观地展示环节与环节之间的关系，教研活动中各环节之间的逻辑关系，教研内容与教研主题间的关系。

找到了问题，接着，大家开始尝试解决问题。于是，围绕着如何在环节一与环节二之间体现递进性，为研讨提供支架，教师们展开了讨论，并在讨论后，再次用对策型鱼骨图对整个教研预案进行梳理。

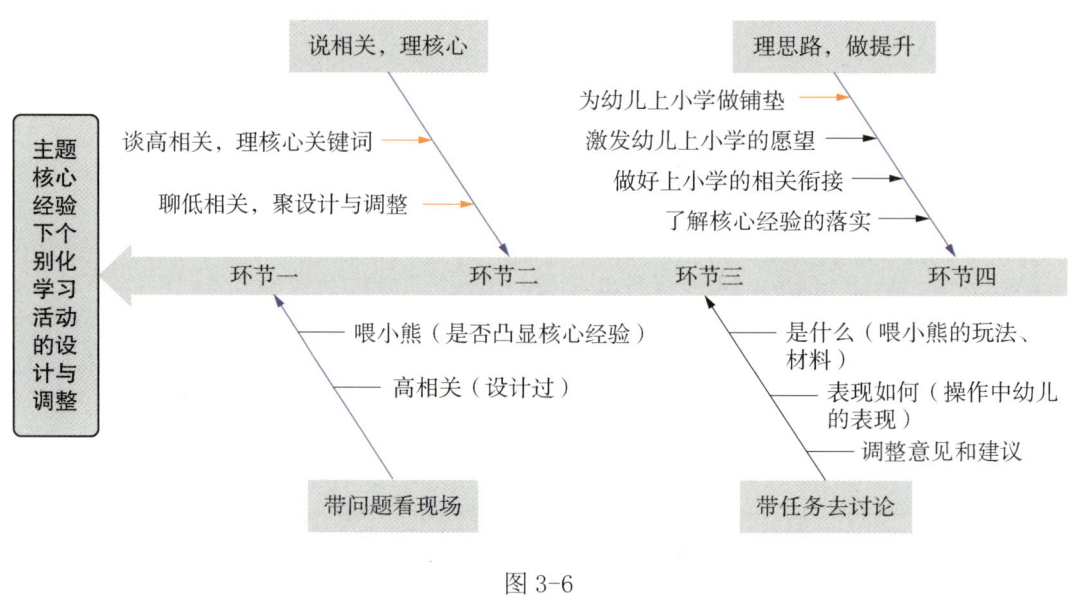

图 3-6

增加的环节通过说说"我要上小学"主题核心经验的关键词有哪些，如情感与态度——激发愿望（向往小学、感受快乐），懂得感恩（感谢师长、留恋同伴），养成品质（任务意识、克服困难），帮助教师梳理了相关核心经验。

接着再梳理现场观摩中看到的、与"我要上小学"主题核心经验高相关及低相关的个别化学习活动。建立环节之间的桥梁，也为现场研讨的开展做了有效的铺垫。

这样，两张思维导图解决了教研中遇到的缺少递进性的问题，使教研内容更加全面而深入，教研流程更加紧凑而有逻辑。

应用二　现场教研实施中的应用

一、推动教师主动参与教研

为了使所有的参研教师完整地参与整个教研活动，全面地、客观地、多维度地观察现场活动，进而肯定活动的可取之处、思考存在的问题、提出建设性的改进意见，寻找一条合作交流、完善活动、共同成长的道路，我们研制并开发了"五项思考帽"的教研模式，并将该模式和思维导图相结合，以调动广大教师参加教研活动的积极性和热情，打开参研教师的视野和思路，把人数众多的参研教师打造成一个学习共同体。

"五项思考帽"源自英国学者爱德华·德·博诺（Edward de Bono）博士开发的"六项思考帽"。因红色思考帽主要表达个人的情绪和感受，使用不慎，极易挫伤教师的积极性，所以舍弃。

如图 3-7，五项思考帽的分工与作用各有不同。

作为一个结构化的教研模式，"五项思考帽"按颜色将思考帽分为五顶，并赋予不同

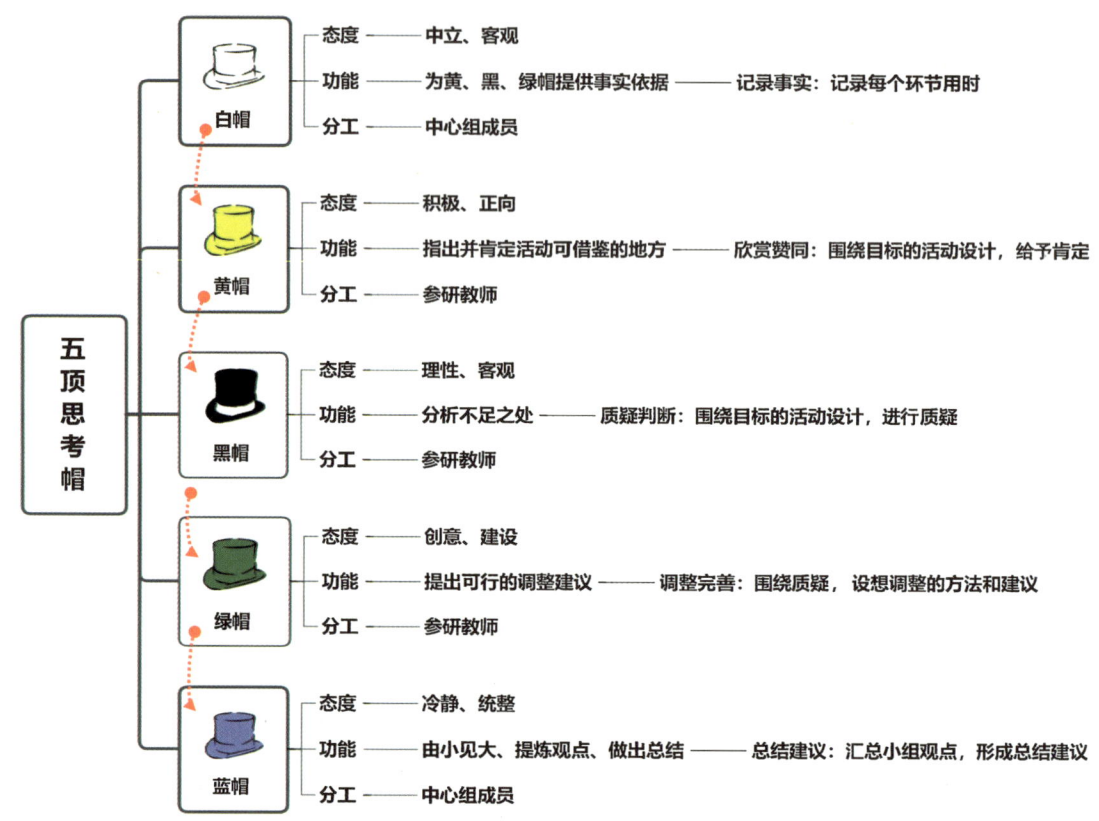

图 3-7

的角色分工、功能定位和思考及态度要求（见图 3-7）。在具体运作上以任务驱动的方式撬动全体参研教师主动地、多角度地投入到整个教研活动。这是一个操作简单、富有实效的思维工具，可以帮助教师找准教研中各自的定位，聚焦研讨的主题，用平行思考的方式，客观公正地观摩活动、评价活动，并站在不同角度思考同一个内容，提出建设性的观点和建议。

在"基于目标的活动设计与实施——以'推不倒的朋友'为例"的主题教研活动中，为了将不同工作年限、不同能力层次的教师卷入研讨活动，负责教研活动的教师将五项思考帽与气泡图相融合用一张图表进行呈现，期望能够激发教师参与研讨的积极性。

　　在活动前，请各位参研教师各自"戴好"思考帽。在"戴帽"时，不强求教师选择指定的帽子，而是将五项帽子各自代表的任务向参研教师进行说明，鼓励每位教师根据自己的兴趣、能力等选择擅长或者能够胜任的帽子。

　　由于五项思考帽各自的任务明确，教师有选择的自由，在带着任务观摩集体教学活动的时候，教师能够有意识地进行观摩，并在研讨时积极发言。

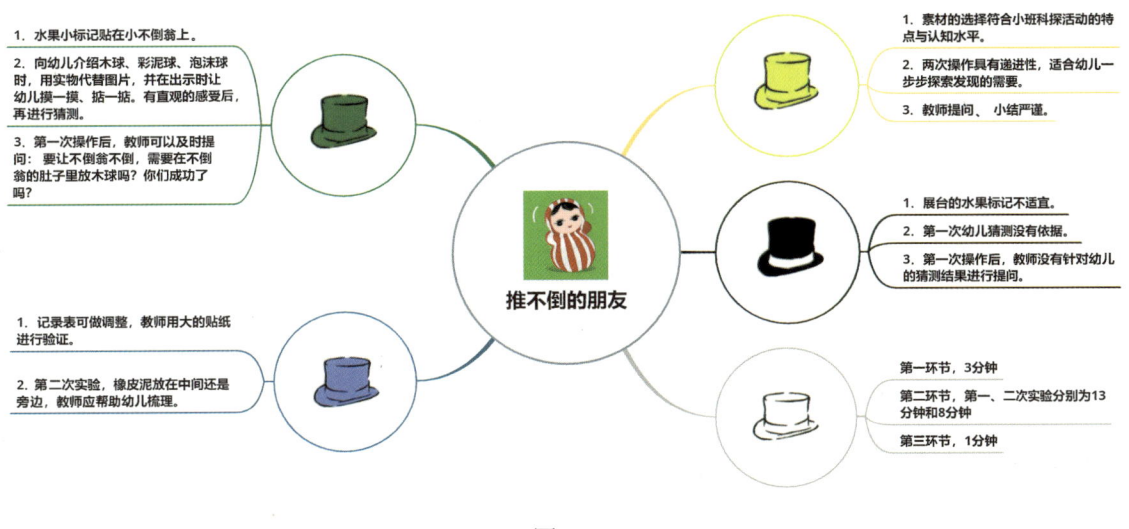

图 3-8

二、解决教师不愿发言或跑题的问题

　　教研活动中，无论是个人想法的表达，还是不同观点的辩论，抑或是对问题解决方案的研讨等，参研教师之间的表达与交流都是必不可少的。而每到此时，教师往往会出现没话说或说不清甚至发言偏离主题的情况。

　　语言是思维内容的载体，也是表现、传达思维结果的手段；而善于思考，表达才会丰富、缜密且有见地，思之有物才能做到言之有理。为此，我们倡导在教研分享中借力"思维导图"唤醒参研教师的思考，让他们善于思考、学会表达。

　　某幼儿园小班教研组开展"基于观察的识别之看懂小班幼儿角色游戏中的行为"教研活动，对"娃娃家"中幼儿游戏行为进行分析。

　　为此，在正式研讨前，教研组长运用思维导图对案例中教师可以分析的维度进行梳理，并罗列《3—6岁儿童学习与发展指南》中每一个领域下面的子领域，提供发言支架，使参研老师们的发言不跑偏、有针对性。

　　下面这两张博赞式思维导图就是教研组长为组内教师研讨发言提供的支架。一张思维导图是从五大领域的角度为教师打开思路，另一张思维导图是从角色游戏的四个维度帮助教师打开思路。

图 3-9

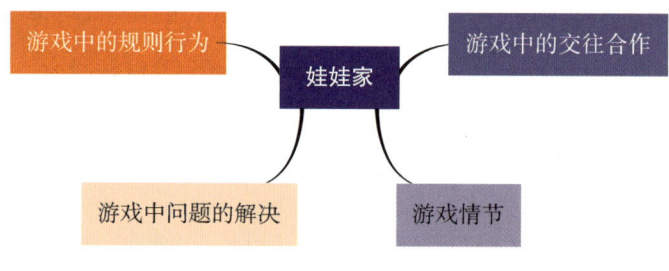

图 3-10

借助这两张思维导图提供的研讨支架，参研教师可以从五大领域、四个维度等九个方面对"娃娃家"中幼儿的角色游戏行为进行研讨。让教研组内每一位教师都有话可说、有话愿说，且不会偏离教研的中心主题。甚至可以在已有的研讨框架上进行拓展和延伸，从而提高教研活动的深度，更好地解决教研问题。

三、助力教师清晰流畅地表达

在教研活动的分享交流阶段，由于是临场即兴发言，教师们表达时常会出现逻辑不够严谨、梳理不够清晰、语言不够简练等现象。同时，教研组织者需要思考如何清晰地、有逻辑地用易于理解的方式呈现研讨成果，而这一点恰是经常困扰教研组织者的问题。

在教研研讨中，教师既可以借助思维工具进行放射性思考，激活思维、打开思路，也可以在进行归纳整理或准备发表自己的观点时，借助思维导图提炼关键词进行聚敛式思考、呈现与表达。

仍以教研为例，其中，教研第二环节是"冲突行为的分析与解读"。考虑到需要记录的信息多而零散，研讨时难以将信息整合，于是教研主持人建议每位教师以"幼儿游戏行为→教师的解读→教师的启发"的思路，尝试使用思维导图解读案例中的"冲突行为"。

结果，教研参与者不约而同地选择了"气泡图"或"树形图"来记录与分析幼儿的冲突行为。

图 3-11

　　有一位教师采用气泡图来分析和解读幼儿的冲突行为，他以"游戏冲突"为第一层级，将"语言冲突""肢体冲突"等列为第二层级，并在相应位置上一一列举出游戏案例中幼儿具体的冲突行为。另一位教师则用树形图分析和解读幼儿的冲突行为，她将"幼儿游戏角色分配的冲突"作为第一层级，以"安安、晨晨""云云""二宝""老师"等游戏角色作为第二层级，分别梳理了他们之间产生冲突的原因、解决冲突的方式等，让其他教研参与者能够快速地理解分享者的思路及其观点。

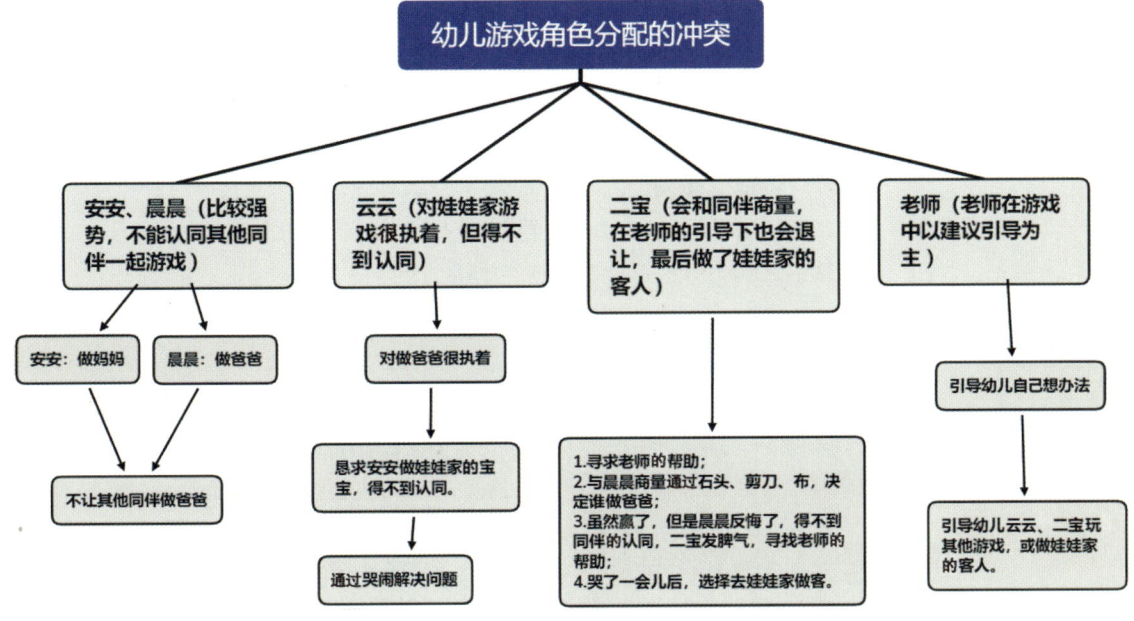

图 3-12

再如，在现场教研活动中，常常会出现就事论事，即围绕幼儿的表现进行分析，停留于表象，难以用数据和事实来说明幼儿活动背后的关系和规律。

因此，我们可以将思维导图运用到教研研讨中，用数据将幼儿行为表现加以量化，并用循环流程图呈现、反映量化的数据与幼儿之间的关系。

某幼儿园围绕建构游戏的两个视频片段中幼儿之间的合作行为进行教研。在教研过程中，教研组老师先用循环式流程图来呈现三位幼儿之间的合作次数。

接着，教研组老师用括号图对幼儿游戏的状态、材料、搭建层数、用时等进行梳理、罗列并进行数据统计，如使用材料共计 12 次等。通过思维导图的量化统计，快速总结出了幼儿只用 1 分多钟就成功搭建10 层"高楼"的秘密所在。

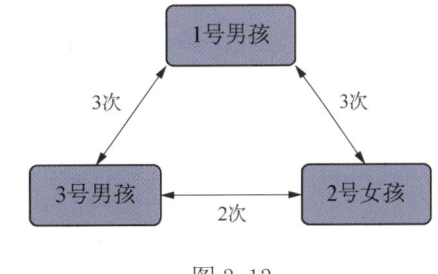

图 3-13

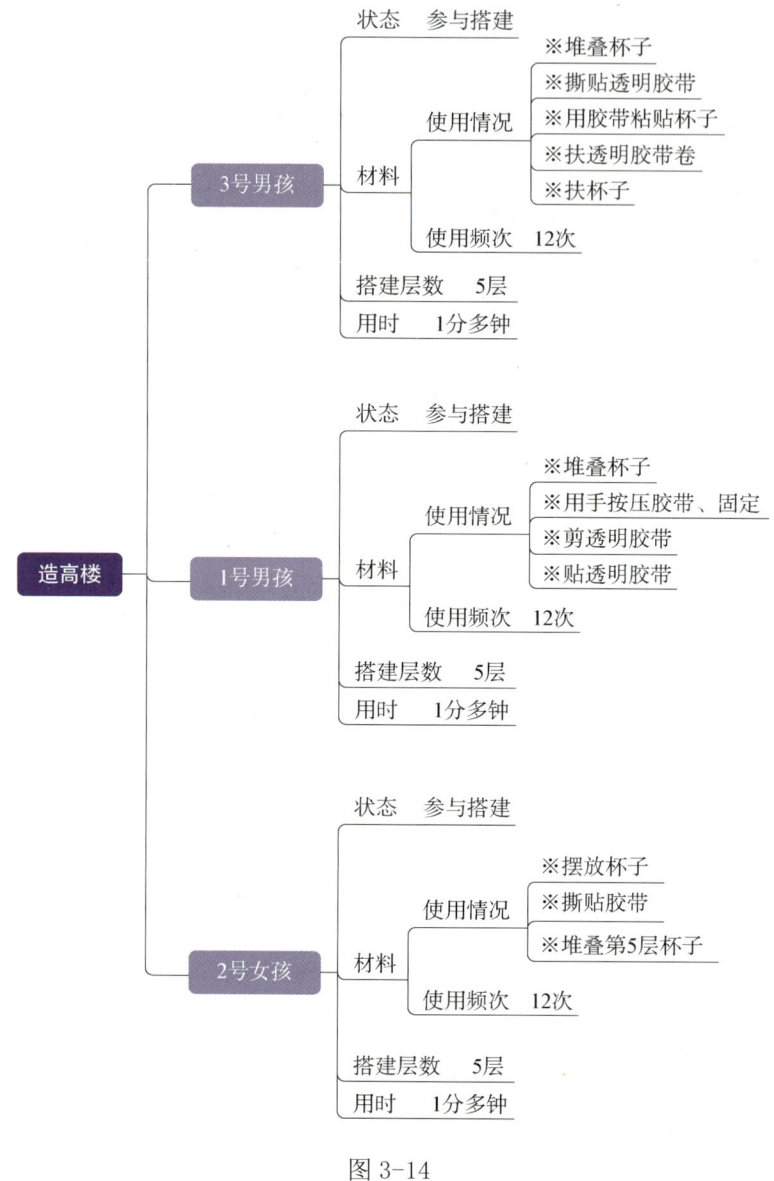

图 3-14

可见，运用思维导图进行教研活动的交流与分享，不仅能够帮助教研交流者整理思路、深入思考并清晰表达，而且可以使其他参研教师愿意听、听得懂并产生共鸣。

四、教研小结中的应用

每次教研活动的最后，主持人的总结提炼具有高屋建瓴、画龙点睛之妙，不仅可以提升整个教研活动的质量，还可以帮助参与教研的老师理清思路、抓住关键、增强印象、共享经验。

然而，在实际的教研活动中，做好教研小结并不易。主持人在做教研小结时经常出现以下问题：一是缺少关键词的提炼，小结有些随意、冗长；二是仅摘抄理论，没有结合现场教研内容进行总结；三是不够全面，未能涵盖教师研讨的主要内容；四是未能有效梳理并呈现教研主题与提炼总结之间的层级关系。这些问题导致教研主持人小结的目的和意图无法实现。

于是，我们尝试采用不同的思维导图对不同的教研内容进行教研总结。下面试举几个案例并加以说明。

案例一：在围绕角色游戏中幼儿"冲突行为"观察实录进行分析时，教研主持人用气泡图及时梳理、小结各位组员的发言。他将"冲突行为"作为第一层级或中心点，从第二层级的四个维度来分析与呈现引发冲突行为的各种原因，并以案例中的幼儿行为表现加以佐证。

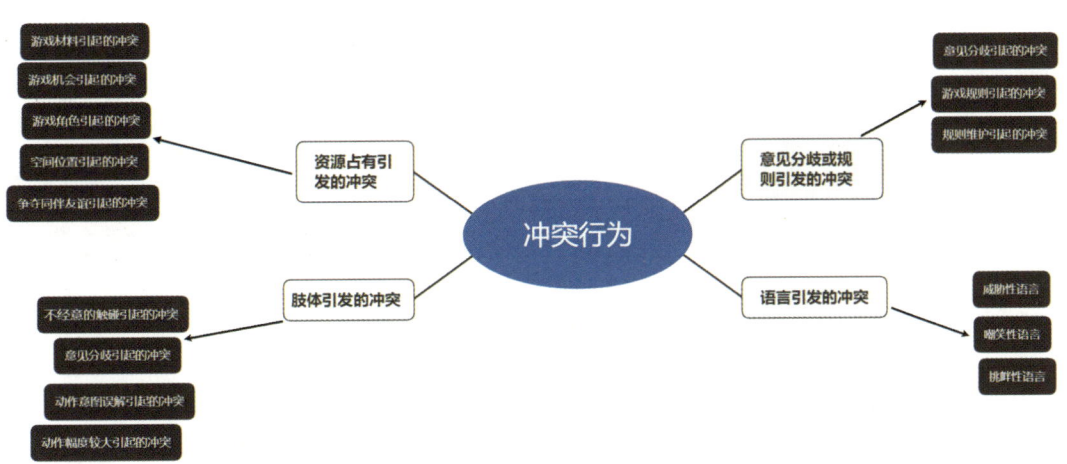

图 3-15

运用气泡图将参研教师的思考成果——罗列、呈现和共享，既可帮助大家发散思维、打开思路，又避免了教师零散发言难以聚焦主题、缺乏深度思考的问题，教研活动的集体智慧也得到充分的体现和发挥。

案例二：用括号图梳理小结，可以很好地反映教研主题与研讨内容以及研讨内容之间的层级关系，帮助教师从整体上理解和把握教研内容，梳理研讨成果，提升教研质量。

在教研活动"基于儿童视角，'看'建构游戏中教师的支持"中，教研主持人以"基于儿童视角，'看'建构游戏中教师的支持"为起点，围绕"幼儿遇到困难——询问""幼儿邀请——需要"两个问题进行研讨。并针对这两个问题提取关键词，再根据每个关键词梳理不同的支持策略。

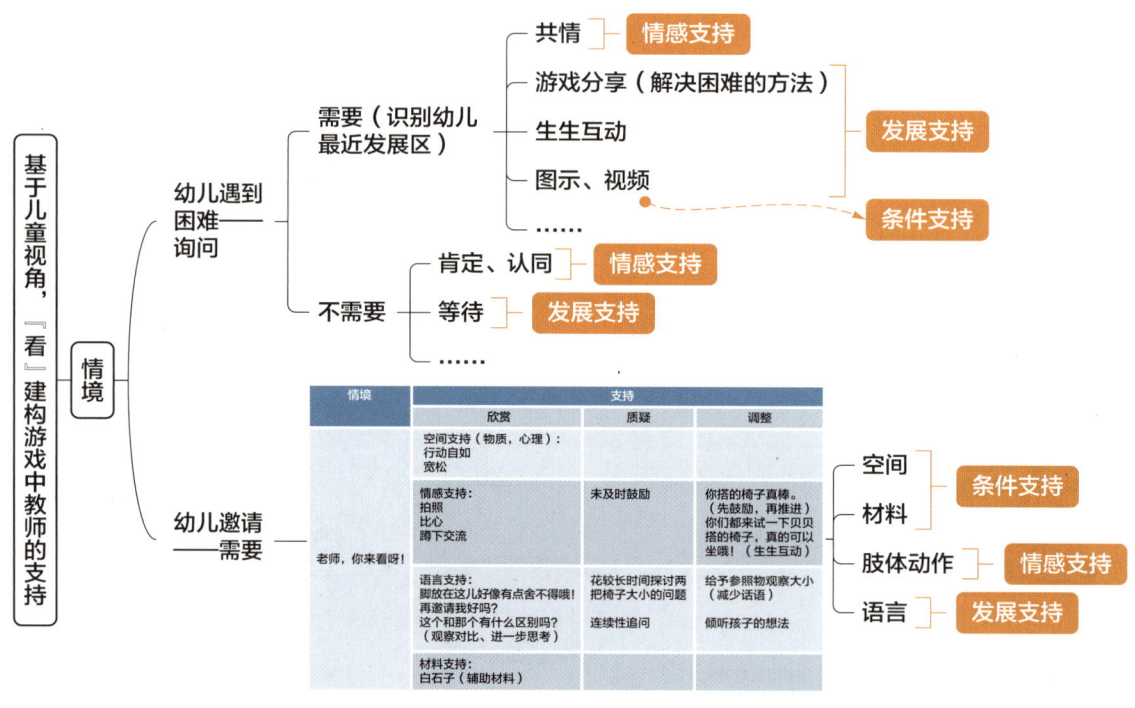

图 3-16

用括号图的形式进行小结，可以帮助教师清晰地梳理本次教研活动中研讨的内容以及研讨的关键词，理解不同的支持策略，一目了然地看清楚不同问题下采用的策略以及不同问题之间的联系与区别，在共同的研讨中互相碰撞、共享经验、共同提升。

案例三：某幼儿园小班教研组组织开展"基于观察的识别之看懂小班幼儿角色游戏中的行为"——"小医院"中幼儿游戏行为分析的教研活动。在教研中，教研组长以问题为抓手，通过提出"利用这个思维导图来分析'小医院'游戏中幼儿学习到了什么"引导每位组员围绕案例进行研讨。

在参与教师研讨的基础上，教研组长用思维导图对研讨环节进行小结。她以"小医院"作为第一层级，把语言、社会、科学、健康四个关键词作为分类的维度，作为第二层级，最后结合案例研讨中大家交流分享的观点，梳理与罗列第三层级。这样一张思维导图，既让参研教师明白可以从语言、社会、科学和健康等四个维度分析幼儿在"小医院"游戏中学到了什么，而且对每位参研教师的发言进行归纳提炼并在图上体现，让参研教师感受到被尊重与赏识。

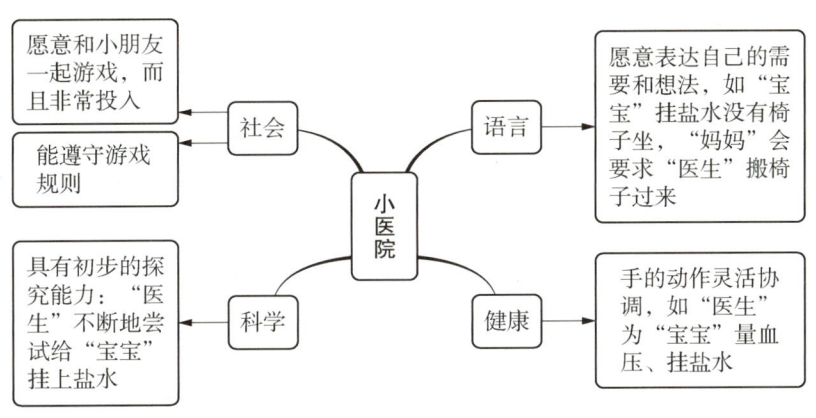

图 3-17

案例四：教研组长在围绕案例"娃娃家"进行梳理、小结时，先把"娃娃家"作为思维导图的第一层级，然后寻找关键词，以合作行为、社会经验、行为习惯、替代行为、模仿、直觉行动优先、交往机智等作为第二层级，再结合案例的具体内容，寻找、归纳与第二层级相对应的内容作为第三层级。可见，运用思维导图对教研活动进行总结，不仅可以帮助主持人全面而有高度地梳理总结教研内容，而且让主持人在总结发言时从容不迫、清晰表达、言之有物，从而提升整个教研活动的质量。

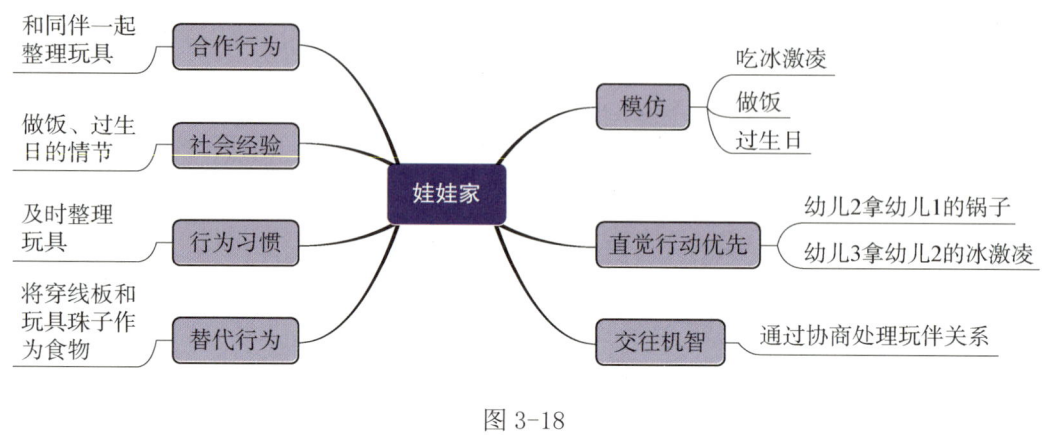

图 3-18

总之，采用思维导图可以很好地提炼关键词、梳理分类层级、提炼与呈现大家的研讨观点，让参研教师能够清晰明了地看出分析的维度、每个维度的分析要点等，从而充分而有效地发挥教研组长在教研活动中提炼总结的作用。

应用三　教研反思中的应用

在教研活动结束后，对教研活动的内容与效果进行反思，可以促进教研组长的反思能力，提高教研组长的专业水平，进而在一次次的反思中提升整个教研活动的质量。

鱼骨图、树形图和括号图都有分析和整理的作用，能够围绕某一个中心主题进行梳理与总结，既可以扩展思维也可以聚敛提炼。因此，鱼骨图、树形图和括号图可用于教研反思。例如，采用原因型鱼骨图（鱼头在右）分析教研活动中存在的问题、采用对策型鱼骨图（鱼头在左）分析教研活动的调整策略等，帮助参研教师学习与掌握教研反思的方法与技巧，以不断提升教研活动的质量。

下图是某园"基于观察的角色游戏识别"教研活动的反思总结。开展一个学期的教研活动后，教研主持人针对全体教师对"本学期大教研活动存在的问题"进行调查。调查主要围绕教研活动中"视频""案例撰写""案例分析"三个方面。

随后，教研主持人对教师们的回答进行梳理与总结，并采用鱼骨图的方式对三个方面存在的问题和原因进行罗列与分析。通过鱼骨图进行梳理总结，有助于及时发现问题并加以改善，为后续的教研活动找到适宜的策略与方法。

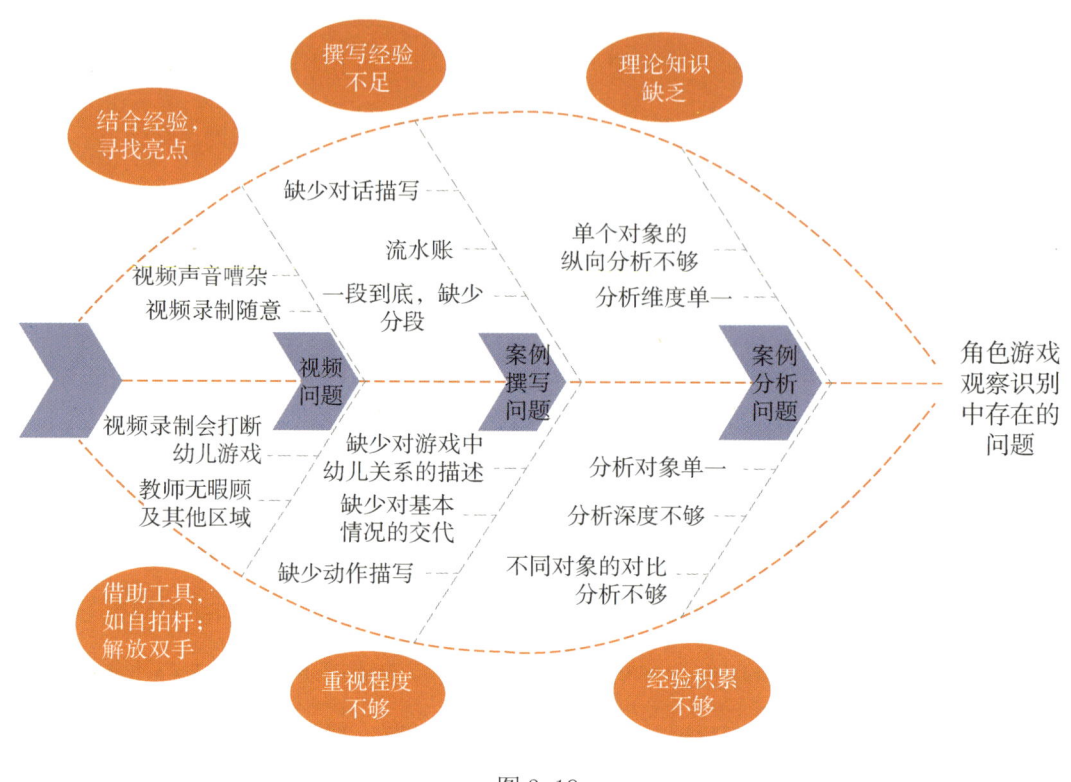

图 3-19

除了运用鱼骨图对某一个教研问题进行原因分析外，还可以运用括号图对阶段性的系列教研工作进行梳理，肯定收获、指出问题，推动教研活动有效前行。

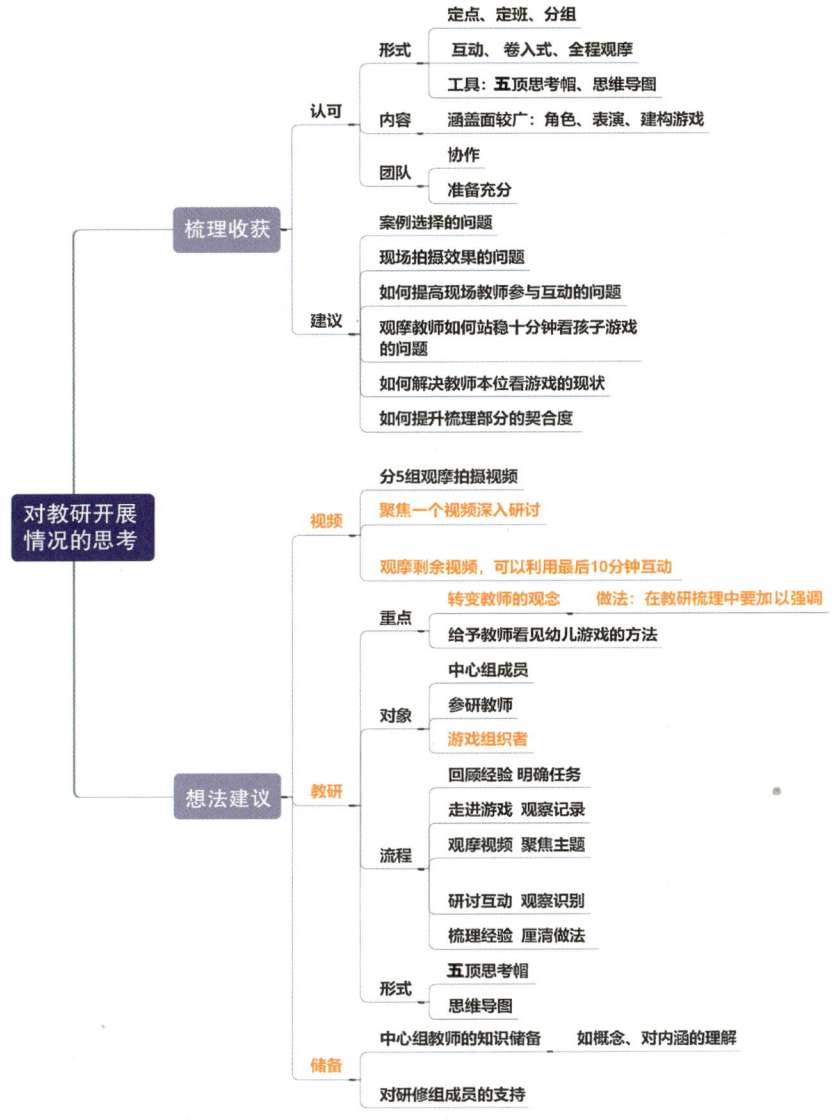

图 3-20

应用四 教研资料整理和归类中的应用

幼儿园教研资料是教师开展教研活动的相关文案，包括教研计划、小结、记录等。思维导图在教研资料整理和收集中的应用，一方面可以帮助教师厘清资料，避免遗漏，另一方面可以帮助教研组长反思教研的得失，发现教研中存在的问题，比如主题与内容的匹配性等，进而不断地改善与提升幼儿园教研活动的质量。

一、用括号图绘制资料整理收集要点

首先确定中心主题：教研资料的整理和收集。然后，把关于教研资料整理和收集的三个要求即格式的准确性、内容的完整性以及整体的匹配性作为三个分支。接下来，把过去资料整理和收集中容易出现的问题列为对应分支下的第二层分支。比如，在内容的完整性方面，应包含计划、小结和记录的具体事项；计划，可包含情况分析、教研目标、重点工作与具体措施、具体活动安排等。

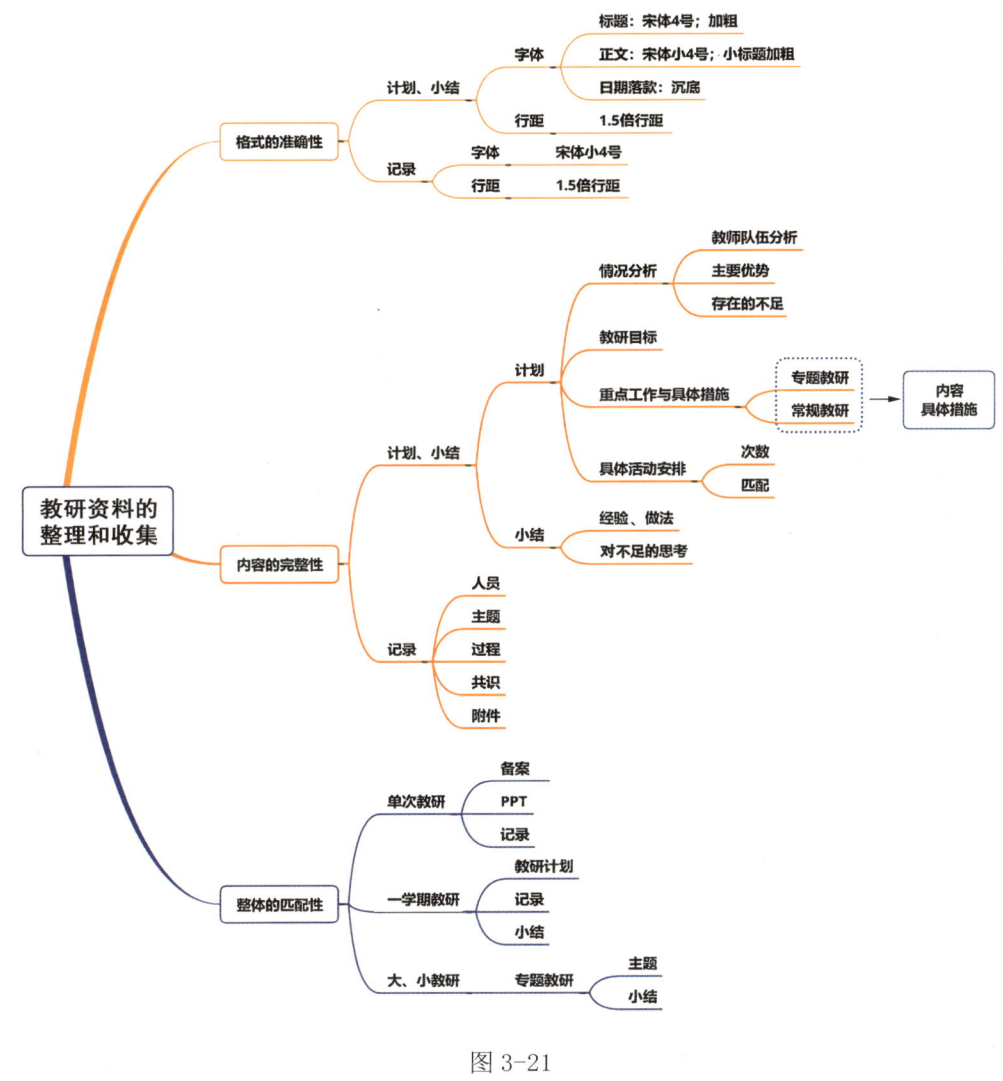

图 3-21

由此，教研组长及其他资料管理者能够明确教研资料整理和收集的具体内容和要求。

二、用流程图提醒资料的匹配性

为了提高教研资料整理中不同教研之间及资料之间的匹配性，还可通过绘制流程图，进一步细化和明确教研资料整理和收集的匹配性要求。教研组长和资料管理者在审阅资料的过程中可以对照这张流程图，从做好单次教研的资料匹配到整个学期的资料匹配，再到大、小教研的资料匹配，避免遗漏和错配。

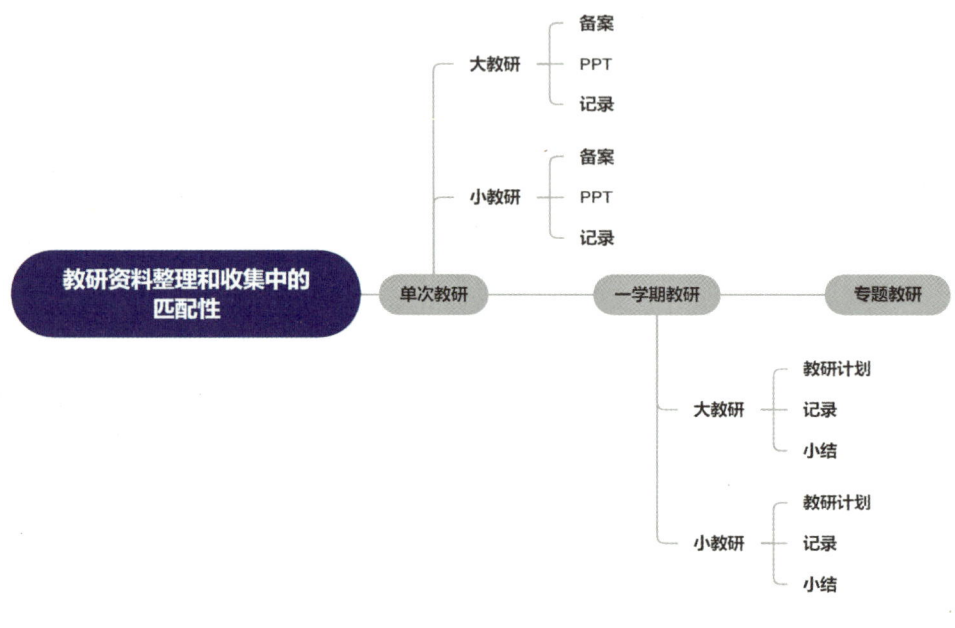

图 3-22

实例：重温思维导图在教研活动中的应用

　　每次开展教研活动，某园都会使用思维导图对一场教研活动从三个阶段、七个关键点做全面、细致和深入的思考，以提高幼儿园教研质量，提升幼儿园保教水平。

1.教研活动前

（1）用思维导图预设整个教研活动

每次开展教研活动前，都需要根据学期教研主题，结合前一次或者是前一阶段教研的成效，思考本次教研和学期主题教研的关系，从而制定本次教研目标、预设教研流程和落实目标及各项教研的准备等。

采用思维导图预设本次教研活动，既有根据主题教研展开的延续性思考，又可以通过直观的比对，看见本场教研要实现的目的。

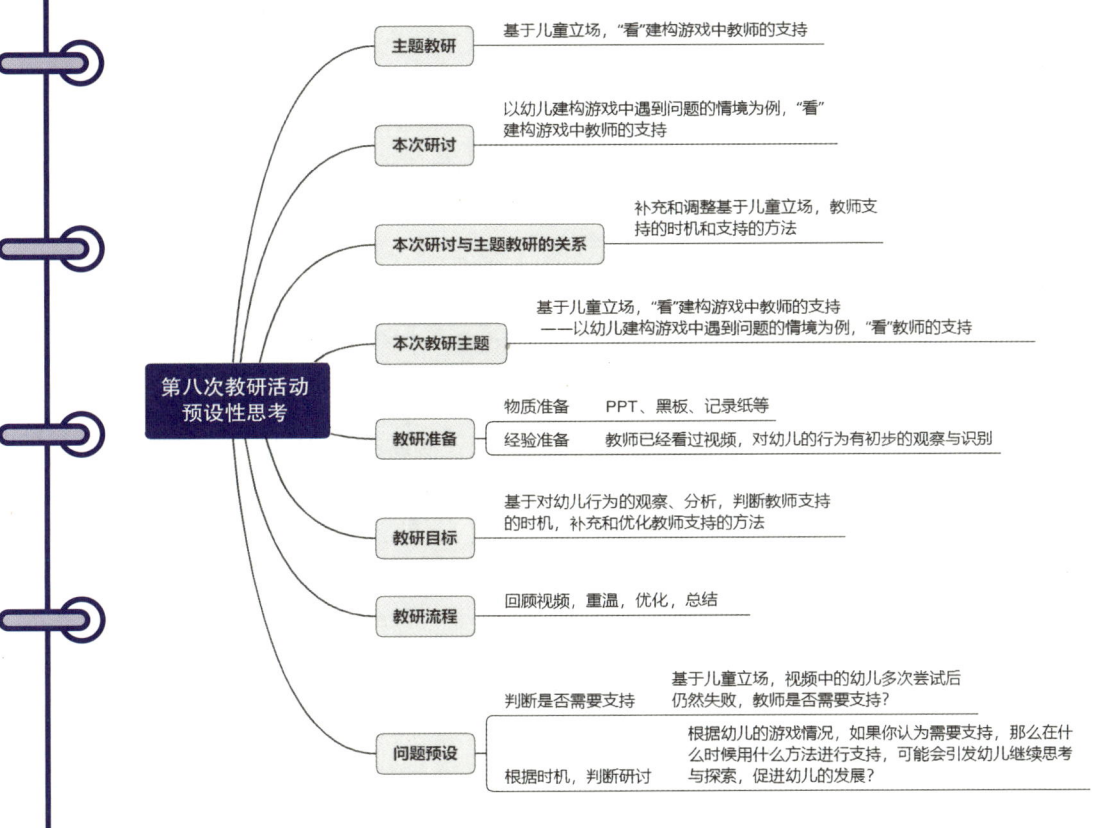

图 3-23

如上图，该园在开展"基于儿童立场，'看'建构游戏中教师的支持"这一主题教研的第八次教研活动时，该园大教研组长结合该园教研活动开展的情况，借助思维导图从教研主题和本次教研的关系，本次教研的主题、目标、准备、流程及问题预设等方面，做了较为全面的思考，把好龙头，不走错路。

（2）用思维导图梳理教研流程

教研前，使用思维导图对教研流程做进一步的思考，可以帮助教研组长理清组织整个教研的思路，明确哪一个流程是重要的环节，需要作为重点进行研讨，引领教师们有序地展开教研。

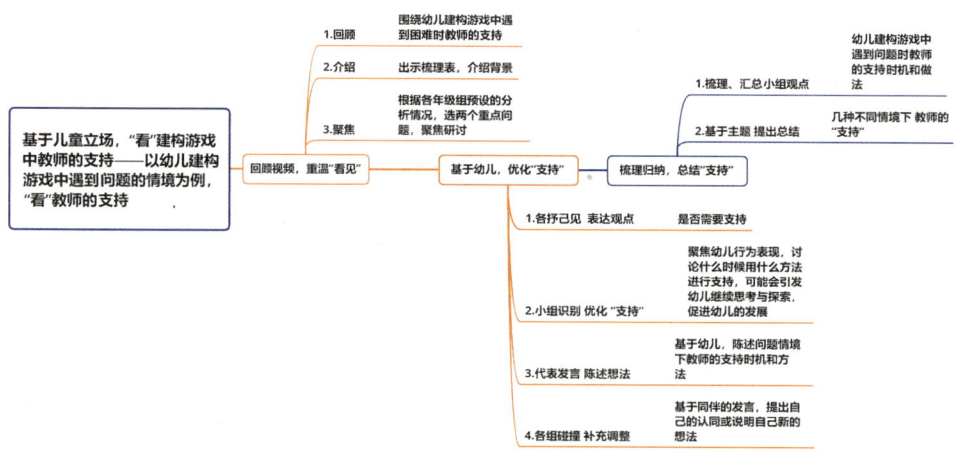

图 3-24

对于参研的教师来说，清晰的流程环节，可以帮助他们发现和理解教研的脉络及环节和环节之间的关系，知晓每个环节的重点是什么。

（3）用思维导图梳理教研预案小结

借助思维导图对教研预案中的小结做梳理，一，可以发现小结是否围绕教研主题；二，可以理清教研的脉络，看预设的提问是否适宜，提问是否能引发教师有针对性地思考；三，可以看到各种关系，比如教研环节之间的关系、研讨过程与最后总结的关系等。

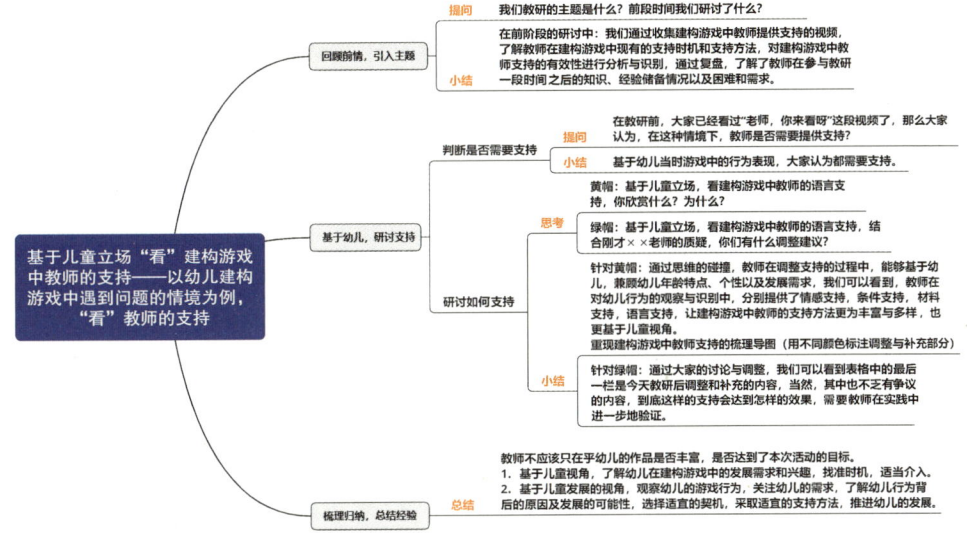

图 3-25

2.教研过程中

（1）紧扣主题 拓展思路

根据教研预案，在开展教研活动前的1—2天，教研组长可以采用思维导图对教研活动做更为深入的思考，以预判本场教研是否紧扣主题、每一步流程环节中的问题设计是否合理、是否需要进一步的追问等，大家也能显性地看到教研组织过程是否聚焦主题，以此减少教研组织和实施中可能出现的一些意想不到的问题，提高教研目标的达成度。

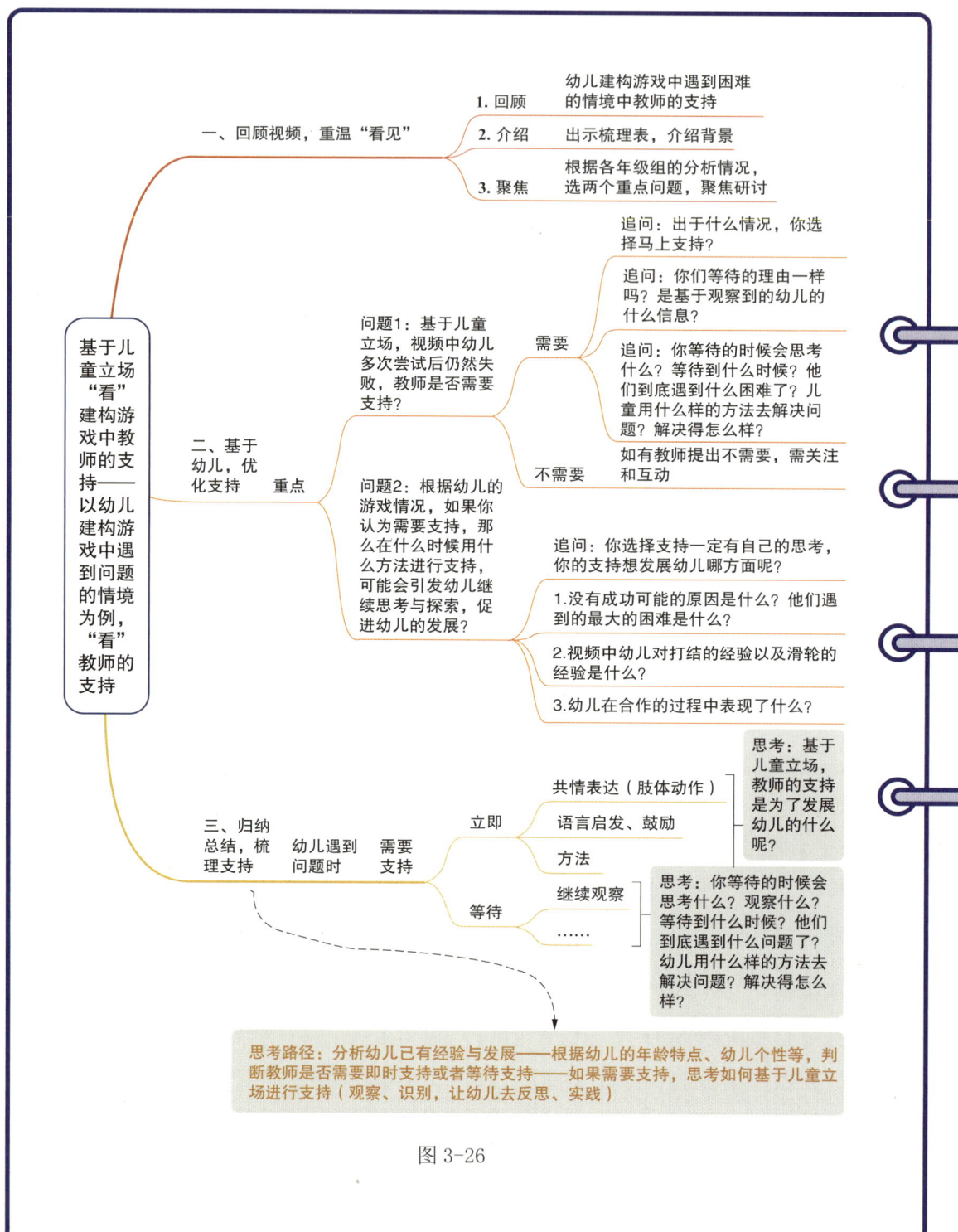

图 3-26

（2）清晰表达、量化分析

无论是教研组织者还是参研教师，针对研讨内容，在教研过程中使用思维导图进行思考和梳理，都能够帮助他们更清晰地表达想法和观点。

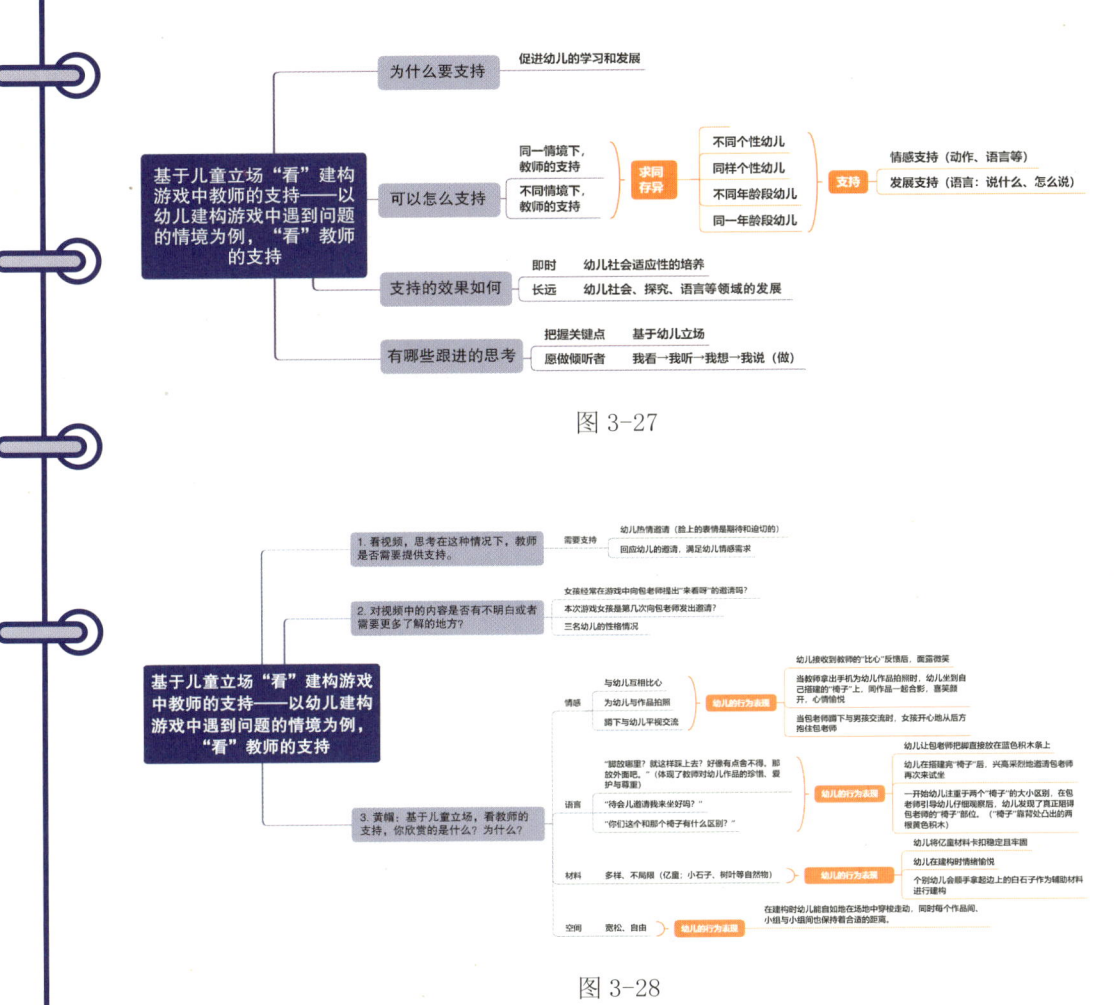

图 3-27

图 3-28

在"基于儿童立场，'看'建构游戏中教师的支持"研讨中，该园保教主任结合教研情况，使用括号图从为什么要支持、可以怎么支持、支持的效果如何以及有哪些跟进的思考等进行梳理，不仅体现了思考的逻辑性和对研讨内容的理解程度，也有助于清晰地表达自己的观点。

同样，青年教师也可应用思维导图把在研讨过程中想要表达的内容加以整理和罗列，做到有理有据、更有底气，说起来也更加清楚流畅。

（3）提炼提升

借助思维导图对教研研讨的内容做梳理归纳，对大家的讨论、互动、碰撞进行提炼和提升，有助于达成共识，便于大家理解和记忆。

如，在下图的梳理总结中，既有横向的同一个情境下支持时机和方法的

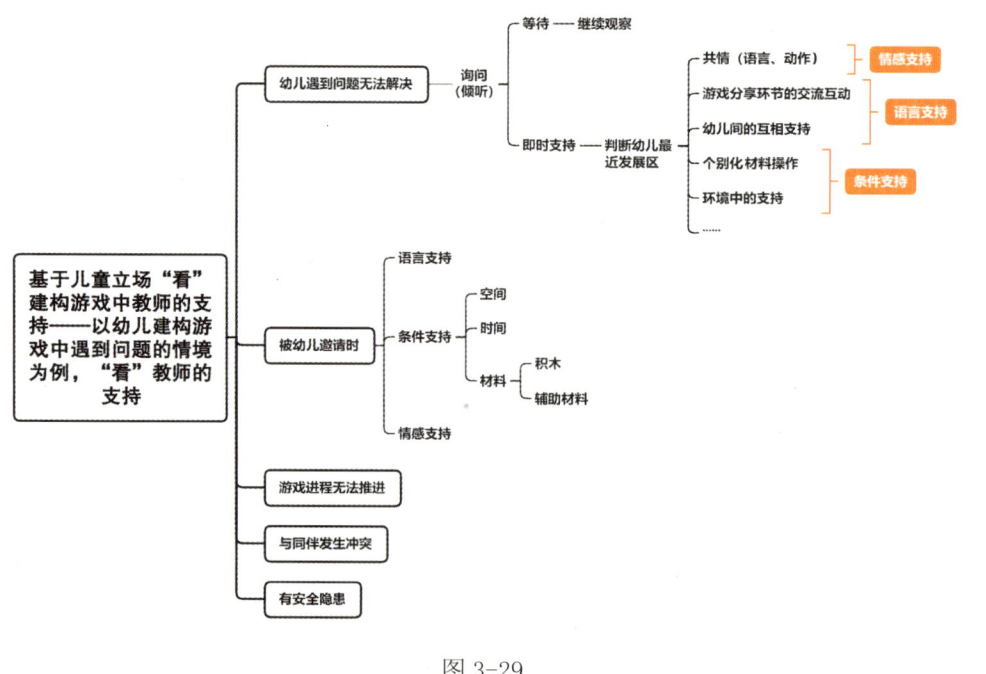

图 3-29

梳理，又有纵向的不同场景下支持方法的提示。令人一目了然，清晰可见，既可以发现共性，也可找到不同，从而有效地帮助参研教师理解和掌握幼儿建构游戏中教师的支持时机和方法。

3. 在教研反思中

采用思维导图对教研活动进行反思，一是对本次教研的内容进行复盘，可加深大家对教研共识的理解和印象；二是可以从教研的主题、形式、内容和素材等为下一场教研活动提供借鉴；三是可以帮助园领导和教研组长找到参研教师的最近发展区并给予及时合适的支持与帮助。

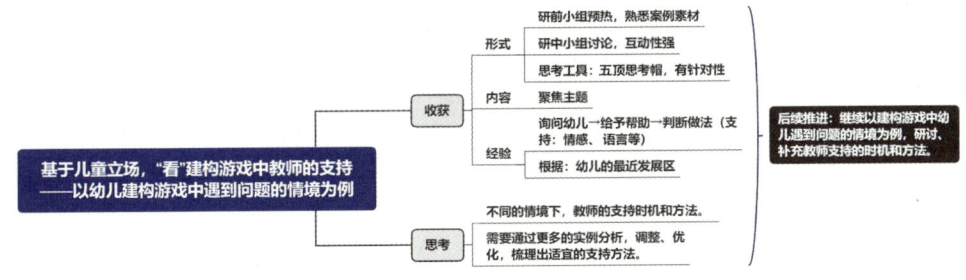

图 3-30

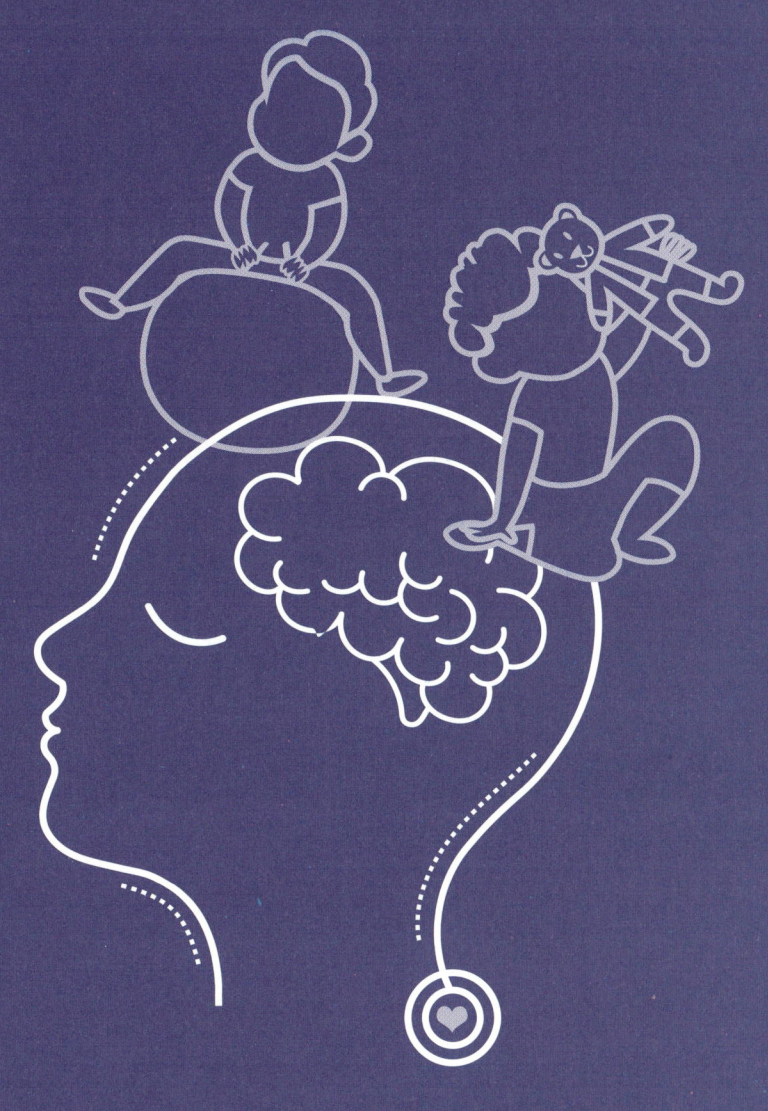

第四章

思维导图在一日
活动中的应用

幼儿园课程，主要以幼儿园一日活动的形式组织实施，同时又将幼儿园一日活动中的主要活动归为四类，即生活活动、运动、学习活动和游戏活动，它们既综合指向课程目标与内容，又保持各自活动的特点。（《上海市学前教育课程指南（试行稿）》）

然而，幼儿园一日活动涵盖的内容非常丰富，可谓千头万绪。如何对幼儿园一日活动的内容和各个环节进行梳理，以确保各项工作有序开展、落实到位、有条不紊，可视化的思维导图在其中大展身手。

应用一 厘清一日活动

一、整体感知一日活动

为了让教师对一日活动建立起"中观"概念，尽快熟悉四类活动内容，从整体上把握一日活动的组织与实施，我们运用博赞式思维导图、依据《上海市学前教育课程指南（试

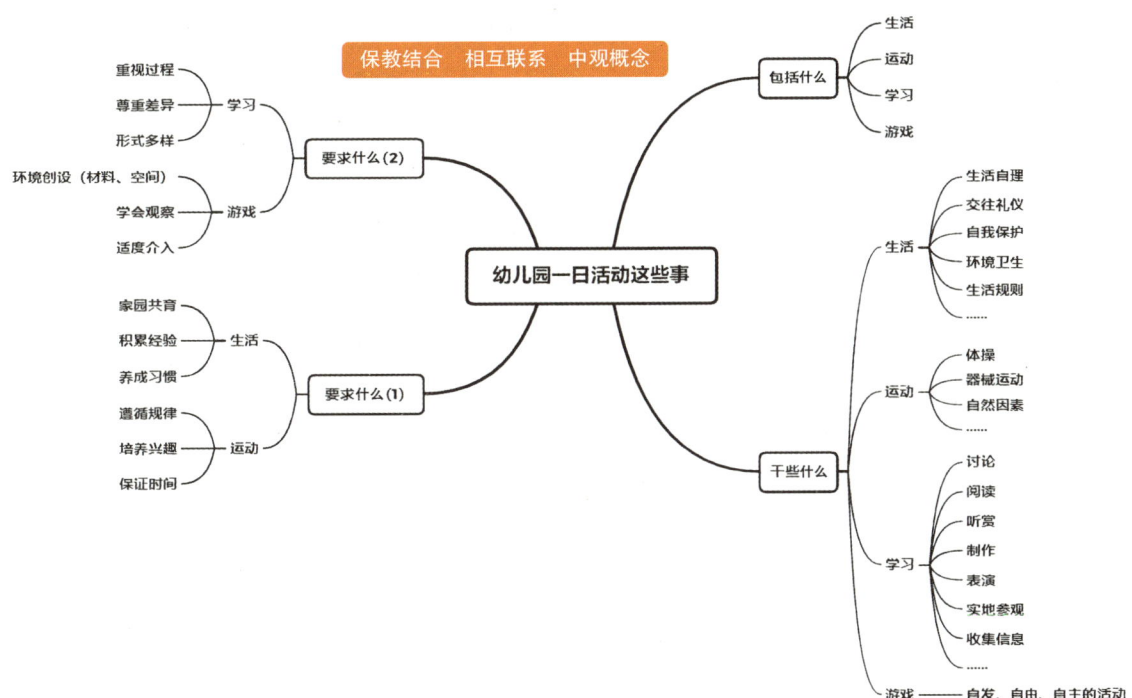

图 4-1

行稿）》的相关内容，对幼儿园一日活动进行梳理与架构，将"幼儿园一日活动这些事"作为中心主题，然后围绕该主题确立三个主分支，再在各自的子分支上用关键词分别加以说明。

这样，不仅可以帮助幼儿教师快速了解幼儿园工作的内容，正确理解四类活动之间的关系，建立保教结合的教育观念，也有利于教师将主要精力集中在关键内容上，节省时间，提高工作效率，快速地适应并能有目的地做好一日活动的各项工作。

二、架构某一个环节

思维导图不仅可以用于对幼儿园一日活动内容进行梳理与架构，而且可以运用到一日活动中的每个具体环节，帮助教师横向了解各个环节的培养要点、方法策略甚至是环境创设。

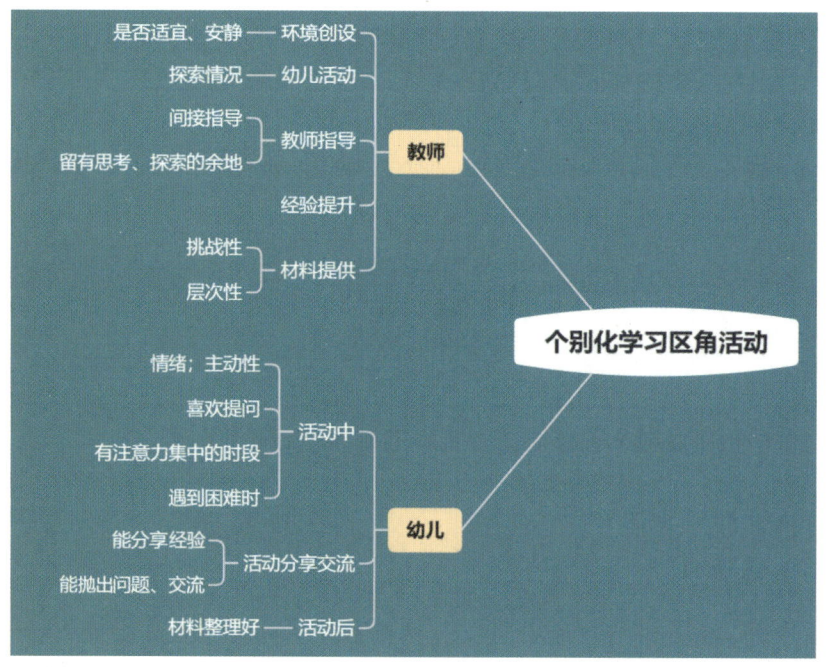

图 4-2

如上述思维导图就是将个别化学习区角活动中教师的观察要点与幼儿的行为表现作为检核要点进行图示化的罗列，方便教师清晰地认识和理解个别化学习区角活动中自己可以做些什么、需要观察些什么，避免遗漏重要的内容或细节。

三、对比各年龄段保育工作要点

不少青年教师在保育工作中暴露出的一个问题就是组织和指导幼儿时，缺少年龄意识，以运动后的"洗手"为例，在小、中、大班组织该内容时，常常说着相同的话：待会儿进教室要干什么？洗手的时候要怎么样？

这时，可以运用思维导图对小、中、大班幼儿一日活动中应关注的某个环节要点进行对比呈现，使教师了解本班、本年龄段一日活动中应关注的重点以及对幼儿的培养的重点；此外，还可以站在小、中、大班三个年龄段的角度进行纵向对比分析，帮助教师更加深入透彻地了解一日活动环节的观察重点、渗透要点。

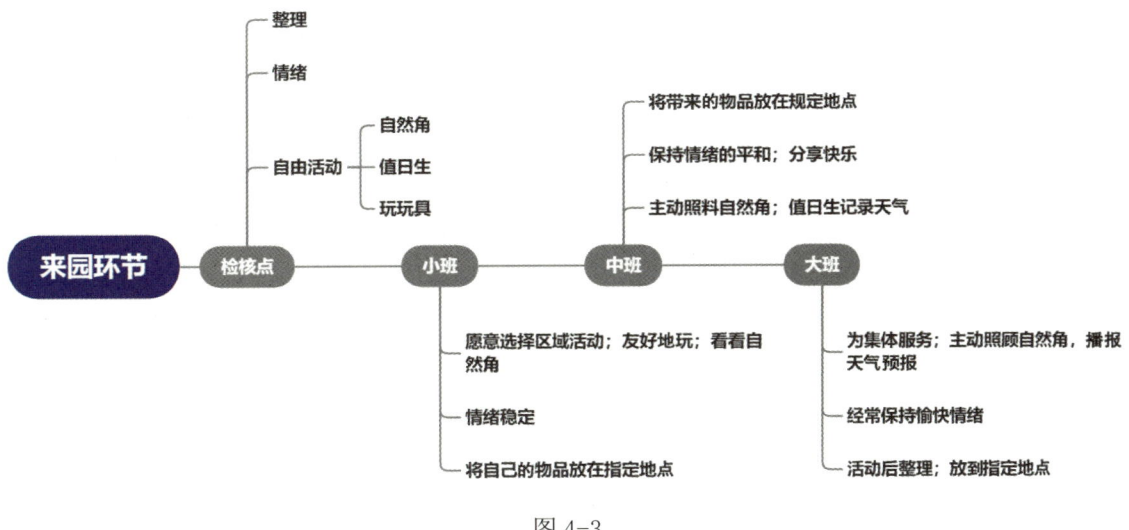

图 4-3

如上图，通过思维导图，依据年龄顺序，将来园活动检核点中的内容串联起来，形成相对完整的比较系统，再运用图文的形式横贯地呈现出来，通过梳理，使教师直观地看到来园环节中对幼儿的观察的要点有哪些，每个要点在小、中、大班三个年龄段的要求分别是什么，以及三个年龄段的要求的内容之间的递进关系等。由此树立起整体教育观念和长期发展观，提高组织指导幼儿活动的针对性和有效性，以确保幼儿发展要求能够落实到位，落实到每一天的活动中。

应用二　生活活动中的应用

从广义上讲，幼儿园的生活活动是指幼儿在幼儿园一日活动的各个生活环节中所进行的各种活动的总和。其内容包括除学习活动、运动、游戏活动以外的一切日常活动。从狭义上讲，幼儿园的生活活动是指满足幼儿基本生活需要的一些活动，包括进餐、盥洗、如厕等。本节中的生活活动指的是狭义上的幼儿园生活活动。将思维导图应用于幼儿园生活活动中，同样可以帮助教师迅速理清思路，有条不紊地开展幼儿生活活动的组织和实施。

一、熟悉一日生活内容

一次，我和几位在幼儿园工作1-3年的青年教师聊天，问了他们几个问题："幼儿园一日生活活动有哪些？组织和实施这些生活活动时，需要注意什么？"

这拨青年教师不假思索地答道："幼儿园的一日生活包含午餐、午睡、盥洗、如厕、喝水。"

这时，有一位教师轻声说："还包括来离园中的整理、更换衣服、吃点心等。"

"还有吗？"我追问。

几位青年教师，你看看我，我看看你，没有再作声。

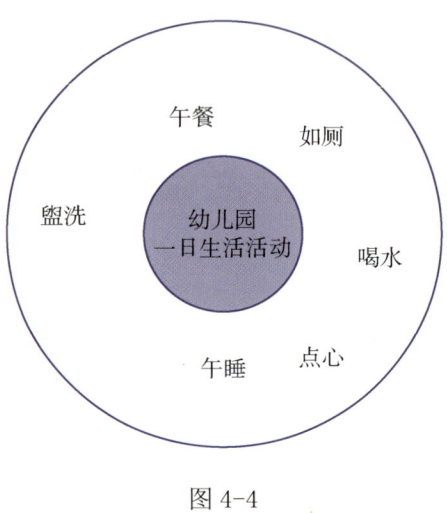

图 4-4

我拿出纸笔，边听他们讲，边绘制以"幼儿园一日生活活动"为中心主题的圆圈图给他们看，并且鼓励他们继续发散性思考一日生活活动中还包括哪些内容。

这时，一位青年教师说："我觉得幼儿园一日生活包括五大块的内容，盥洗、午睡、如厕、整理，而圆圈图中提到的喝水、点心以及午餐都可以归为餐点。再结合我们一日活动各环节来细分这五个板块的话，就包含了：盥洗（洗手、使用毛巾）；如厕（大小便、使用厕纸）；午睡（睡姿、盖被子的情况、衣服的穿脱叠放）；整理（一日活动中各种材料等的整理、对自己的整理）；还有就是餐点（午餐、点心、喝水的情况）。"

"我觉得，每一个板块还可以细分。比如，盥洗中的洗手，我们可以根据不同年龄段进行细分。"另一位教师又补充说道。

我紧接着问："那以盥洗中的洗手为例，你觉得小、中、大班幼儿在洗手时需要注意什么呢？"

这时，现场的互动气氛已相当活跃，青年教师们争先恐后地说："小班幼儿洗手时我们会一直强调按七步洗手法洗干净小手；中班幼儿洗手时会提醒幼儿使用七步洗手法洗手；到了大班，我们要观察幼儿是否已养成按七步洗手法洗手的习惯，能自觉按七步洗手法洗手。"

围绕幼儿一日生活活动这个话题，聊着聊着，这拨青年教师们"渐入佳境"。随后，我也拿出了根据他们刚才思考、交流的内容绘制出的第二张图——括号图。

我鼓励这些年轻教师继续思考、完善这张括号图，让它成为自己组织和实施幼儿园一日生活活动的指引。

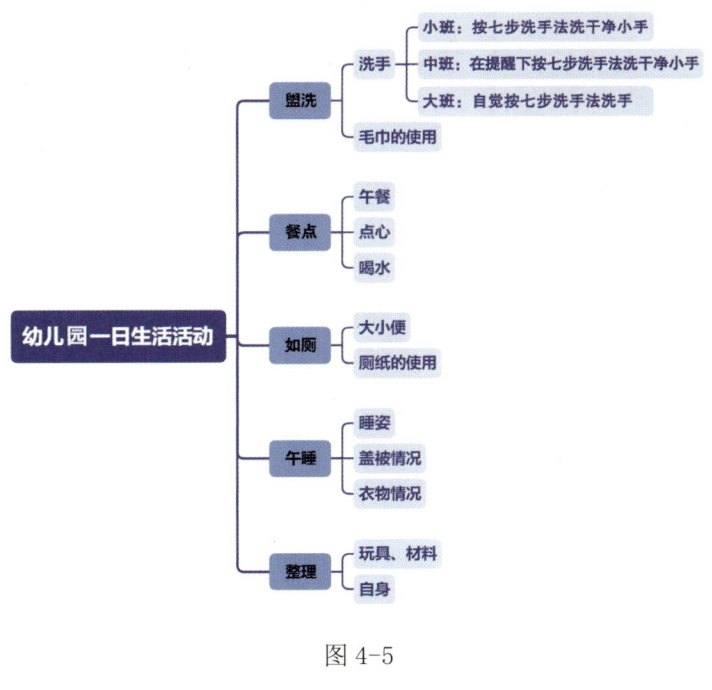

图 4-5

二、幼儿生活活动的实施

其实，思维导图在幼儿生活活动中的应用，大家并不陌生。

来到班级门口，你会见到如下图中所示的流程图。

这些是"进门那些事"的流程图。

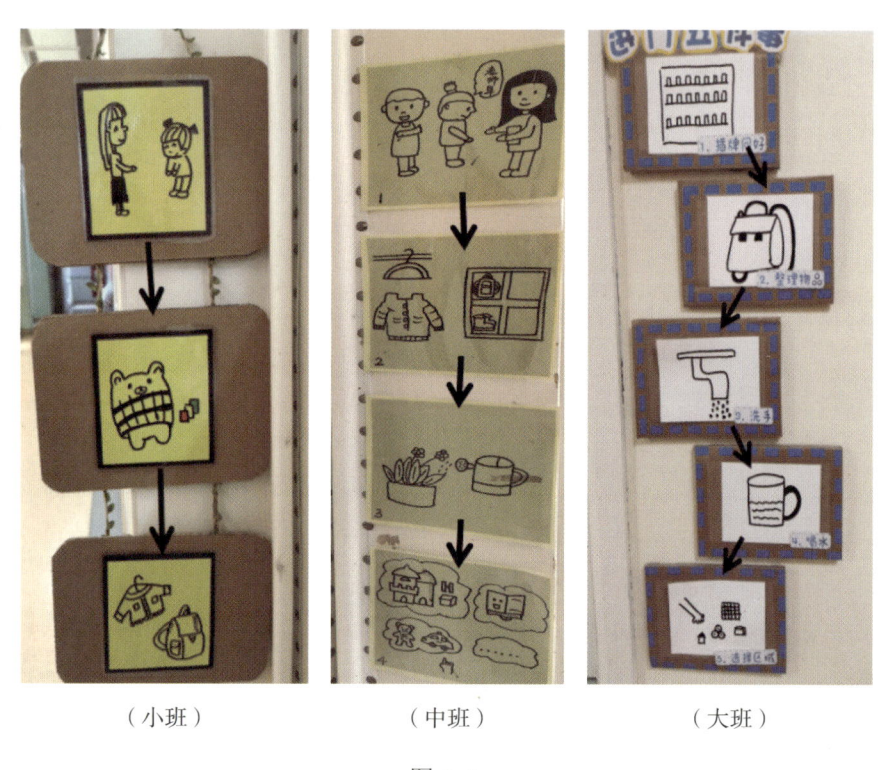

（小班）　　　　　　（中班）　　　　　　（大班）

图 4-6

　　教师（小班）：我使用流程图，提示幼儿在来园进班时完成三件事，第一件事是互相问好，第二件事是插好晨检牌，第三件事是放好小书包、挂好衣服。帮助入园不久的孩子养成良好的生活习惯。

　　教师（中班）：我同样用的是流程图，提示幼儿进班后开始游戏活动之前需要一步步完成的事。第一步，互相问早；第二步，整理衣物、摆放玩具；第三步，管理自然角；第四步，选择区域进行活动，建立有序的规则意识。

教师（大班）：我们的进门五件事是根据班级幼儿来园时的需求，在和孩子们讨论、商量之后确定的，使用流程图的方式呈现在教室门口。主要还是希望孩子们能养成勤洗手、经常喝水的习惯。同时借助流程图的方式，潜移默化地帮助幼儿做好幼小衔接，做事有序、有计划。

从这三张"进门那些事"的流程图里，我们可以看到三位老师对不同年龄段幼儿发展特点与学习能力的思考。比如，小班幼儿比中、大班幼儿在记忆内容上要少而简单，所以小班老师只提了三件事；中班的流程图给幼儿的提示更侧重"有序"；而大班老师则在尊重幼儿、聆听幼儿想法的情况下选择了本班幼儿近期最需要做到的五件事，并以图文并茂的方式提醒幼儿。

我们再来看下一张流程图。

图 4-7

这张图，大家一定也熟悉——幼儿喝水流程图。大部分幼儿园老师会根据班级幼儿喝水的情况，呈现一些提示的图卡。

这个班级的老师使用横向流程图，提示幼儿喝水的步骤：先拿杯子，再排队接水，然后到指定的位置喝水，最后把杯子放回原处。这样一来，这个班级的孩子每到喝水时总是井然有序的。

无论是横向还是纵向的流程图，都是通过简单的图符和鲜明的箭头来提示幼儿完成相关的生活活动。

幼儿园的盥洗室里有关洗手的话题一度很"热"。

很多幼儿园出现了从小班到大班，每个班一套七步洗手流程图的情况。不过，这所幼儿园的这个班级很特别，他们班的盥洗室里并没有出现"七步洗手法"流程图，而是出现了下面这张图。

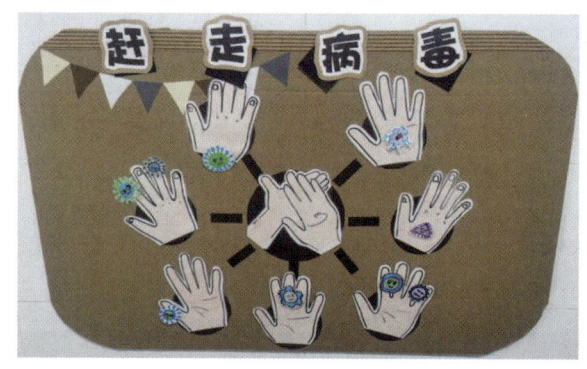

图 4-8

这张图是怎么来的呢？

最近几天，中二班的两位班主任，经常看到孩子们在进入盥洗室洗手时，不是心不在焉，就是草草洗一洗，总之就是不好好洗手。

两位老师借机商量了一下，决定使用空白的气泡图和孩子们来一场关于"好好洗手，赶走病毒"的讨论。

老师拿出一张气泡图，中间气泡上"有一双手"，表示今天要讨论的中心主题是与洗手有关的话题，并且留白四周的气泡。

老师提问："孩子们，你们觉得我们的小手上有病毒吗？病毒都会在哪里？"

孩子们纷纷举手："病毒，到处都有的。手心里有、手背上也有。"

老师说："那好，请你在这些图片里找一找，你说的手心和手背上有病毒的图片是哪两张，把它们贴在气泡图上。"

一位孩子找到了相应的图片，并按要求贴到了气泡图上。老师又继续追问："除了这些地方，小手的哪个部位还有病毒？"

孩子们接二连三地回答："手指、手指缝……"并且把相应的图卡都贴在了空白处的气泡上。

很快，孩子们将一张原本空白的气泡图，变成了一张完整版的"赶走病毒"气泡图。

老师又说："既然我们的小手上到处都有病毒，那么我们要怎样洗手呢？"

有孩子说："每次洗手都要按七步洗手法，一定要抹上洗手液，看着这张图洗手，把手上的病毒都赶走。"

正中老师下怀，气泡图的功效来了！老师将这张和孩子们一起完成的"赶走病毒"气泡图贴在了盥洗室的墙面上，直观地让孩子们明白把手洗干净的重要性。这张图替代了老师反复说教式的引导，解决了幼儿不好好洗手的烦心事儿。

以下也是幼儿生活活动组织与实施过程中经常用到的思维导图。

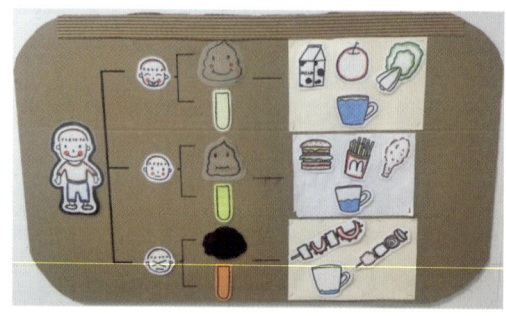

图 4-9

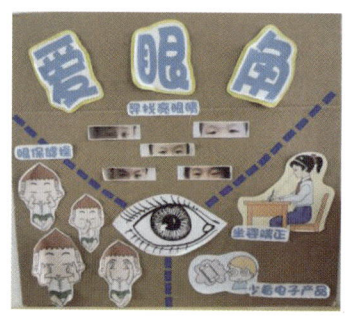

图 4-10

图 4-11

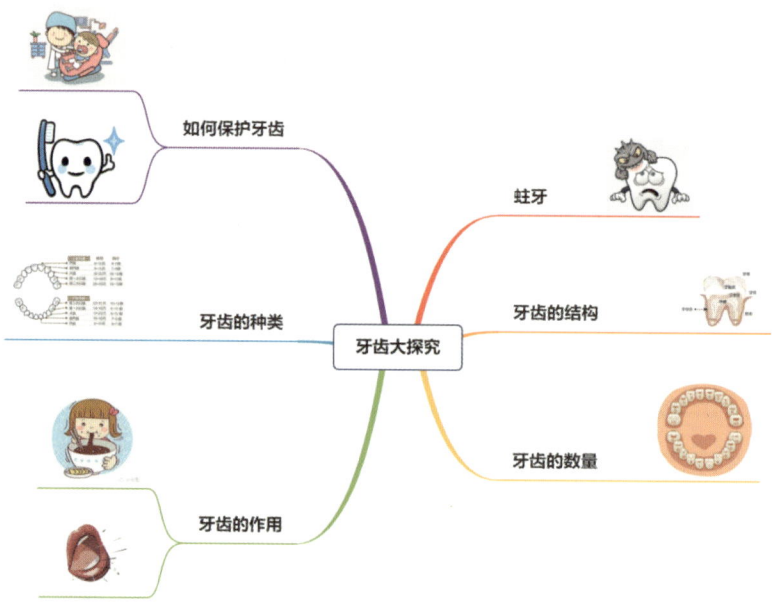

图 4-12

三、制作生活活动观察工具

为提高老师对生活活动的观察的针对性，我们还利用思维导图制作了生活活动的观察工具，方便老师对照观察工具进行自我检视与评价，进而调整和改善幼儿的生活活动。

图 4-13

应用三　运动中的应用

运动是幼儿园教育的重要组成部分，是促进幼儿身体生长发育，发展身体素质，提高基本活动能力和运动技能水平，从而增强体质的重要途径。通过科学的、系统的、有规律的锻炼方法达到有效锻炼的目的，促进身体的全面发展。

将思维导图运用于幼儿运动，有助于增强幼儿教师对运动场地的规划与利用的科学性，提高教师对幼儿运动的设计与管理的质量；保证运动材料的多样性，提高幼儿运动的热情与能力，进一步提升教师的业务能力。

一、场地的布置

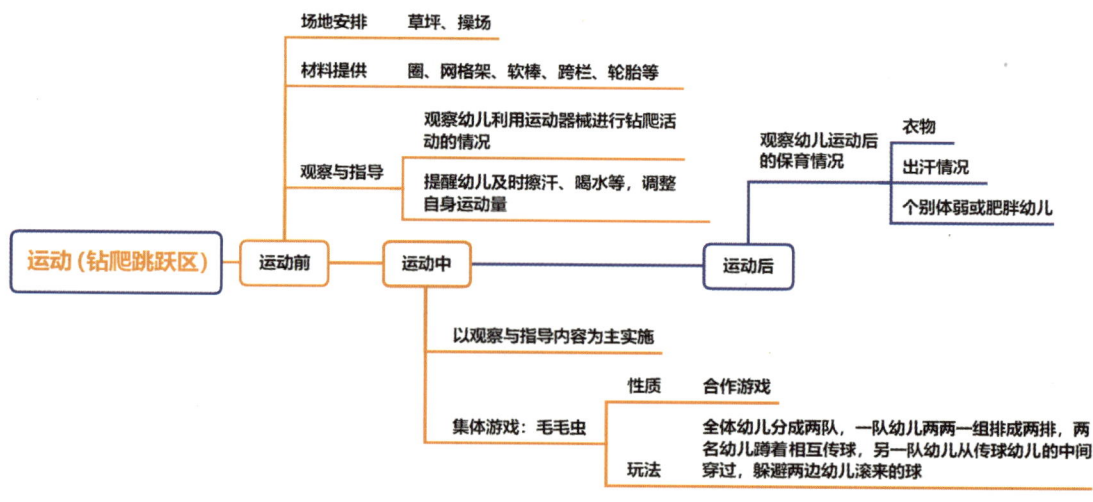

图 4-14

上图是一位从事幼教工作有七个年头的教师对组织幼儿开展运动的思考。她以幼儿当天运动的区域为主，按时间轴使用流程图和括号图相结合的方式，通过不同颜色的线条来表示运动前、运动中和运动后教师可以做的且比较重要的事情。

如用较大字体和方框突出中心主题，运动前场地安排、材料投放以及观察和指导内容的重要性。用橙色表示运动中，教师以运动前的预设重点作为运动实施的主要内容，提醒自己根据幼儿分散运动的情况，如动作发展、运动量等，酌情调整集体游戏的频次和动作要领。

运动后的部分以蓝色表示，用以提醒和检视幼儿运动结束后需关注的保育内容。

可见，使用思维导图有助于教师进一步明确组织和实施幼儿运动的目标和细节要求。在绘制过程中思考每一个阶段可以做什么、怎么做，并且在运动开展之后可以借助整张思维导图检视和反思在幼儿运动的组织和实施中我们还可以做什么、怎样做得更好。

二、材料的使用

（一）对提供运动材料的思考——运动前

这样一张气泡图是怎样通过思考而画出的呢？

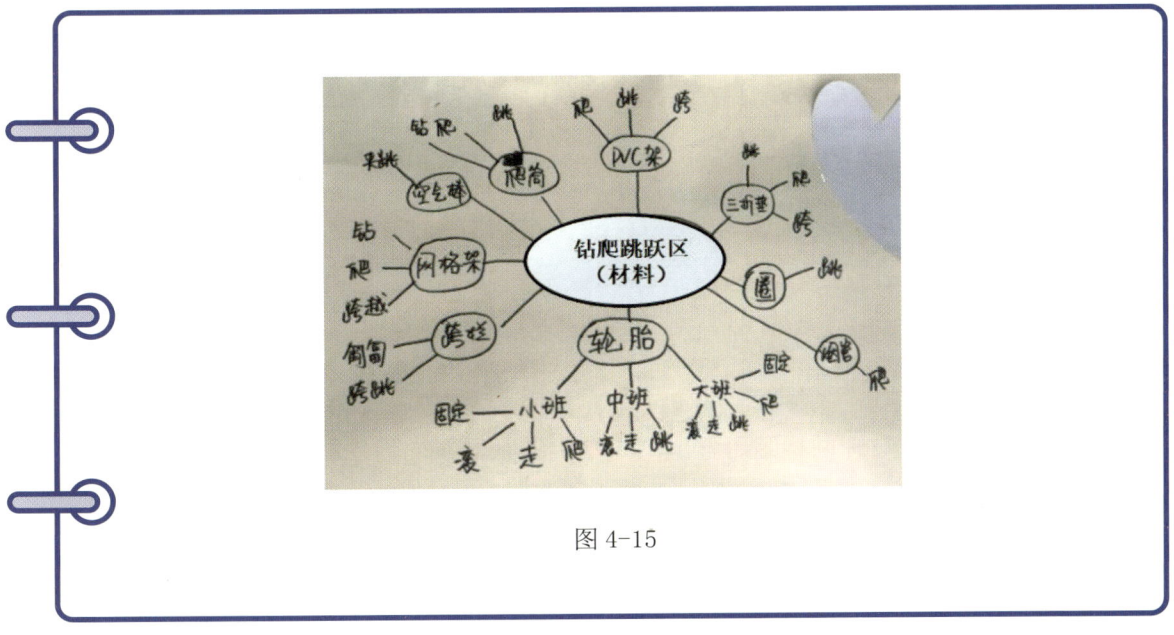

图 4-15

　　我的思考是围绕这个场地区域的特点和功能展开的，这个场地主要是用来锻炼和发展幼儿的钻、爬和跳跃的能力。结合这个场地里已有的材料，对照幼儿运动发展的目标，我将使用哪种材料可促进幼儿哪些运动技能的发展一一罗列出来，同时考虑到不同年龄段、不同发展阶段的幼儿对轮胎的使用可能会有所不同，为此也进行了全面的梳理。这样不仅让我更好地熟悉和利用这些材料，而且让我在观察幼儿运动和使用材料时可以及时有效地做出指导。

　　听完这位教师的介绍，我们不仅看到了这位教师对如何使用运动材料有全面深入的认识与思考，同时也发现这位教师能熟练而有技巧地使用思维导图工具。

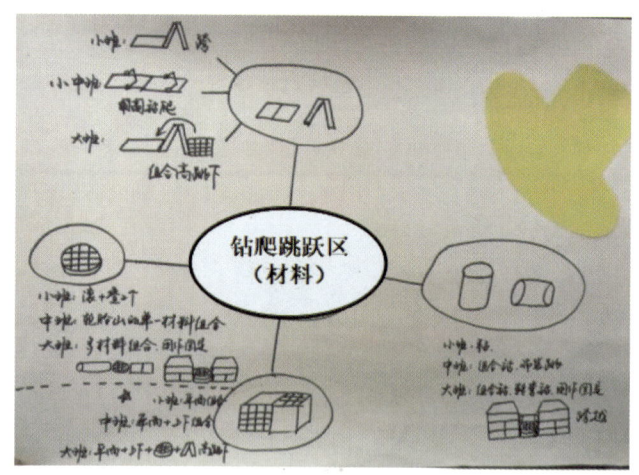

图 4-16

　　图 4-16 中，几位教师同样是用气泡图对钻爬跳跃区里的运动材料进行思考与分析，但他们重点关注的是小、中、大班幼儿在运动时都会使用的四样材料：垫子、滚筒、网格架和轮胎。根据这四种材料的特性，结合幼儿的年龄特点，这几位教师用图文并茂的形式，

向我们呈现了不同年龄阶段的孩子可以学习与掌握的材料使用方法。

　　这张图可以作为教师在同一区域组织和实施不同年龄段的幼儿运动时如何使用材料的参考，以提升幼儿运动的科学性和有效性。

（二）对运动材料使用的反思——运动后

 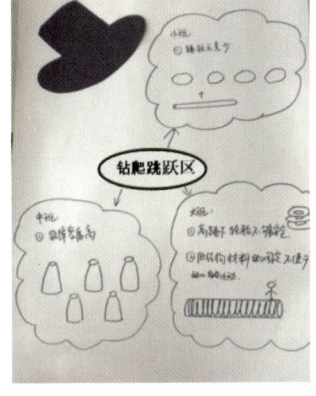 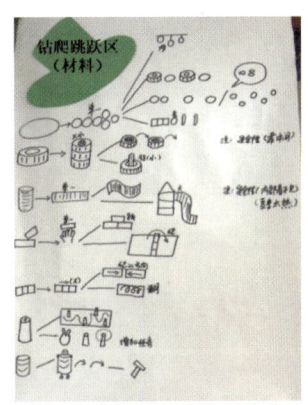

图 4-17　　　　　　　　图 4-18　　　　　　　图 4-19

　　这两周，我根据我们中班孩子们在钻爬跳跃区对材料的使用以及了解到的小班和大班幼儿在本区域对材料的使用，从幼儿是否喜欢的角度对材料进行分类，发现大家比较喜欢的材料是空气棒、垫子、网格架、烟管、爬筒、轮胎，不喜欢的是圈、路障筒、彩虹架、轮胎。其中，轮胎同时出现在喜欢和不喜欢的材料中。

　　于是，我使用树形图进行梳理，并用完整的爱心和破碎的爱心图示分别表示幼儿喜欢的材料和不喜欢的材料。在喜欢的材料下，用大小不同的小人分别表示小班、中班、大班三个年龄段的幼儿，而每一个年龄段下的材料分类则表示幼儿喜欢或使用频率较高的材料。这张树形图，不仅帮助我梳理清楚幼儿喜欢使用哪些材料，还为我日后观察与指导幼儿如何使用材料提供了参考（图 4-17）。

在梳理了幼儿喜欢和不喜欢的材料后，我结合从小班和大班老师那里获得的有关幼儿使用材料的情况进一步思考，发现在钻爬跳跃区，小班幼儿使用圈和空气棒进行跳跃的活动较少，而中班幼儿使用路障筒的密度高，大班幼儿在叠高轮胎向下纵跳的过程中不够安全，同时低结构材料的固定又不便于幼儿自由运动。借助气泡图，我对三个年龄段幼儿在使用材料中出现的问题进行梳理。基于幼儿动作发展及场地的特点，需要对材料的使用有新的思考和调整（图 4-18）。

接下来，我利用材料的重新组合，提高幼儿对场地中所有材料的使用率，并且避免前面提到的安全问题（图 4-19）。

最后，用箭头把三张图片连接起来，三张不同的思维导图变成了一张完整的流程图，表示对运动材料反思的三个步骤：第一步梳理幼儿对材料的使用情况；第二步反思幼儿不喜欢的材料在使用中存在哪些问题；第三步调整在该场地可以重组使用材料的各种情况，为下次组织和实施幼儿运动提供建议和方案（图 4-20）。

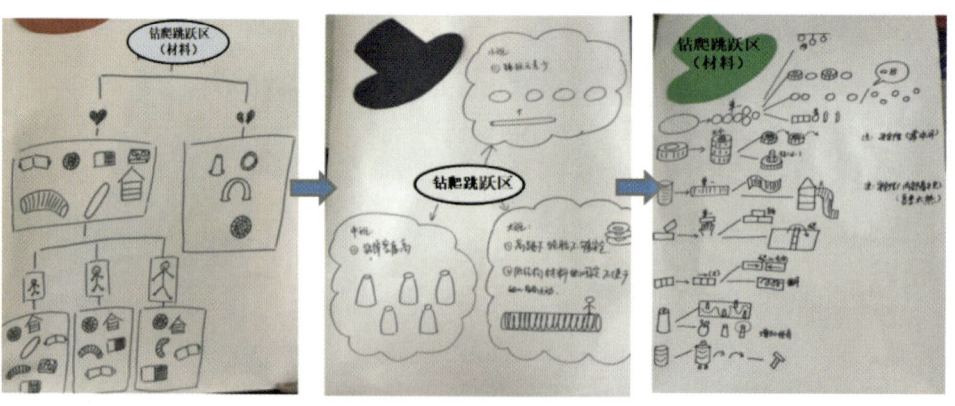

图 4-20

三、制作运动观察工具

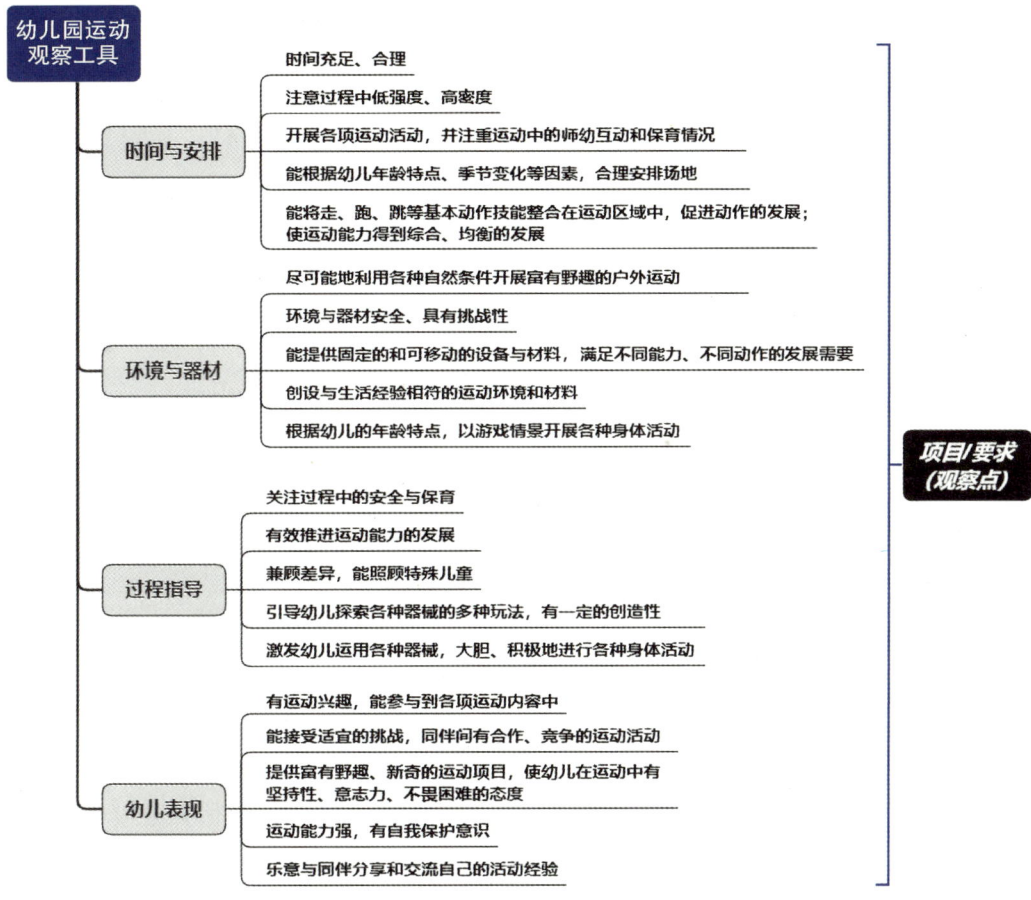

图 4-21

可见，思维导图可广泛运用于梳理教参内容、设计组织活动、调整运动材料、制作观察工具等，有助于提高教师设计和实施幼儿运动活动的目的性、计划性和可操作性。在绘制时可认真思考运动前、运动中和运动后每一个阶段可以做什么、怎么做，而在运动开展之后则可借助思维导图，检视和反思整个幼儿运动活动组织和实施得怎么样、如何加以改善等。

应用四 游戏活动中的应用

幼儿园的游戏活动是幼儿自发、自主地与空间、材料、玩伴相互作用的情境性活动。

思维导图可以运用到游戏活动的计划、组织、实施、反思等各个环节，有助于提升教师对游戏活动的认识与理解，加强教师对游戏活动和角色行为的思考和梳理，更好地支持与推动幼儿游戏的发展，促进幼儿的快乐成长。

一、反思游戏活动

很多时候，教师们会感到矛盾和纠结：在大力倡导以幼儿为主体开展游戏活动的今天，作为教师的我们，在幼儿游戏的时候该怎样定位自己的角色呢？可以做什么？该如何做呢？

带着这一系列的问题，陈老师曾根据自己组织实施的幼儿角色游戏，围绕着教师在游戏中的角色行为多次进行深入的自省，试图真正地理解和尊重幼儿的想法与愿望，顺从幼儿的游戏，支持幼儿的发展。

第一步，画出中心主题。

第二步，绘制主干及分支结构。以游戏进程为主干，将其划分为游戏前、游戏中和游戏后三个阶段，并罗列出不同阶段相应的角色：准备者、旁观者、斡旋者、参与者以及分享组织者。

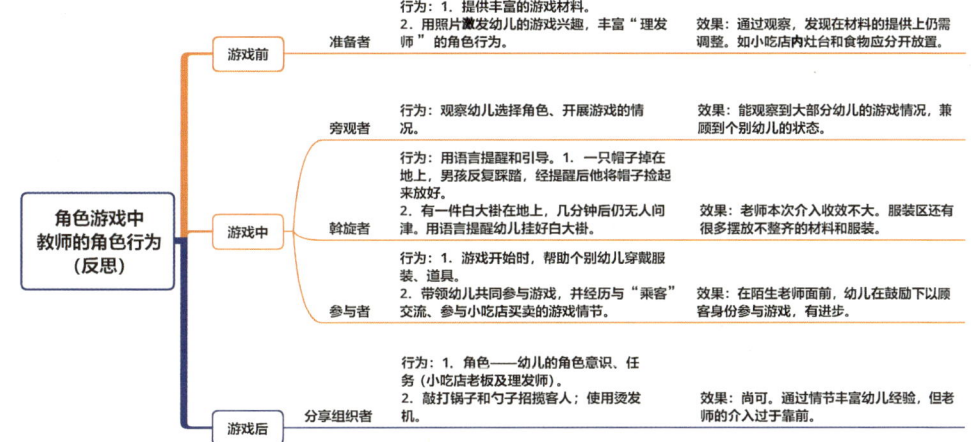

图 4-22

第三步，添加分支内容。按每一游戏阶段中教师所表现出的角色行为及效果依次添加具体内容。

陈老师以关键问题为核心，使用括号图对组织和实施幼儿游戏时自己所扮演的不同角色及行为进行了反思，结果发现自己在这一场角色游戏中：作为斡旋者，在游戏事件处理中效果不大，需要调整；作为旁观者，在观察幼儿游戏的过程中需要更加细致到位；作为分享组织者，则太过于教师本位，需要让幼儿在分享中为主导。

这张括号图分支上的文字比较多。其实，针对这样的情况，可以用图文并茂的方式加以呈现。比如，用"文字'启发兴趣'＋相关照片"激发幼儿对理发店游戏的兴趣。这样既可以减少一长串文字的出现，又可以激发创意联想及对主题内容的记忆。

通过这张括号图，陈老师对组织开展角色游戏时教师的角色行为有了更进一步的认识和思考，也为下阶段组织实施角色游戏时自己角色行为的转换和调整提供了参考。同时，陈老师的总结与反思能力得到很好的锻炼和提升。

随后，陈老师又根据自己的实践经验和体会，用树形图对角色游戏中教师的观察与分享进行了总结。明晰了教师在角色游戏中的"老大难"问题。

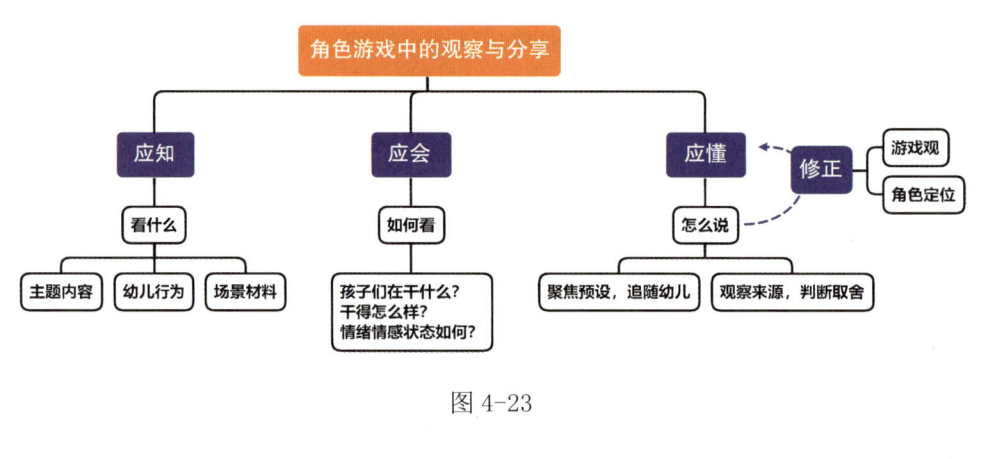

图 4-23

二、制作游戏活动观察工具

用鱼骨图制作游戏活动观察工具，不仅有助于教师全面梳理和深刻理解游戏活动的评估标准，明确游戏观察的维度和内容，而且可以锻炼教师的整理、归纳和提炼的能力，更好地锻炼和提升教师的思维品质和专业能力。

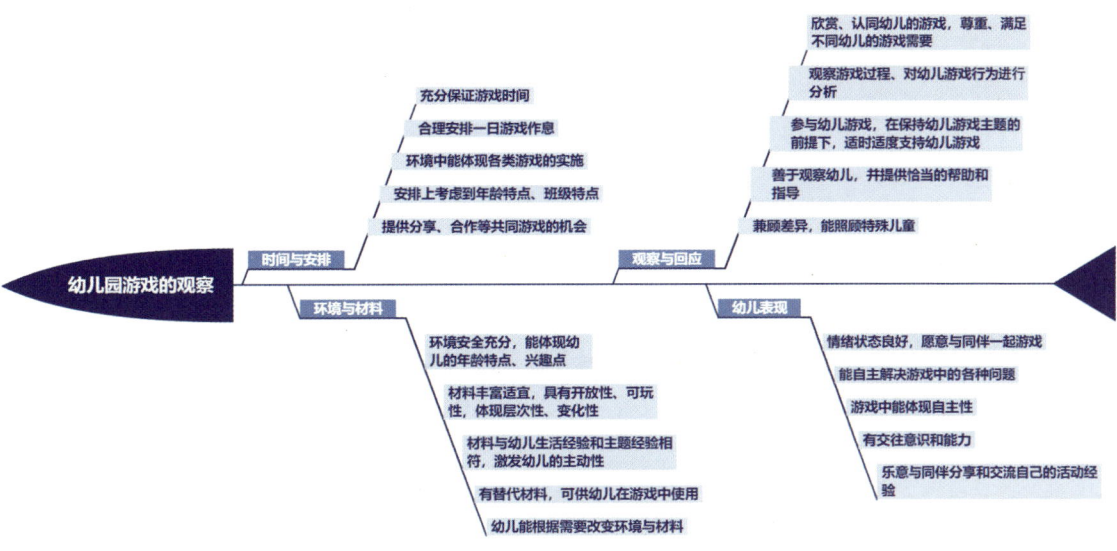

图 4-24

应用五 学习活动中的应用

　　思维导图同样也可以运用于幼儿园的各类学习活动中，如集体学习活动、个别化学习活动和班本化学习活动等。

　　幼儿园集体学习活动：是教师有目的、有计划地组织班级所有幼儿都参加的教育活动。包括教师预设的和生成的教育活动、单独的一节"课"和围绕一个主题展开的系列活动、全班一起进行的和分小组同时进行的教育活动。

　　幼儿园个别化学习活动：是相对于集体学习活动而言的，是教师根据每个幼儿现有的发展水平，寻找最近发展区，创造相应条件使每一位幼儿获得诸多发展的一种教育活动形式。幼儿凭借自己的兴趣，自主选择活动的方式进行学习。

　　班本化学习活动：在姚健老师主编的《幼儿教师课程领导力提升实践——班本化课程》一书中，对班本化课程的界定是"教师以班级为本进行课程实施和开发，根据班级幼儿的已有经验和共同兴趣，充分运用班级的各种资源，在教师与幼儿及各种资源的互动中，运用自己的教育理念和知识储备以及教学智慧，和幼儿共同建构课程、探索学习的动态过程"。

　　思维导图应用于上述三类活动的素材解析、活动设计与组织、实施与反思之中，有助于教师完整系统、科学有效地设计与开展活动，提高教学的效率和质量。

一、集体学习活动

（一）解析素材

幼儿教师在根据素材设计集体教学活动时，常面临以下问题：一，对素材点的重难点没有分析透彻；二，对素材点对应的年龄段、领域要求、所在主题核心经验、幼儿已有经验等的分析不够到位。以上问题会导致教师对素材的分析不够全面、不够深入。

我们尝试将思维导图运用到集体教学活动的素材分析中，帮助教师围绕素材进行全面而深入的分析，如与素材相关的幼儿已有经验、主题核心经验、领域核心经验以及素材中所蕴含的重点、难点。

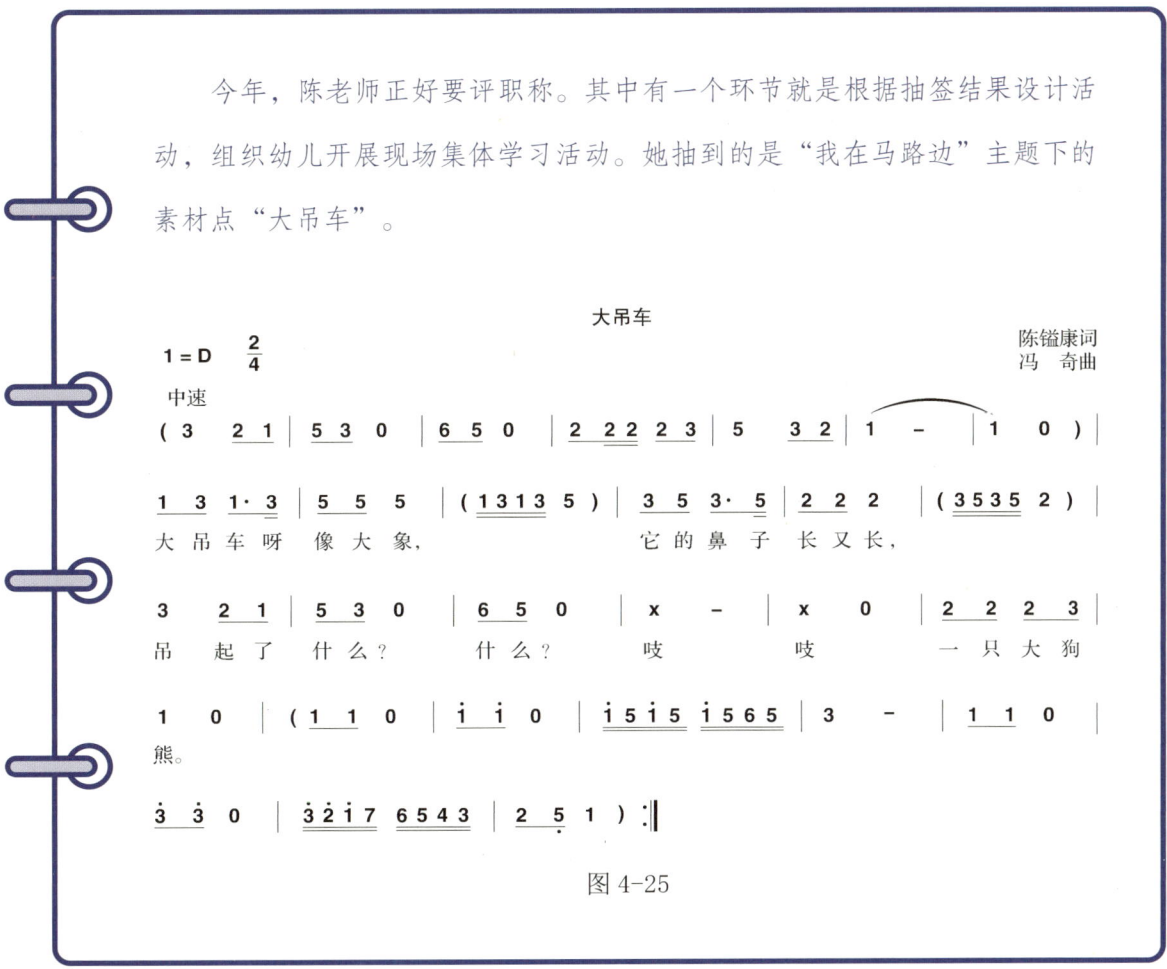

图 4-25

陈老师内心充满紧张与不安。回到幼儿园，打开教参，仔细阅读"大吊车"的素材内容：玩"大吊车"的音乐游戏，辨别乐曲中的高低音，用高音表示将货物吊起，用低音表示降落。考虑中班幼儿的喜好，陈老师打算设计边玩边唱的音乐游戏。

于是，为了更好地对素材点进行深入、全面的解析，陈老师决定使用括号图对"大吊车"这一素材点进行解析。

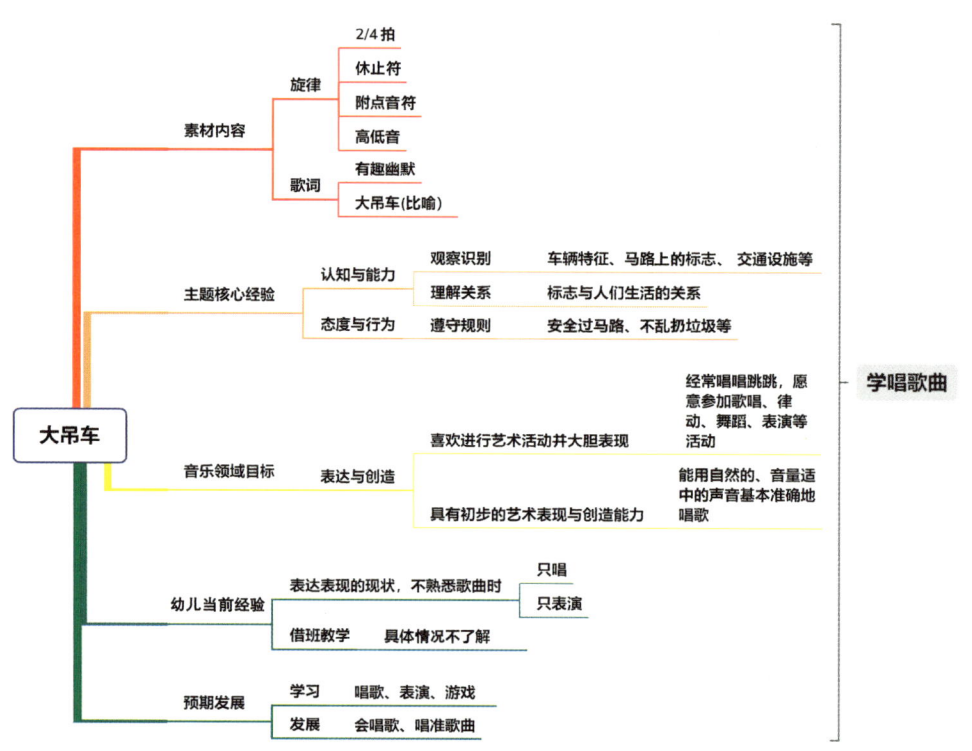

图 4-26

首先，确定中心主题——大吊车，同时确定五个主分支，依次为素材内容、主题核心经验、音乐领域目标、幼儿当前经验及预期发展。

接着，按顺序开始边绘制边解析。分支使用不同的颜色进行区分。比如，第一个主分支是素材内容，使用红色，并根据本乐曲的特质，解析出旋律和歌词两个子分支。从旋律看：这是一首四二拍的曲子，旋律中有休止符、附点音符、高音、低音。从歌词看：幽默有趣，用比喻的方法表现大吊车。第二个主分支是主题核心经验，使用橙色，从认知与能力（包括观察识别与理解关系）、态度与行为（遵守规则）两个子分支进行解析，找到"大吊车"这一素材点与主题核心经验之间的关系。第三个主分支是音乐领域目标，使用黄色，对照《3-6岁儿童学习与发展指南》艺术领域里中班幼儿音乐发展的目标，从表达与创造进行解析。第四个主分支是幼儿当前经验，使用绿色，分别从中班幼儿当前的音乐表达表现的现状以及借班教学两方面分析其与素材点的关系。第五个主分支是预期发展，使用蓝色，子分支为素材点涵盖的学习要点和发展要点。

最后，理解分支之间的相互关系。画完括号图后，陈老师从中心主题出发，根据五个主分支的内容及对应子分支的关键词，寻找其与主题之间的关系，并结合相关解析，最后概括形成了使用此素材点设计与实施教学活动希望达成的目标。

可见，使用思维导图对素材点进行解析，可以帮助教师对素材点本身以及相关知识点有更全面、深刻的理解与解析，避免平常分析素材点时容易出现的思维不够开阔的问题，保证教学做到"削枝强干"，准确定位。

（二）活动设计

幼儿教师在设计和组织教学活动中经常会遇到这几种难题：一是各领域的教育目标定位不清，核心价值难以体现；二是活动目标制定后，活动环节不能围绕活动目标而层层递进地展开；三是容易顾此失彼，如考虑到目标制定、环节设计，却忽略了教具制作、环节过渡等细节。

不少教师意识到了这些难题，却不知如何更好地去解决，为此我们将进一步介绍思维导图是如何在活动设计和组织中发挥作用的。

运用思维导图对"大吊车"这一素材点进行解析后，陈老师快速寻找到教学设计和组织的核心点就是"学唱歌曲"。同时，使用思维导图解析素材点的优势也显现了出来：快、准、有效。

在设计中班集体学习活动"大吊车"时，陈老师则选择了鱼骨图。鱼头在左，是目标，表示要解决的问题。鱼身则是相应的对策，可能是教具、环节、提问等。

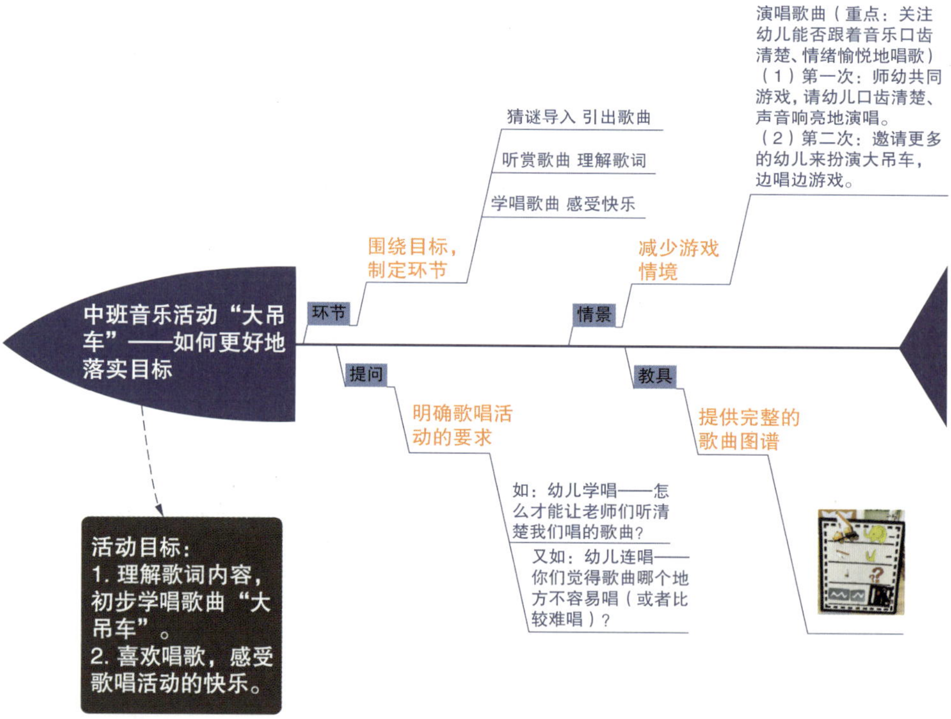

演唱歌曲（重点：关注幼儿能否跟着音乐口齿清楚、情绪愉悦地唱歌）
（1）第一次：师幼共同游戏，请幼儿口齿清楚、声音响亮地演唱。
（2）第二次：邀请更多的幼儿来扮演大吊车，边唱边游戏。

猜谜导入 引出歌曲
听赏歌曲 理解歌词
学唱歌曲 感受快乐

围绕目标，制定环节

减少游戏情境

中班音乐活动"大吊车"——如何更好地落实目标

环节

情景

提问

教具

明确歌唱活动的要求

提供完整的歌曲图谱

如：幼儿学唱——怎么才能让老师们听清楚我们唱的歌曲？
又如：幼儿连唱——你们觉得歌曲哪个地方不容易唱（或者比较难唱）？

活动目标：
1. 理解歌词内容，初步学唱歌曲"大吊车"。
2. 喜欢唱歌，感受歌唱活动的快乐。

图4-27

首先，陈老师从鱼头出发，根据活动名称及素材解析时确定的核心点"学唱歌曲"，制定教学活动的目标：理解歌词内容，初步学唱歌曲《大吊车》；喜欢唱歌，感受歌唱活动的快乐。

其次，围绕目标，从环节、提问、情景和教具四个分支思考如何落实目标。同时，在每一个关键词下用橙色字句注明应把握的要点。

再次，罗列活动环节：猜谜导入，引出歌曲；听赏歌曲，理解歌词；学唱歌曲，感受快乐。在提问设计中，要明确歌唱活动的要求，把握好如何让幼儿愿意唱，并唱清歌词。在情景设计上，考虑幼儿表现表达的多样性，以唱为主，适当加入情景进行扮唱。提供的教具（歌曲图谱）应完整并且幼儿能看懂。

最后，完整地检查一下目标与各要素之间的关系是否一致，并且依据设计，进一步完善教学方案。

陈老师依照这份方案组织幼儿开展歌唱活动，不仅做到了教学目标清晰而聚焦、活动环节紧凑而递进，同时，幼儿在学唱歌曲的过程中也充分表现出愿意唱、能唱，从而在有限的二十分钟时间里较好地达成了教学目标。

（三）活动实施

运用思维导图可以在帮助教师有序、有效地实施集体教学活动的同时，也帮助幼儿有效地理解教学内容之间的层级关系，培养幼儿的思维能力。

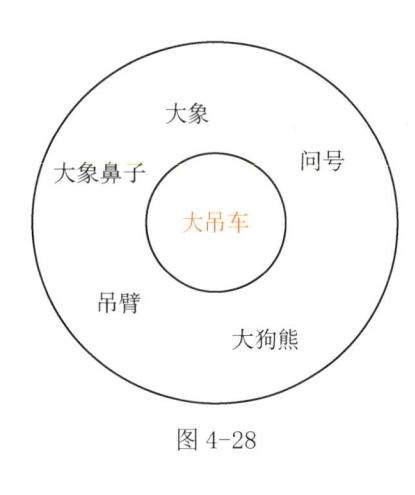

大象

大象鼻子　　　　问号

大吊车

吊臂

大狗熊

图 4-28

用圆圈图帮助幼儿理解和记忆《大吊车》这首歌的歌词时，陈老师以"大吊车"为关键词，出示吊车图片，放置在内圈中央，然后将歌曲中与大吊车有关的信息的图片放置在外圈。就是这样一个简单的导图，让幼儿直观地看见和大吊车相关的所有信息，方便他们记忆与理解歌词内容，为学唱歌曲奠定基础。（陈老师发现孩子们学习与记忆歌词的时间较过去明显减少了。）

又如集体学习活动"五个小苹果"，活动目标是：会看画面，理解前后画面的数量关系和变化。愿意一起看图书，乐意和同伴分享自己的发现。基于目标，为了让幼儿能够更加直观地感知故事内容、清晰地理解故事发生的前后顺序，将幼儿难以理解的"数字从大到小、苹果的数量由多变少的变化过程"用更加直观的导图将思维外显，教师决定采用流程图开展"五个小苹果"的深度阅读学习活动。

图 4-29

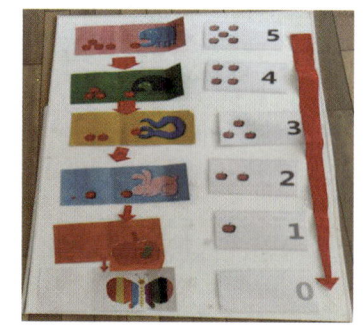

图 4-30

在组织幼儿开展本次集体学习活动的过程中，其实我也试教过好几次，一开始的时候我根据绘本故事内容的顺序使用的是气泡图以及纵向的流程图（图4-29和图4-30），基于活动目标以及幼儿阅读中的表现，我发现小班幼儿对纵向的流程图中数以及数量关系的变化的感知不明显，因此调整为横向的流程图。

从今天的现场效果看，纵向流程图的表现方式，可以有效帮助幼儿学习和理解苹果及数字对应递减的关系，幼儿能感受和理解苹果的数量越来越少、数字也越来越小的变化。

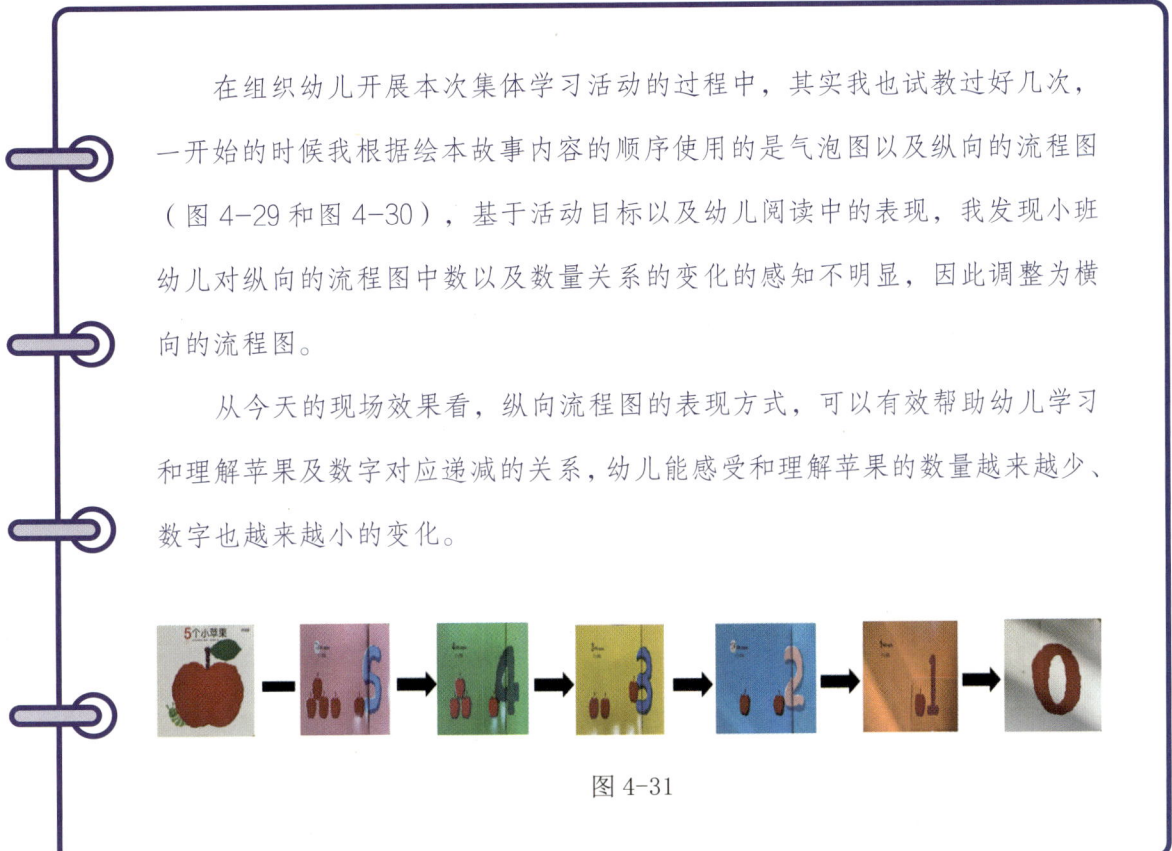

图 4-31

在开展集体教学活动时，运用思维导图不仅可以帮助教师进一步明确教学活动的目标和重难点，对活动中隐含的逻辑关系进行显性呈现，有条不紊、层层递进，而且有助于幼儿直观地理解教学内容，从而提高教学效果，推动幼儿思维的发展。

（四）活动反思

集体教学活动的反思是改善教学效果、促进教师不断自我成长的重要途径。教学活动结束后，教师是否反思、反思是否深刻都会影响其专业成长的速度与质量。

将思维导图运用到集体教学活动的反思中，可以提高教师反思的有效性和深度，进而提升教师的反思能力和专业能力。

从使用导图解读素材到设计学习活动，再到实施学习活动，陈老师自然而然地继续使用思维导图反思教学的实施情况。

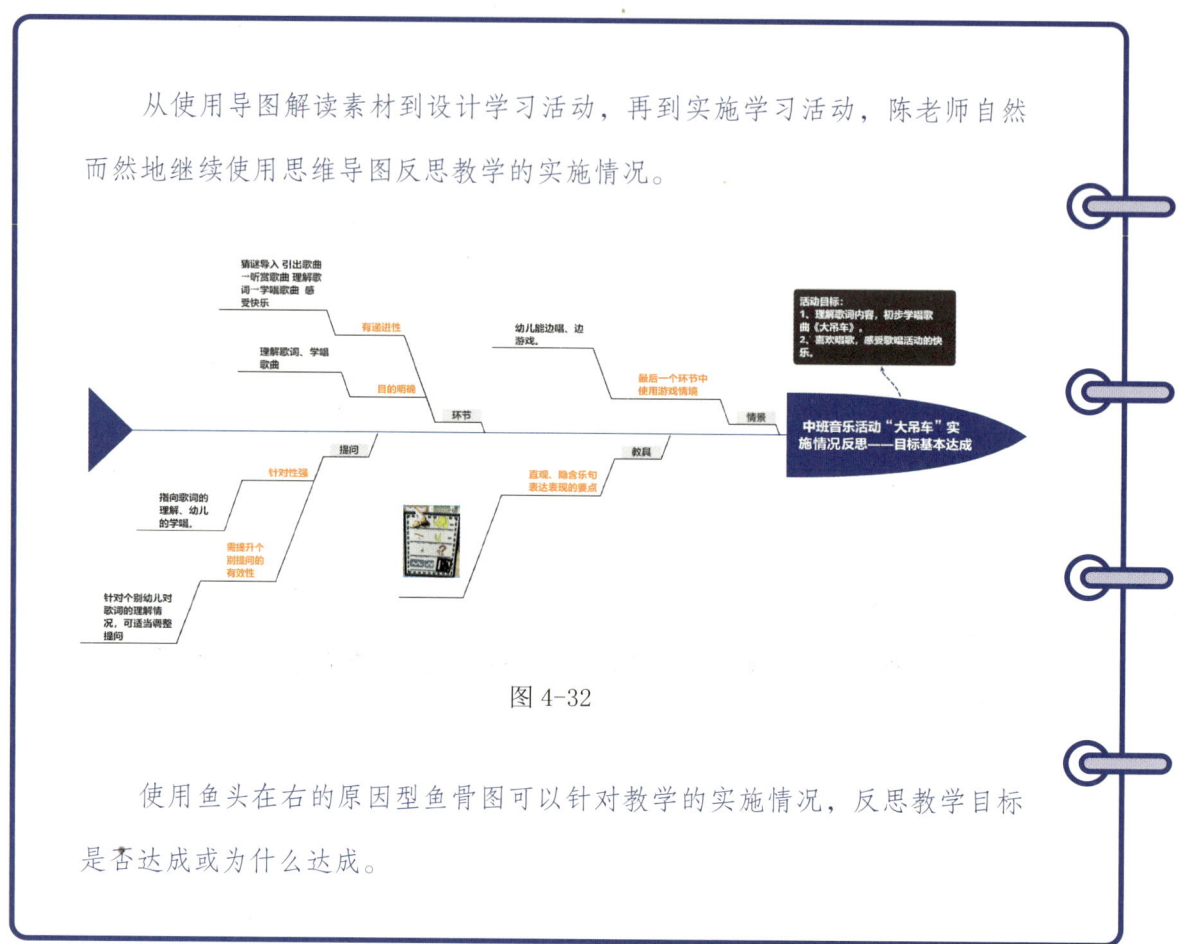

图 4-32

使用鱼头在右的原因型鱼骨图可以针对教学的实施情况，反思教学目标是否达成或为什么达成。

用环形流程图对活动进行反思，既可以让教师清楚地看到活动目标在各环节落实中存在的问题与不足，也可以帮助教师学会从每个环节与目标之间的关系、环节与环节之间的递进性及层次性来分析活动中出现的问题。

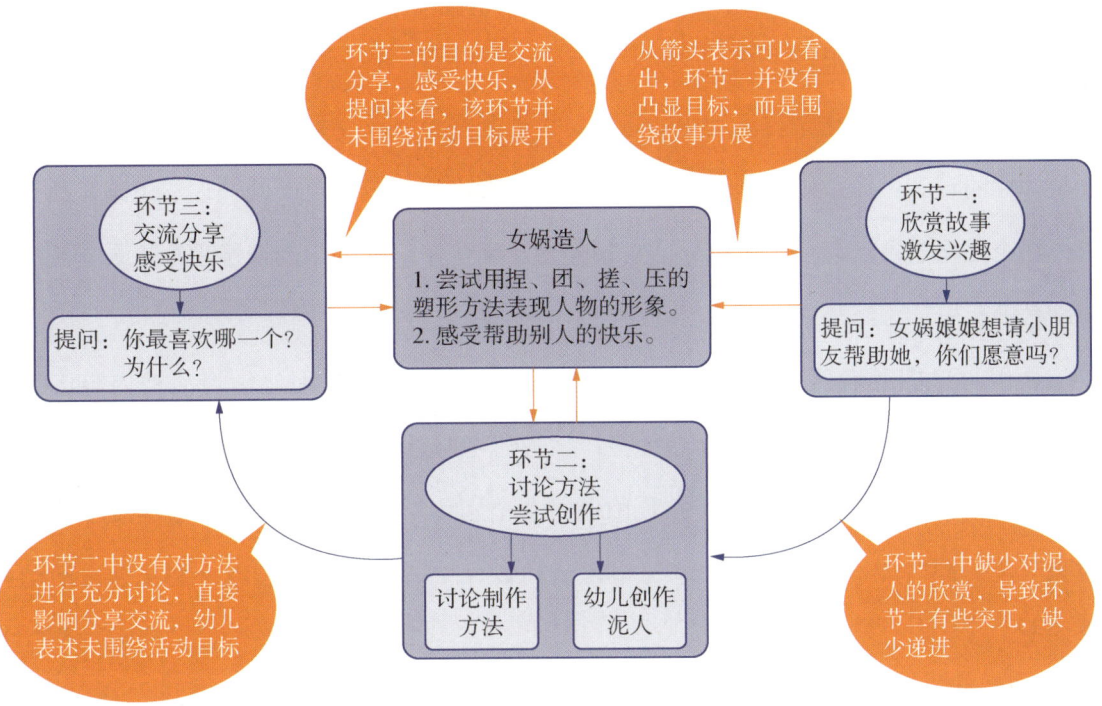

环节三的目的是交流分享，感受快乐，从提问来看，该环节并未围绕活动目标展开

从箭头表示可以看出，环节一并没有凸显目标，而是围绕故事开展

环节三：
交流分享
感受快乐

提问：你最喜欢哪一个？为什么？

女娲造人

1. 尝试用捏、团、搓、压的塑形方法表现人物的形象。
2. 感受帮助别人的快乐。

环节一：
欣赏故事
激发兴趣

提问：女娲娘娘想请小朋友帮助她，你们愿意吗？

环节二：
讨论方法
尝试创作

讨论制作方法　　幼儿创作泥人

环节二中没有对方法进行充分讨论，直接影响分享交流，幼儿表述未围绕活动目标

环节一中缺少对泥人的欣赏，导致环节二有些突兀，缺少递进

图 4-33

　　如上图，通过环形流程图进行反思时能够直观地看出该集体教学活动环节之间缺少递进和铺垫。比如，由于环节一中缺少对泥人的欣赏，导致从环节一过渡到环节二有些突兀；环节二中对制作方法的讨论过于高控，没有让幼儿围绕目标充分自主讨论，导致环节三中幼儿的表现以及语言表达较为单一、缺乏创新。

二、个别化学习活动

（一）设计和组织

思维导图在个别化学习活动中的运用，主要是在个别化学习活动创设前用思维导图进行整体性的设计；在个别化学习活动中用思维导图进行呈现，帮助幼儿理清思路、凸显逻辑；在个别化学习活动后用思维导图对幼儿在个别化学习活动中的情况进行记录、反思，帮助教师反思、总结个别化学习活动设计中的经验。

如用树形图或者气泡图对主题核心经验、每个区域的个别化学习活动内容、每个个别化学习所需要的活动材料等进行整体性的思考与计划，以帮助教师对该主题个别化学习活动内容有整体性的思考，并且确保每个个别化学习活动内容都能够围绕主题核心经验开展，同时能够在诸多的个别化学习活动设计中，确保每个领域个别化学习活动内容均衡。

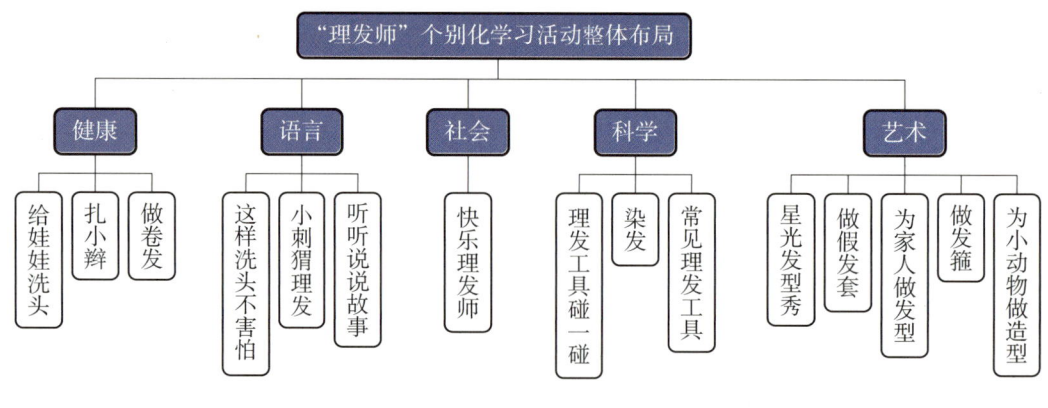

图 4-34

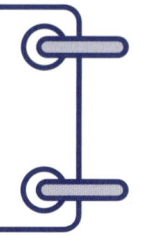

我把"这是谁的嗯嗯"作为一个主题关键点，然后进行分支，主干一是"依据：主题核心经验"，分支中注明本主题的核心经验，以提示自己在设

计中避免跑偏。主干二是"三性：层次性、趣味性、挑战性"，分支中围绕"三性"呈现了三个层次。

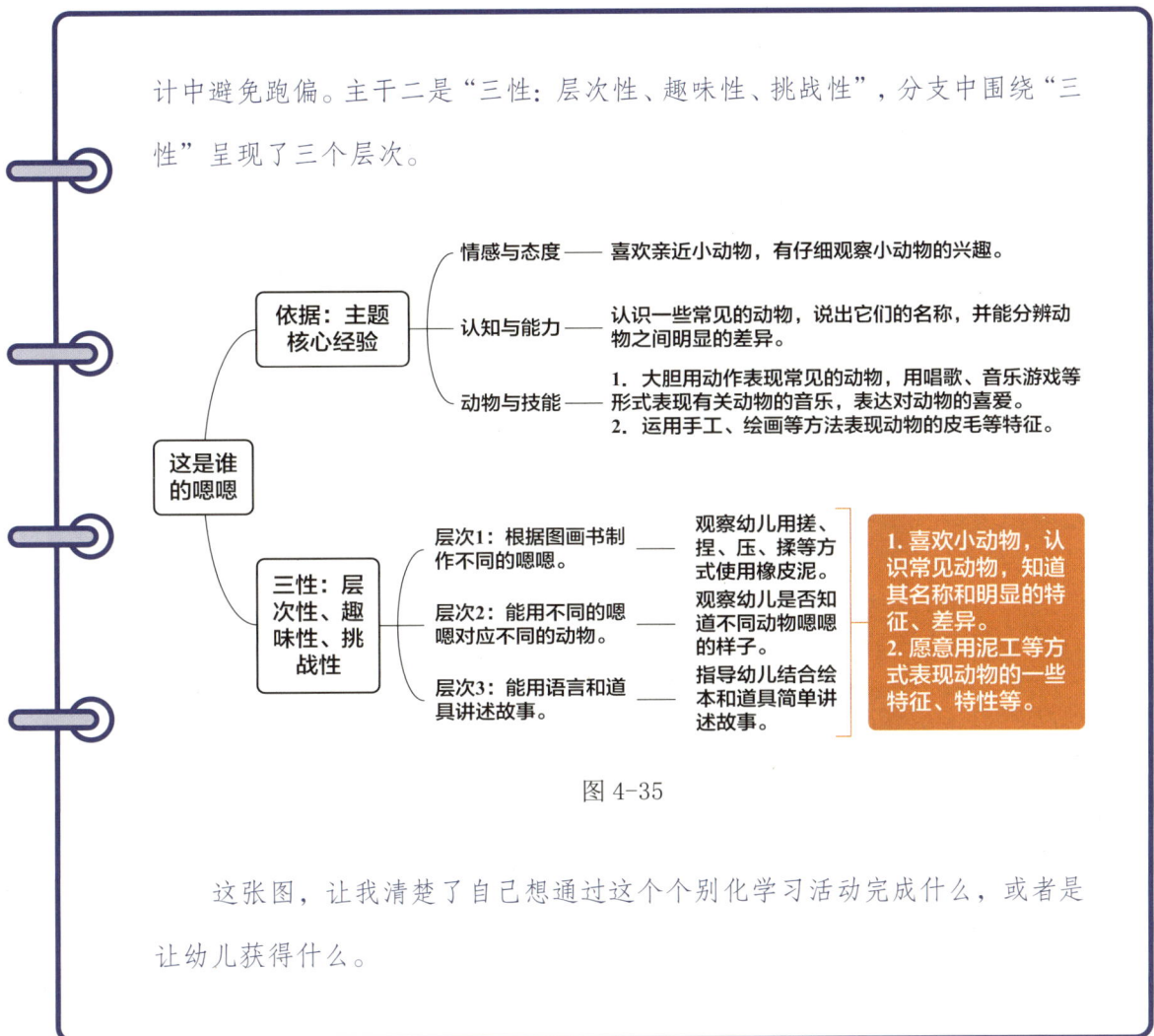

图 4-35

这张图，让我清楚了自己想通过这个个别化学习活动完成什么，或者是让幼儿获得什么。

（二）活动反思

在个别化学习活动反思中，对个别化学习活动中的幼儿表现进行记录，并在记录的基础上，对个别化学习活动的内容进行调整，再进行记录。思维导图可帮助教师循环观察幼儿表现并记录，从不同角度进行分析，从不同深度进行思考，并进行调整。以大班数领域个别化学习活动"撒豆子"为例，其目标是让幼儿通过撒豆子的游戏掌握 10 以内数的分解与组成，发现其中的规律。

表 4-1　个别化学习操作情况

第一次材料投放与幼儿操作	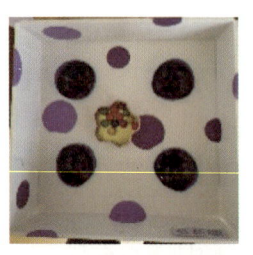 	第一次记录为 10 可以分成 9 和 1，10 可以分成 3 和 5。 从本次记录来看，一方面幼儿没有将 10 所有的分解和组成罗列出来，另一方面有的记录是错误的。幼儿并未达到预设的活动目标。
第二次材料调整与幼儿操作	 	第二次记录为 9 可以分成 6 和 3、7 和 2、3 和 6、2 和 7、4 和 5、3 和 6、5 和 4、6 和 3、4 和 5。 从本次记录来看，幼儿虽然能够初步掌握数的组成，如 9 分成 6 和 3、7 和 2、3 和 6、2 和 7、4 和 5、5 和 4。但是幼儿对于活动目标中数字排列的规律还没有掌握。

　　在对两次个别化学习操作情况进行记录后，教师用双气泡图对两次个别化学习材料的调整和效果进行了反思，通过双气泡图的对比分析，能够看出两次调整的内容、调整后幼儿的问题及表现，以及调整前后的共同点。便于教师继续调整。

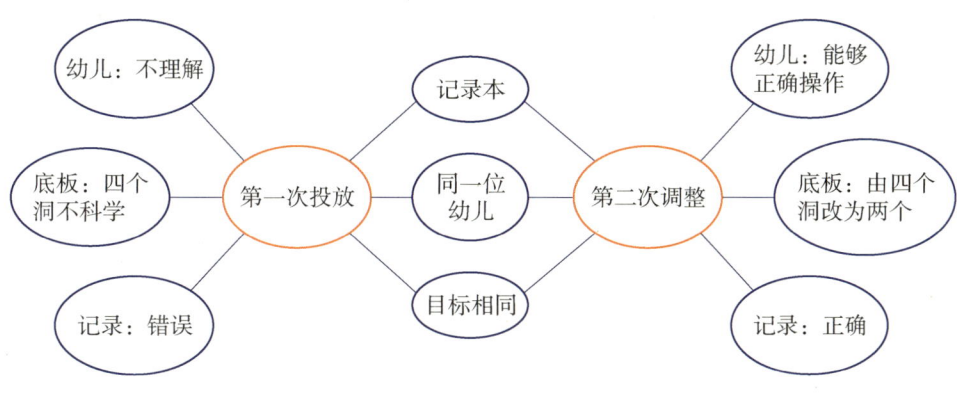

图 4-36

实例：班本化主题活动——"小兔子蛋糕"

1. 主题的由来

某幼儿园小班正在开展"小兔乖乖"的主题活动，有一位小朋友带来了一只垂耳兔，"蛋糕"是孩子们给兔子取的名字。

孩子们见到"蛋糕"的那一刻，纷纷围拢过来，跟"蛋糕"说话、给"蛋糕"喂食。老师看到孩子们对"蛋糕"如此热情，突发奇想：何不借助小兔子来一场属于咱们班的"小兔乖乖"主题活动？

于是，老师把"小兔子蛋糕"作为一个素材点，开始深入剖析（图 4-37）。

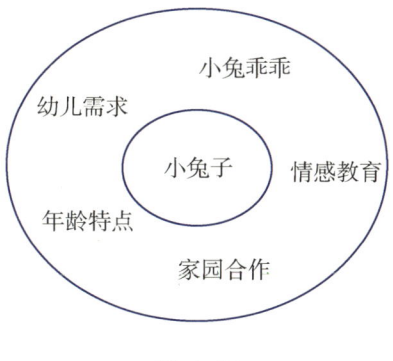

图 4-37

先画上一个圆圈，写上"小兔子"，在外面再画一个更大的圆圈。在这个大圆圈里写上和"小兔子"有关的各种信息：小兔乖乖、情感教育、幼儿需求、年龄特点、家园合作。

借助圆圈图，老师开始思考小兔子与大圆圈里这些关键词的联系。

与小兔乖乖的联系：小兔子正好符合"小兔乖乖"的主题，能为幼儿获得主题核心经验服务。

与幼儿需求的联系：生活在城市里的孩子，需要在各种陪伴中成长。小兔子的出现，无疑让他们觉得新奇和好玩。

与年龄特点的联系：大部分孩子都喜欢动物，尤其是小年龄的孩子更喜欢诸如兔子这样的小动物。

与情感教育的联系：小兔子的出现，虽属偶然，但孩子们关心和爱护小兔子的各种表现，让老师意识到这是对孩子进行情感教育的最佳契机。与其不停地说教，不如让他们有直观的感受和体验。

与家园合作的联系：以小兔子为载体，开展孩子与家长相互合作的亲子活动，不仅可以让孩子们收获和积累更多相关的经验，更重要的是建立起孩子和家长之间的亲密度，形成良好的亲子和家园关系。

一张圆圈图，几个关键词，老师快速地挖掘和解析出了"小兔子"这个素材点对幼儿学习和发展的价值。既关注幼儿认知能力的获得，也关注良好情感的养成。

2. 各类活动设计

当全面解析"小兔子"这一素材点后，老师怎样思考活动的设计和组织

呢？（如下图）

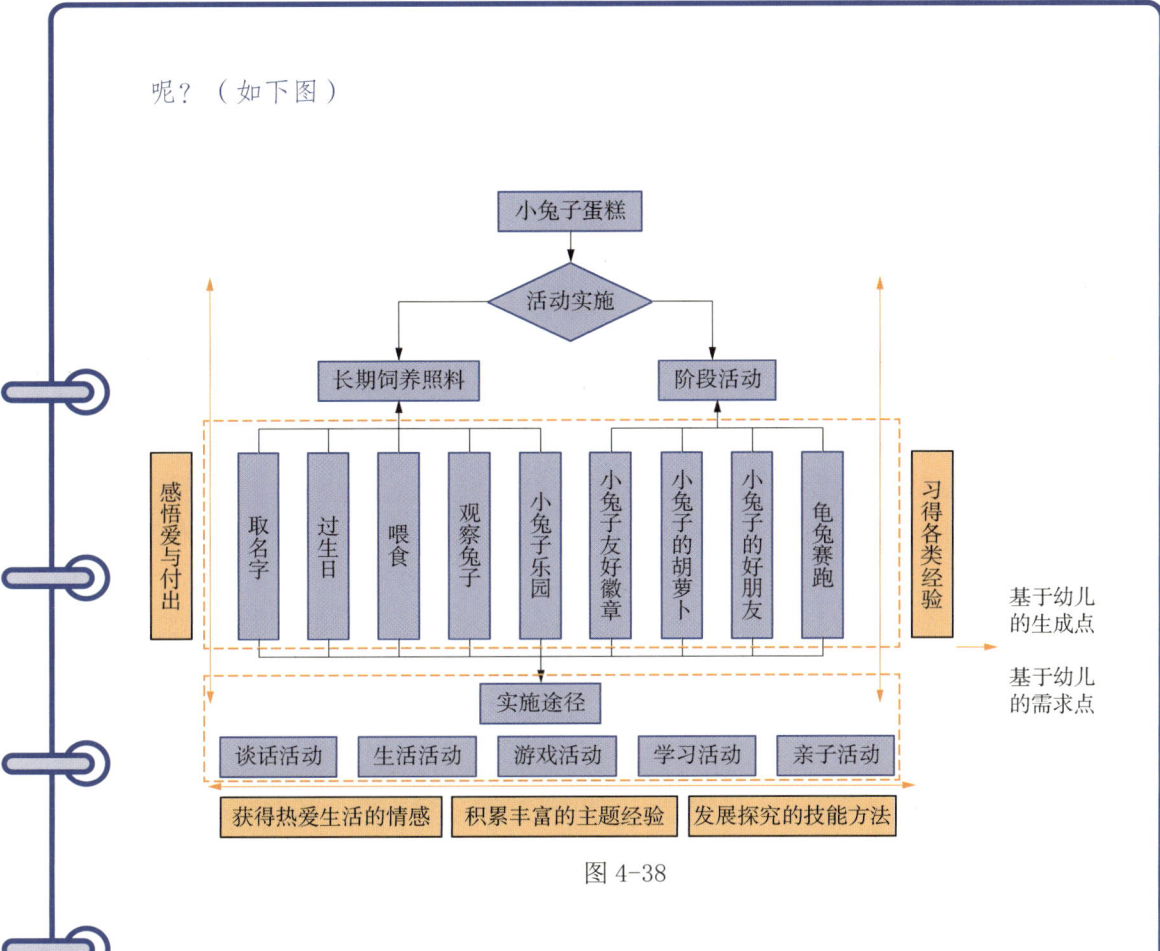

图 4-38

为了让活动更有系统性和可操作性，这位老师用树形图从活动实施的内容、途径、想要达成的目的等，对活动的组织实施进行了细致的设计。

以"小兔子蛋糕"作为主题，从幼儿对该素材点的兴趣和需求出发，分支出"长期饲养照料"及"阶段活动"。在罗列出可实施的具体内容后，提出实施途径——谈话活动、生活活动、游戏活动、学习活动、亲子活动，帮助幼儿获得热爱生活的情感、积累丰富的主题经验、发展探究的技能方法，从而达成感悟爱与付出以及习得各类经验的最终目标。

在这一系列学习活动的开展达成预期目标之后，老师再次基于儿童的视

角反思本阶段关于"小兔子蛋糕"的班本化学习活动的开展，也就是基于幼儿的生成点和需求点。

这张树形图上，加有流程图的元素，帮助教师快速而全面地梳理和规划"小兔子蛋糕"的活动方案，也体现了教师在实施学习活动中的儿童视角。

第五章

思维导图在班级
工作中的应用

班级工作，包括学年、学期班级工作计划、一日活动计划、周（日）计划等，也包括幼儿的生活事务、教育教学、卫生保健、家园联系等。

班级是幼儿园教师工作的主要舞台，是幼儿生活、运动、成长的主要场所，是幼儿游戏、学习、发展的家园，优质的班级工作是提升幼儿园保教质量、促进幼儿身心健康发展、促使幼儿园可持续发展的关键。思维导图在提高幼儿园教师班级工作效率上，又可以发挥哪些作用呢？

应用一　班级计划的制定

　　一个好的班级工作计划，能够帮助教师在日常班级工作中减少失误、减轻负担，显著地提高工作效率。计划的安排具有目的性、针对性、预见性和实践性等，是班级工作顺利开展的重要保证，是幼儿教师工作进程中的灯塔和路标，是规范与控制工作的前提和依据。

　　为了确保班级计划的合理制定与顺利实施，教师们可以采用思维导图的方式来思考与制定班级计划。用图示的方式轻松地梳理、呈现工作计划和内容，做到层次清晰，尽可能地涵盖每一项内容。

一、班级学期计划

　　下图是一位中心组教师采用括号图制定的班级学期计划框架，包括班级情况分析、幼儿发展目标、家长工作重点、个别幼儿教育、每月工作提示等五个方面的内容，以幼儿发展为主，思考、细化班级计划。如教师将班级情况分析分为基本概况和幼儿发展分析两个分支，接着对基本概况进行分层，对教师及幼儿的人数变化进行梳理。同样，对幼儿发展分析从优势和弱项两个方面进行具体分析，把一些关键词和句子罗列出来，便于撰写计划时参考和扩充。其他几项内容也是如此。

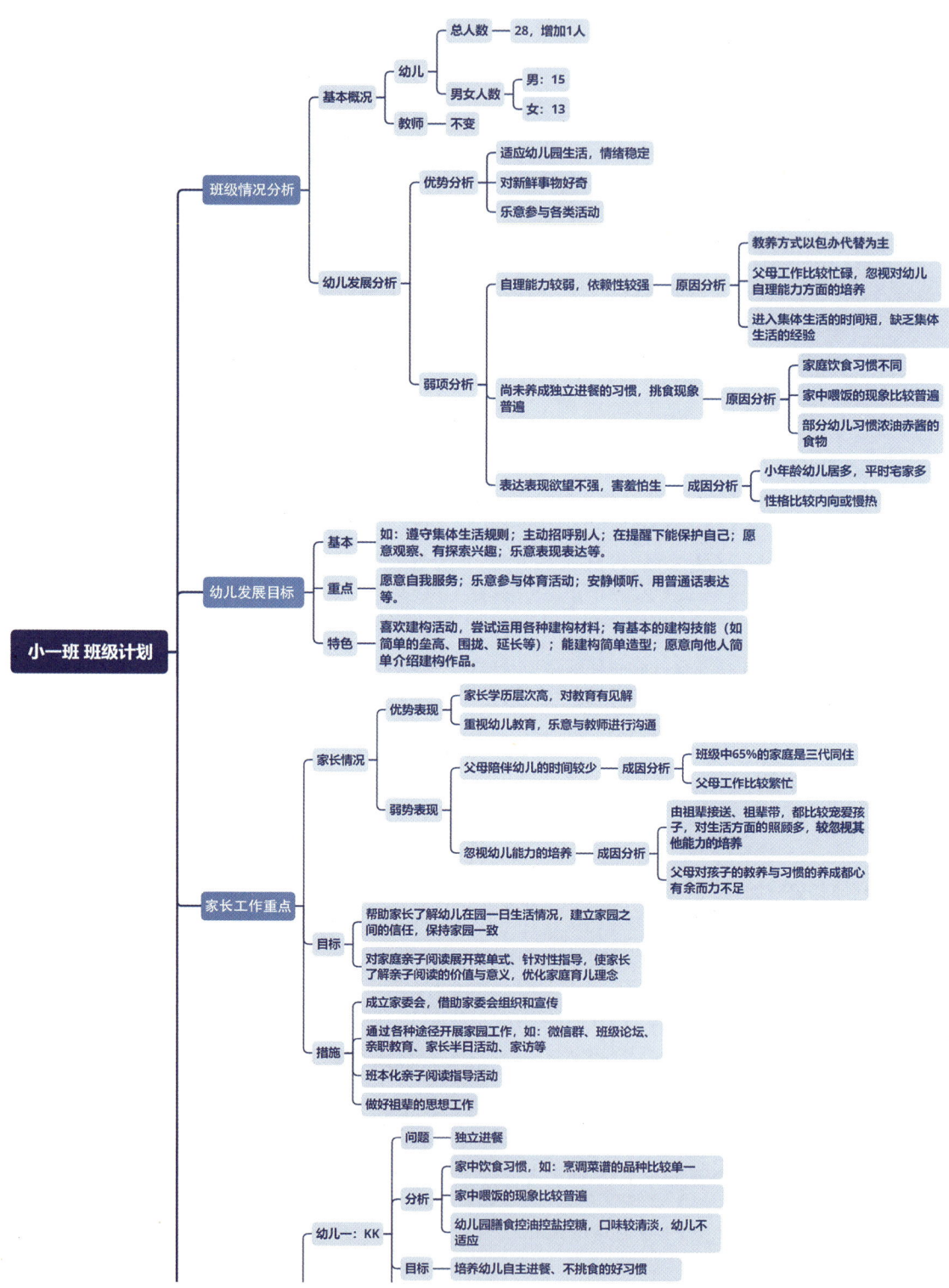

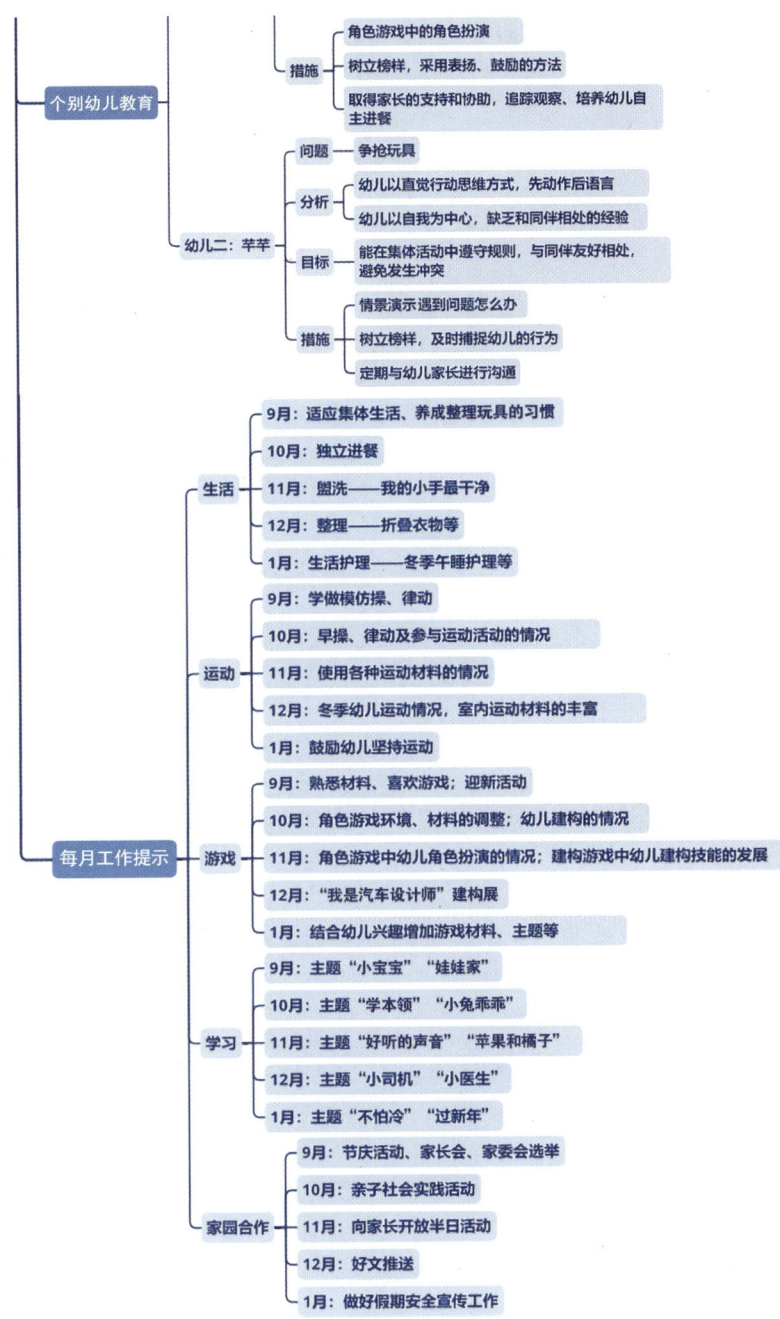

图 5-1

通过班级计划，幼儿园领导可以方便地了解教师所带班级的幼儿人数、男女比例、发展概况和本学期的教育教学目标，了解幼儿的发展优势和弱势，知道本学期和每月的工作重点。对教师来说，则可以随时检查自己的教学进度是否跟得上计划，观察幼儿的发展是否达到预期目标，对于教育教学活动中出现的问题可以及时分析与总结并加以改善。

应用思维导图制订班级计划，首先，让计划具有全面性，避免遗漏重要事项和内容。其次，让计划具有客观性，可将各种原因梳理出来，避免经验判断，使计划比较客观。再次，让计划具有整合性。最后，让计划具有条理性，按月罗列和梳理重要工作，避免遗漏。

二、月计划、周计划、日计划

首先，确定中心主题——月计划。

然后，从中心主题出发，确定第一个子主题——本月班级计划，并且在这一主题下延展出分支，罗列出本月工作。

最后，确定另一个子主题——周计划，并罗列各板块的内容、观察要点或者观察与指导的内容。如下图。

接下来，借助这一张图，开始思考和细化日工作计划的制订和落实。

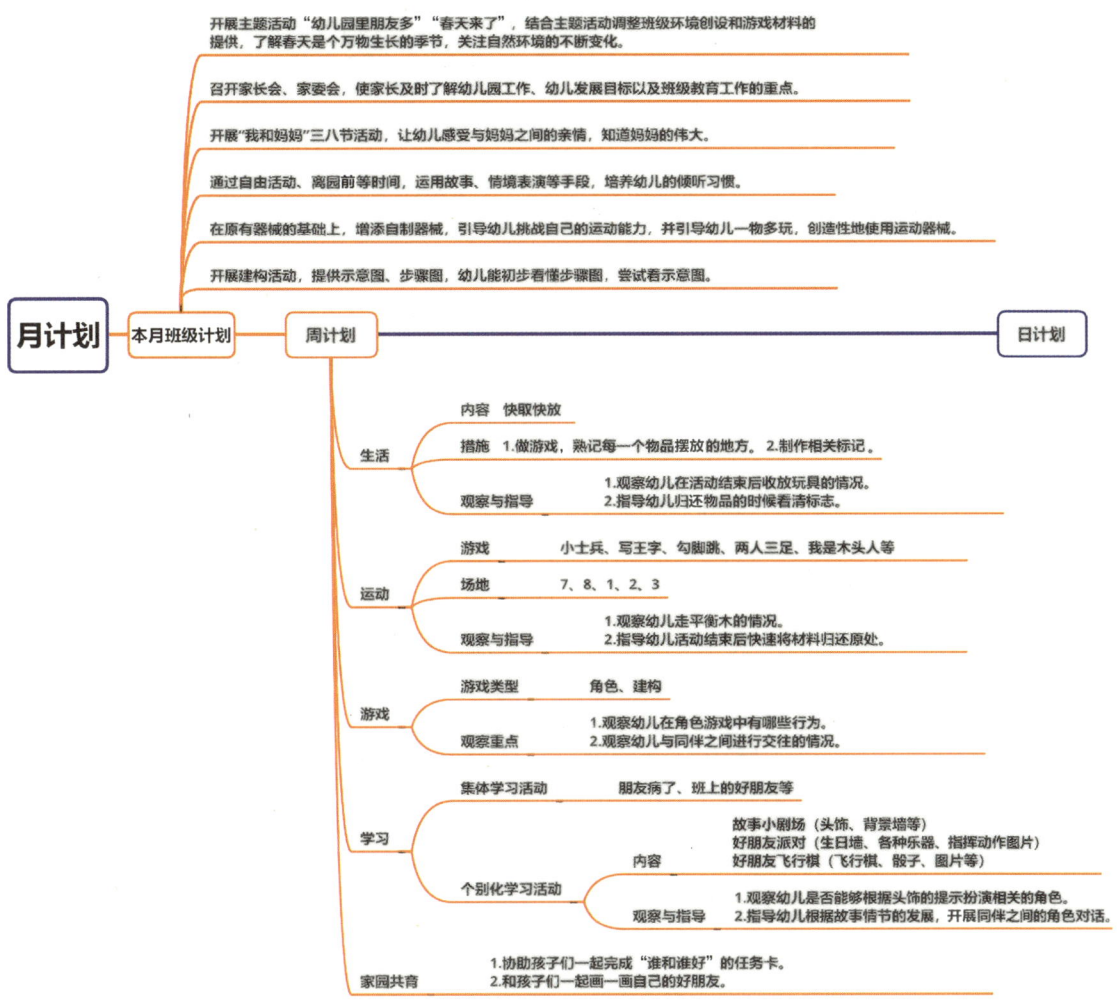

图 5-2

图 5-3 的主分支分别是从来园开始至午餐的各个环节：来园活动、运动、自由活动、学习活动、游戏以及午餐。各主分支下的分支分别是对应的观察要点、运动场地、材料提供、观察与指导等，包括在运动环节中教师结合天气情况对户外和室内运动的预设等，一级一级分支延展。

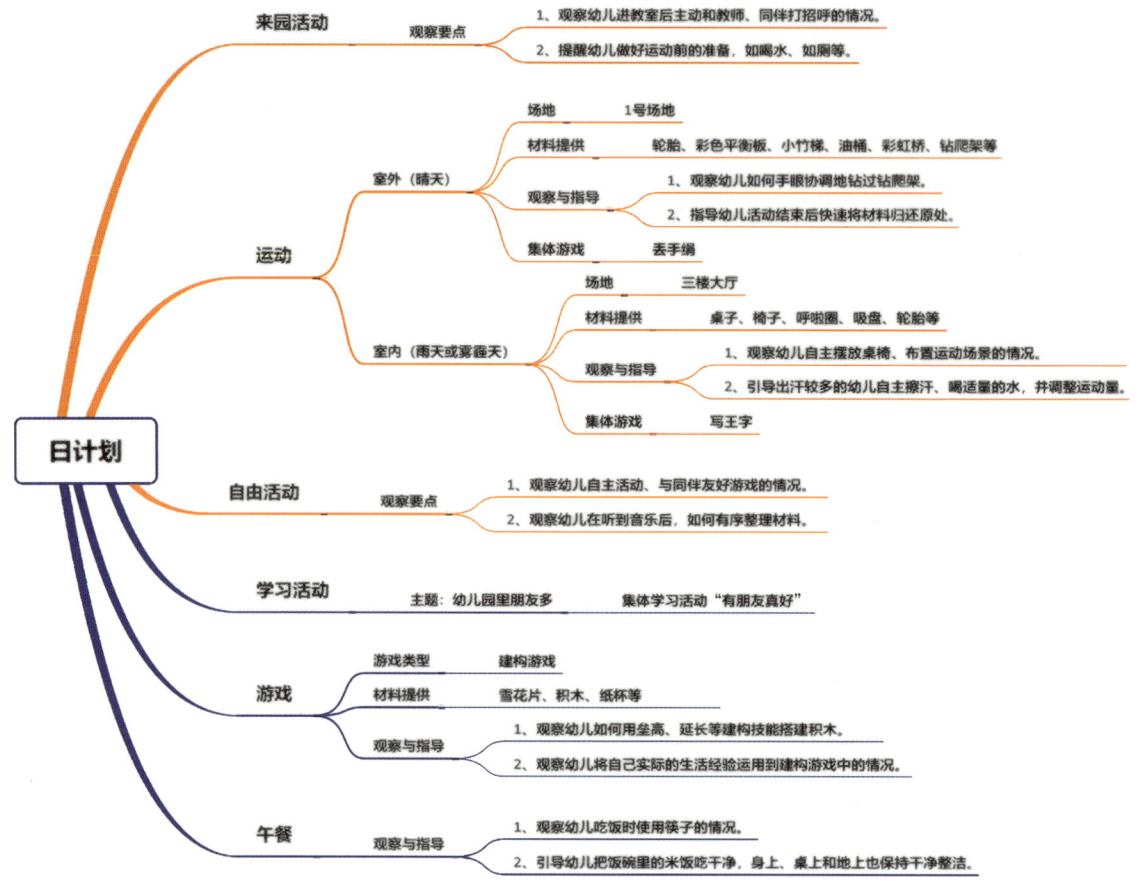

图 5-3

应用二　厘清日常工作

我们尝试将思维导图运用到教师的日常工作中，用思维导图式的工作模式，让教师从一学期、一个月、一个星期的工作入手，进行整体性的思考与规划，找到诸多事情之间的关联，将诸多工作合并，化繁为简，以提高工作效率并提升工作能力。

一、教师案头资料整理

在学期初，教师可以采用括号图对需要撰写的案头资料进行罗列并提炼出关键词，作为括号图的主要分支，如游戏观察记录、专题研究、个案跟踪、故事表演等。然后，将游戏观察记录中可以撰写的案例一一罗列出来，对专题研究的内容进行提炼，对故事表演需要收集的资料进行梳理。在进行层级的梳理、发散思考与关联之后，进一步寻找、提炼出能够进行合并，或者相互之间有关联的资料。比如，可以把收集的故事表演案例资料作为专题研究的过程性资料，同时将游戏观察记录、专题研究资料作为故事表演的基本内容。

通过寻找案头资料之间的相同内容与不同内容，教师可以将诸多的案头资料化繁为简，合并相同内容，找出相似内容。比如，游戏观察记录是一手资料，每月或每周的故事表演资料是资料的归纳整理，最终形成的梳理总结就是专题研究。运用思维导图可以快速找到相似内容之间的关联。

在学期末，也可以用思维导图进行复盘整理，做新的计划。

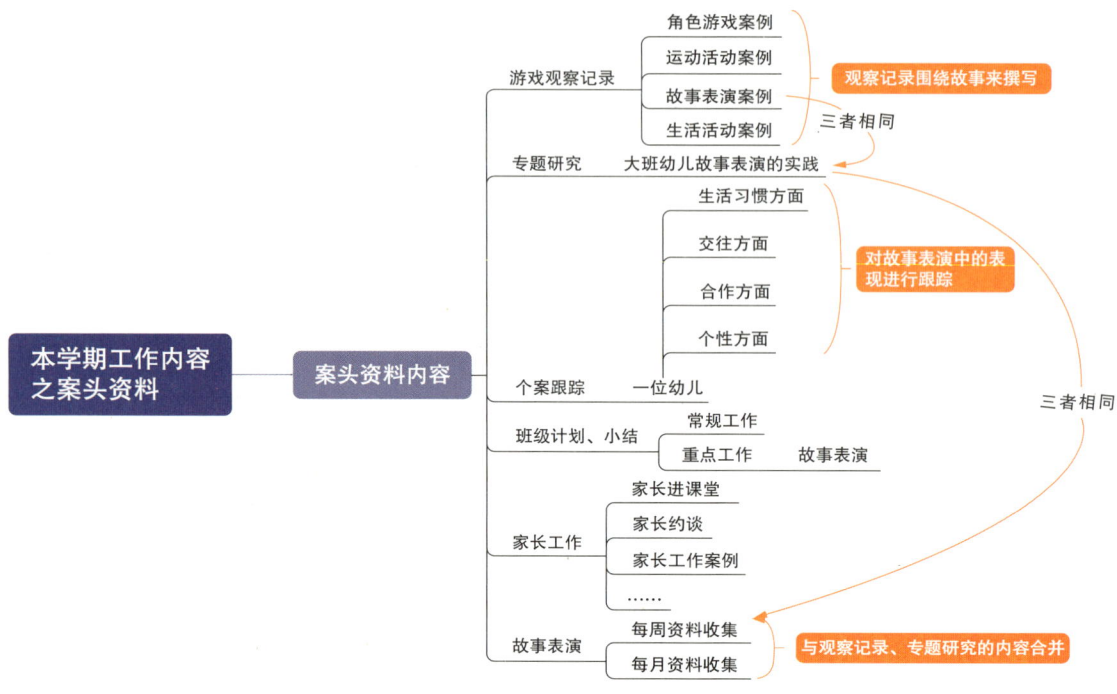

图 5-4

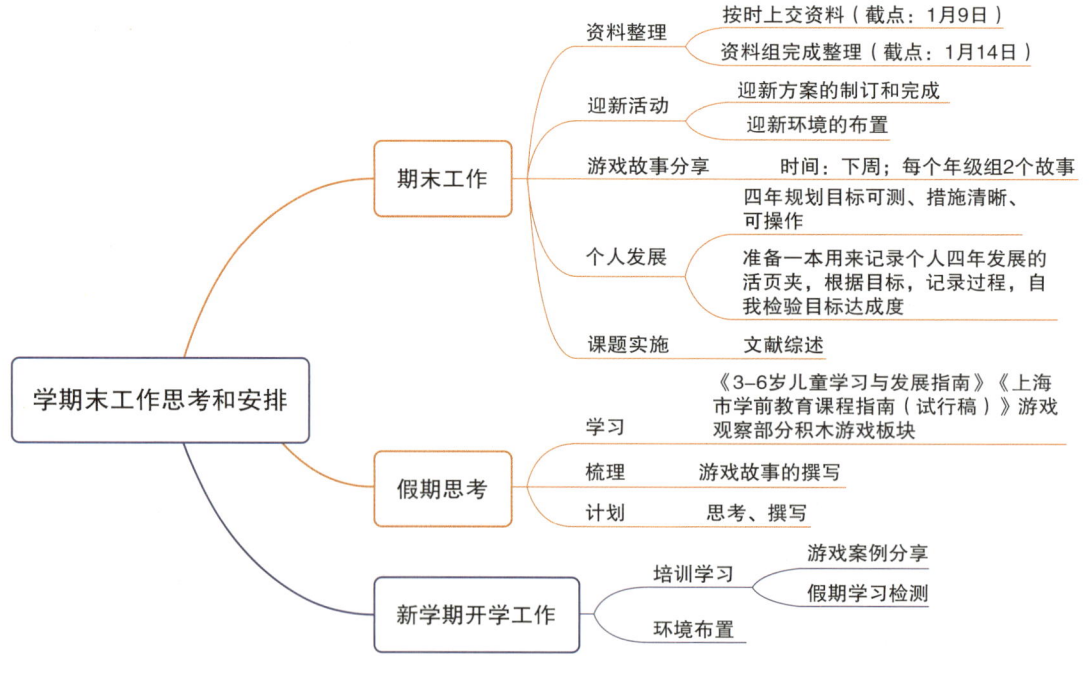

图 5-5

二、检视与反思一周工作

（一）检视一周工作完成情况

首先，确定中心主题——一周班务工作。

然后，根据主题，分成资料、实施和家园共建，再进行细分。比如，资料类有周、日计划，主题计划，备课，家长会记录；实施类有生活板块的环境创设和做法梳理、运动板块的室内运动器械制作、游戏板块的新材料投放、学习板块的主题下的学习活动以及自然角的创设；家园共建分支下有家长会和个别幼儿家长访谈。

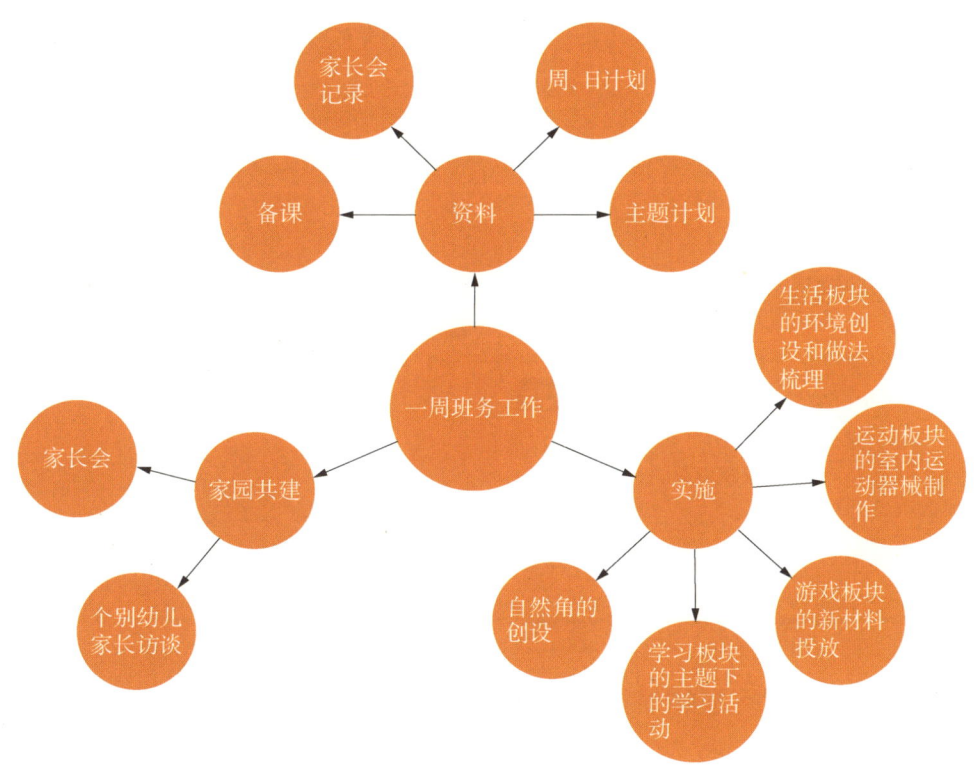

图 5-6

（二）反思一周工作中存在的问题

我发现上周在开展班务工作时，最大的问题就是：班里幼儿迟到很严重。所以，我就选用了鱼骨图对问题成因进行思考。

首先，在鱼头处注明问题：幼儿迟到严重。

然后，分析可能是哪几个方面的原因，比如，幼儿园、家庭、幼儿自身。

最后，罗列成因。如，幼儿园方面：门禁宽松、随时可进、规则不强。家庭方面：祖辈包容、时间观念薄弱。幼儿方面：意识薄弱。

通过对问题成因进行梳理分析，我可以有针对性地思考如何解决这一问题。

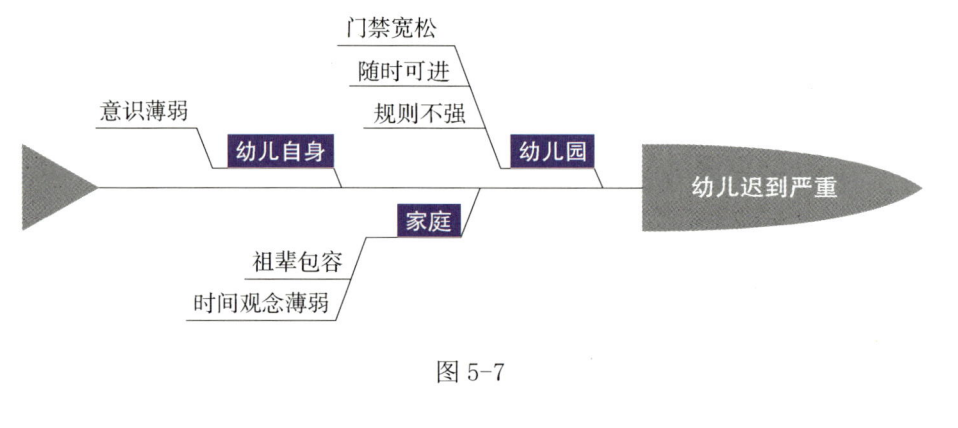

图 5-7

（三）制订解决问题的对策

接下来，根据成因分析，进一步思考问题的解决方法。这一次使用的是鱼头在左的鱼骨图。

同样，首先在鱼头处写上问题：改善幼儿迟到现象的对策。

接着，分析成因，并罗列。

最后，进行相应的对策梳理。比如，幼儿园：实行门卫联合管理，迟到的话，必须教师与家长会面交流后幼儿再进班；严格按规定时间放幼儿入园；班级教师严格把关。家庭：组织一次线上沟通；推送一篇相关的育儿文章。幼儿自身：打卡活动；谈话活动。

实施这些方法后，我发现我们班幼儿迟到的情况明显好转。

看来，使用思维导图对日常班务工作的开展情况进行反思，能让我们准确地看到问题，并采取相应的对策以及时解决问题。

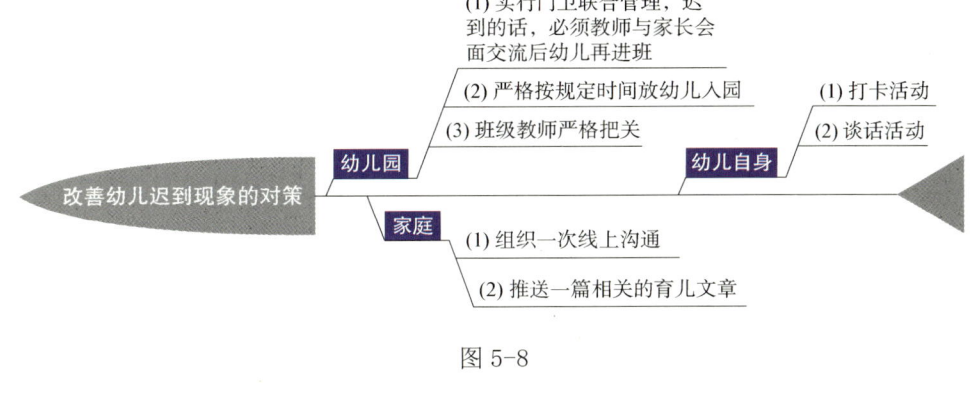

图 5-8

三、近期重点项目

又到了一年升学季。大班阶段的幼升小工作也随之来临。大班老师们在会议室集体聆听信息专管员传达和解读上级有关部门关于本学年的幼升小工作的政策。

由于第一次接触幼升小工作，老师们听完政策解读后，显得有些茫然与不安。

年级组长听到了，也感受到了老师们此刻的担心和畏难情绪，说："各位老师，今天我会将本次幼升小工作每个阶段需要做的事情以及完成时间整理后发给各班作为参考，大家也可以根据我整理的内容再结合自己班级的情况做微调。"

年级组长用思维导图梳理和罗列了有关幼升小的各项工作。

中心主题是：幼升小工作。

主分支是规定时间内需要开展工作的三个阶段，即第一阶段（3月30日—4月7日），第二阶段（4月8日—4月23日），第三阶段（4月26日—4月30日）。

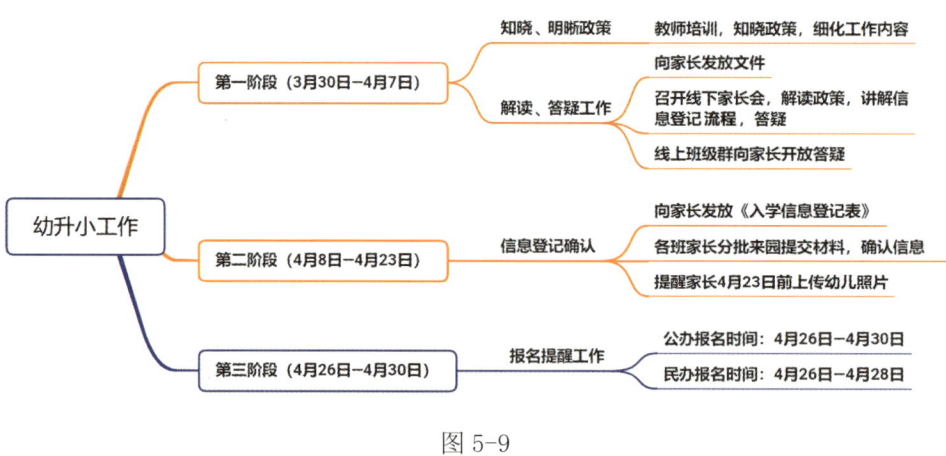

图 5-9

子分支是每一个阶段需要完成的事情，分别是：第一阶段，教师知晓、明晰政策并做好家长政策答疑工作；第二阶段，信息登记确认工作；第三阶段，报名提醒工作。

　　细化分支是对应各阶段工作的具体内容。比如，在信息确认阶段，教师需向家长发放《入学信息登记表》，安排家长分批来园提交材料并确认信息，提醒家长在规定的时间内上传好幼儿的照片。

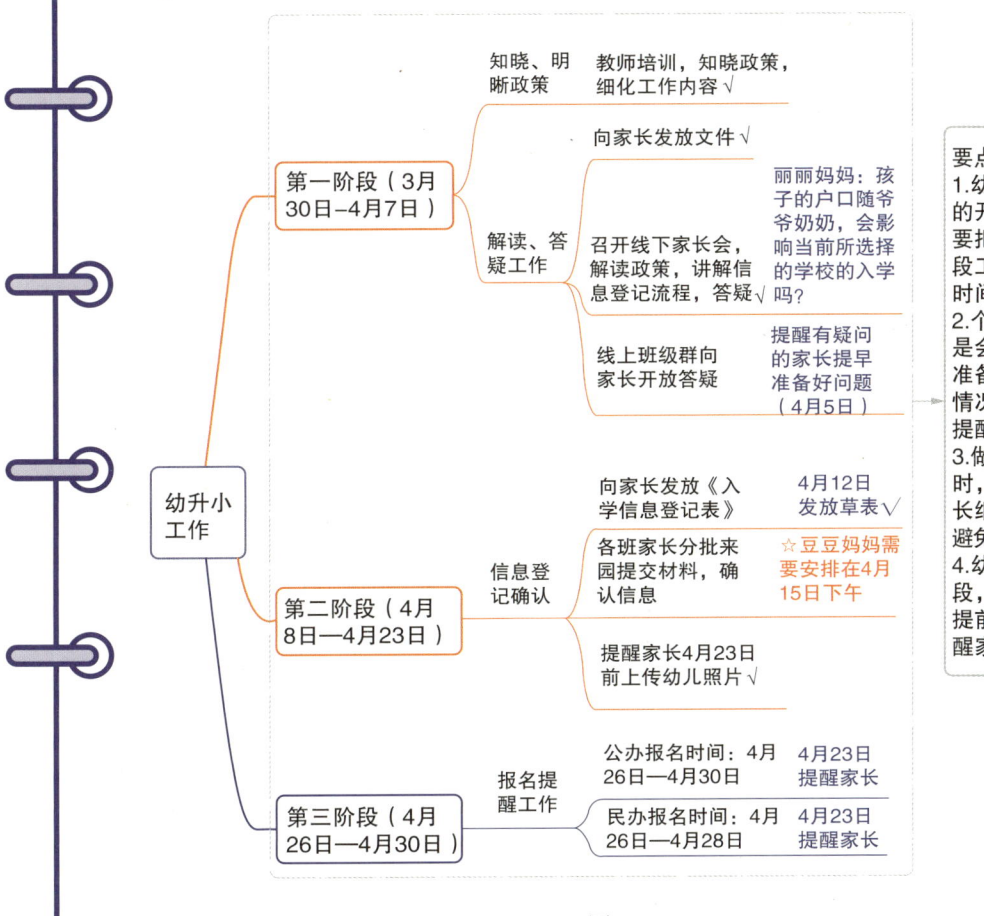

图 5-10

　　某教师用组长给的这张图来对班级幼升小工作的完成情况进行记录、提醒和反思。比如，完成一件事情后就打个钩；又如，根据组长安排的时间，把需要完成事情的时间往前移一天或两天，以应对突发的事件；另外，根据自己班级的情况，对特别重要的事情用其他颜色注明，以提醒自己。最后她还在这张图的右边加了要点提示，用来思考和梳理本次工作，以确保在各个重要节点顺利完成各项幼升小工作。

幼升小工作从启动到完成的整整一个月中，包括解读答疑工作、信息登记确认、报名提醒工作等环节，看似简单琐碎，但每一环节的工作都需要教师的细致、严谨、耐心，可说是一项不小的工程。教师借助一张简单的思维导图经常提醒、对照和反思，圆满地完成了此项工作。

应用三　班级常规的制定与实施

幼儿园班级常规是指幼儿在幼儿园一日活动中应该遵守的基本行为规范，包括生活常规、学习常规、游戏常规。良好的常规对于班级保教秩序和幼儿身心发展都具有重要的意义，有助于建立良好的班级活动秩序，保证幼儿的安全，培养幼儿的良好习惯，促进幼儿自律能力的发展。因此，在幼儿园里建立良好的班级常规是非常有必要的。

思维导图作为一种思维工具，在班级常规建立和值日生工作中的作用同样不可小觑。

一、班级公约中的运用

1. 困于"闹腾"

中二班的幼儿们在九月份升入了大班，成为了幼儿园里的大哥哥、大姐姐。然而，班级常规非常混乱。佳佳和雯雯老师为此而感到烦躁、焦虑。

于是，她们开始苦苦求索，并带着班级的幼儿们一起建立公约，践行公约。

孩子们放学后，佳佳老师和雯雯老师面对面坐着，讨论一日活动中幼儿在遵守常规方面存在的一些问题，并用圆圈图的方式记录：来园迟到现象严重；搬椅子时喜欢用单手拖；部分幼儿午餐时有浪费食物的现象；部分幼儿自由活动后没有将物品及时整理归位；部分幼儿倾听习惯较差，喜欢打断别人说话或注意力不集中；幼儿与同伴的关系不太融洽，常出现争抢或争吵的情况；有些幼儿午睡时会小声说话或哼歌；幼儿自理能力有待加强，如穿脱衣服、包肚子等；幼儿没有主动打招呼的习惯。

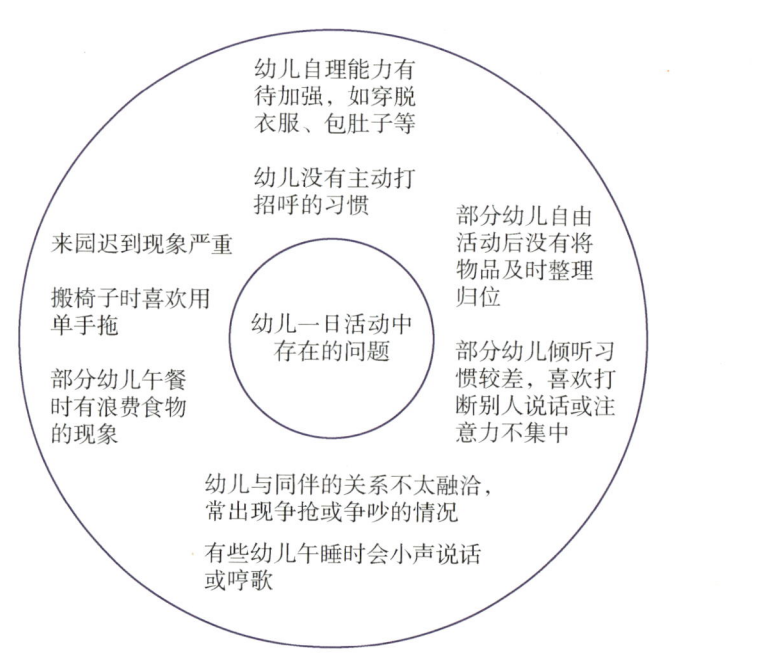

图 5-11

先在内圈里写下关键词，接着又在外圈中把幼儿一日活动中出现的各种问题一一罗列出来，细细数来共有九条。

通过这样一种记录的方式，佳佳和雯雯老师厘清了她们班幼儿在常规方面需要调整的主要问题，这为她们后续和幼儿共同商量、出台班级公约明确了方向。

2. 制定公约

一天，佳佳老师选了一个集体学习活动的时间，就常规问题和幼儿们进行谈话，组织幼儿们针对存在的问题，提出大家认为可以成为班级公约的内容。有的幼儿说"我们要好好吃午饭，不能浪费粮食"，有的幼儿说"老师上课的时候，说话要举手"，还有幼儿说"上完厕所要及时把水龙头关上，不能浪费水"。另外，幼儿们还提出"不迟到""午睡要安静""要有礼貌"……总之，幼儿们七嘴八舌提了很多要遵守的事情。老师把幼儿们提到的这些规则一一记录下来。

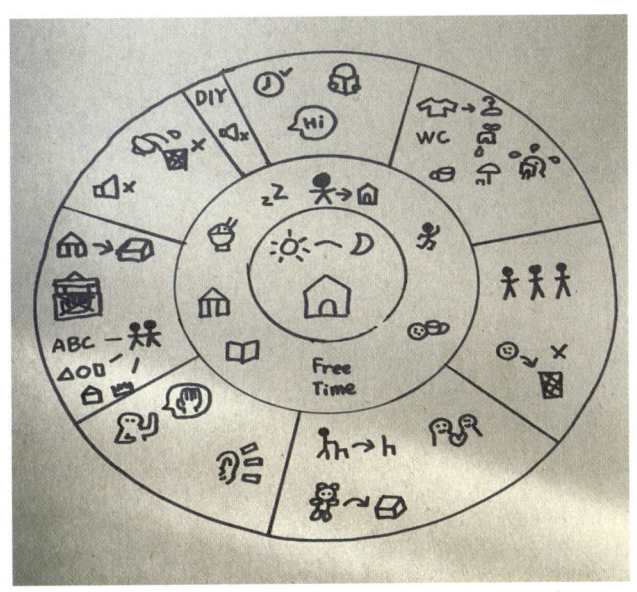

图 5-12

老师使用圆圈图，在内圈中记录中心主题——我们的一天。

然后，在外圈记录下幼儿提到的所有需要遵守的规则，比如：不迟到、节约用水、礼貌待人等。

接着，老师结合这些规则进行发问。

师：这么多规则有的小朋友记不住该怎么办呢？

幼1：我们可以请值日生提醒他们。

幼2：还可以把它们画下来贴在教室里。

师：你们觉得哪些规则你们已经做得很好了，不用提醒了？

幼1：自由活动，我觉得自由活动的时候我们都可以安静地玩，不用提醒了。

幼2：我觉得我们的坐姿也进步了，原来坐得不好的现在也坐好了。

幼3：还有睡觉、脱衣服、叠衣服，应该也不需要提醒了吧。

师：吃饭的时候我们有哪些规则需要遵守呢？

幼1：吃饭的时候不能讲话。

幼2：三个碗里的食物都要吃完。

幼3：吃完后要自己打扫桌面。

幼4：还有吃完以后要把小椅子搬出来。

老师接着说："看来，你们对自己提出的规则有很多的想法，认为有的已经做到了，不需要出现在我们的班级公约中，有的必须出现在公约中。另外，大家也提到了我们要把这些规则画出来，张贴在我们看得到的地方。"

老师指了指记录下来的公约内容，说："孩子们，你们可以用绘画的方式把你们提到的每一条规则画出来。"

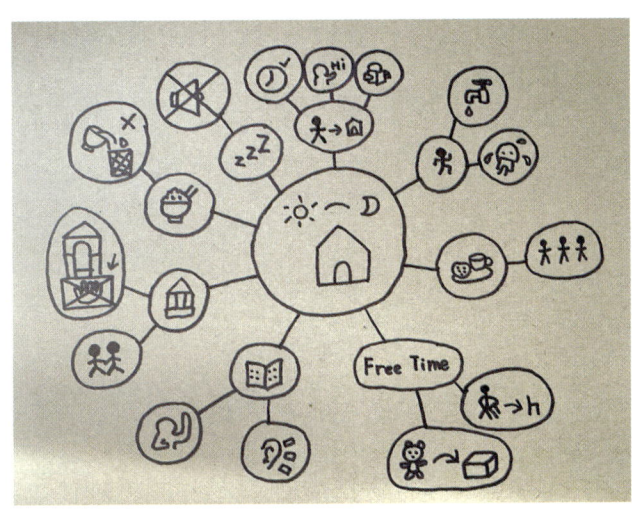

图 5-13

3.绘制公约

于是，在老师的指导和鼓励下，幼儿们自行展开小组讨论，并开始用他们的方式呈现每一条公约。

图 5-14

班级公约产生之后，为了方便记忆与落实，老师和幼儿们又一起把班级公约编成了朗朗上口的儿歌：

> 饭菜粮食，要珍惜；
>
> 学会倾听，互尊重；
>
> 有序排队，耐心等；
>
> 团结友爱，一起玩；
>
> 上课发言，要举手；
>
> 节约用水，我最棒；
>
> 按时到校，不迟到；
>
> 午睡时间，要安静；
>
> 搬动椅子，用双手；
>
> 玩具书籍，都摆好；
>
> 照顾自己，我能行；
>
> 学会礼貌，问声好。

老师在组织幼儿讨论、制定班级公约的过程中使用了幼儿容易理解的圆圈图，引导幼儿们结合实际一起发散思维，制定了班级公约，并将公约呈现在每一位幼儿都看得到的班级一角。

4.使用公约

班级公约一经面世，幼儿们都显得有点兴奋。很快地，开学时班级里的你争我抢、有些混乱的情况越来越少。雯雯老师和佳佳老师对班级管理的信心也越来越足。虽然有时候还会出现个别幼儿不遵守常规的情况，但只要两位老师直接带着幼儿来到班级公约前，让幼儿看一看班级公约或者念一念儿歌，幼儿很快就能调整好自己的行为。在班级公约的影响下，幼儿能够自我提醒和约束，也学会用班级公约互相提醒和监督。

就这样，大二班的常规慢慢好转，幼儿们的行为规范逐渐建立起来，师幼之间、幼儿之间的配合也越来越默契。

图 5-15

二、值日生工作中的运用

为了提供给幼儿参与劳动、交流、分享的机会，培养幼儿的独立性，为幼小衔接做好准备，教师在每个年龄段都会尝试安排值日生工作。不少教师也会将值日生管理作为班级常规的一个重要方面，并制定值日生的做事规则。于是有了下面的案例。

第一步：值日生要做哪些事？

包老师在今天的学习活动时间特别安排了和幼儿们聊一聊"值日生要做哪些事"的话题，要求幼儿们按小组进行讨论，并用气泡图的方式把小组商量好的值日生要做的事情记录下来。

幼儿们一边讨论着，一边用气泡图进行记录，并且向大家介绍、分享。

第一组：表示睡觉、叠桌布、收玩具、放书包、排桌椅、收牌子、喝水、吃点心时需要值日生（图5-16）。

第二组：认为收玩具、睡觉、吃饭、喝水、放图书时需要值日生（图5-17）。

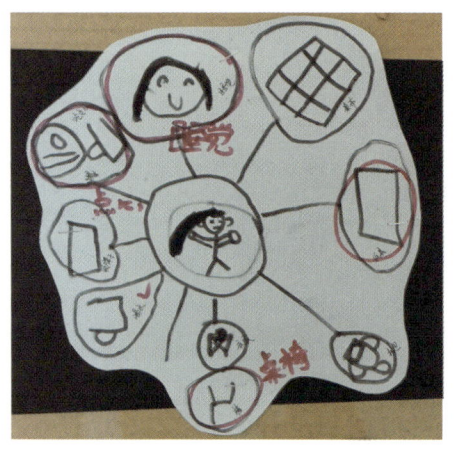 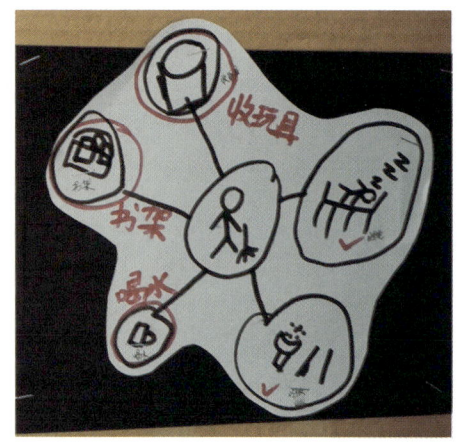

图 5-16　　　　　　　　　　　　　图 5-17

第三组：值日生需要做的事很多，除了刚才小朋友说到的，在运动的时候也需要值日生（图5-18）。

第四组：排队、喝水、吃饭、睡觉这四件事需要值日生（图5-19）。

 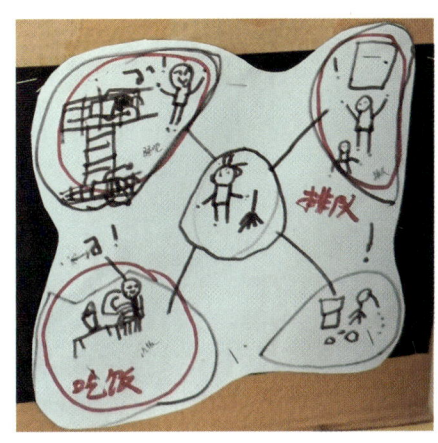

图 5-18　　　　　　　　　　　　　　　图 5-19

接着，幼儿们开始寻找这几张气泡图中相似的内容，经过大家的讨论，将认为需要安排值日生的事情用红笔圈出来，并在随后几天讨论值日生具体需要做的事情。

每一组幼儿都用气泡图的方式，先确定中心主题，用图符表示值日生，然后由中心主题延展出去，以图符表示值日生要做的事情。

第二步：怎么做好这些事情呢？

当各组完成对值日生要做的事情的梳理之后，有一位幼儿说："我觉得值日生在看小朋友午睡的时候，还要看看小朋友的衣服是不是都放好了，还有他们是不是在睡觉前上过厕所了。"另一位幼儿说："对的，还要看鞋子是不是也放整齐了。"

包老师说："是的，看来要做好值日生工作，我们还需要像辰辰和凯凯说的这样，把你要管理的某一件事情安排清楚。那就请你们各自选择一件你认为值日生应该做的事情，用气泡图把这件事画出来。"

幼儿们听清楚要求之后，接着继续行动，没过多久一张张关于午睡怎么管理、午餐怎么管理、如厕怎么管理的气泡图都相继制作完毕。

睡房管理员（图5-20）：

① 提醒大家尽快进入睡房。

② 提醒大家把衣服裤子折叠好，不会的幼儿其他人可以教他。

③ 提醒说话的人不能说话，不要影响别人。

④ 提醒大家抓紧时间睡到被窝里。

⑤ 最后看看大家是否闭上眼睛睡着了。

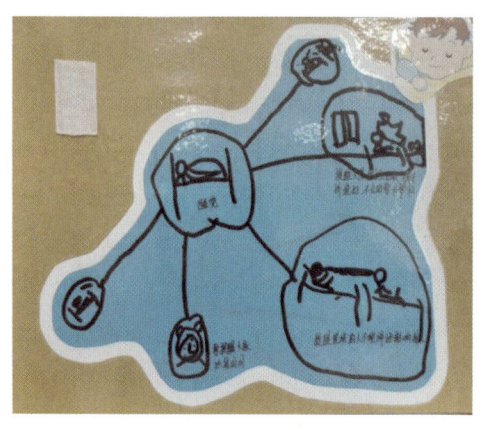
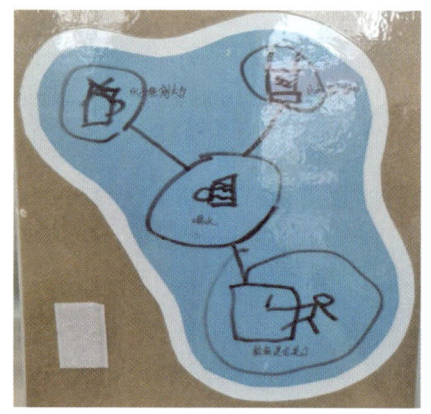

图5-20   图5-21

喝水管理员（图5-21）：

① 提醒大家水杯的"小耳朵"朝外放。

② 检查大家喝完水后是否把茶水桶盖好了。

③ 提醒大家水不能倒太多。

洗手值日生（图 5-22）：

① 提醒大家不能玩水。

② 让大家用七步洗手法洗手。

③ 提醒大家洗完手要关水龙头。

④ 闻一闻手，检查是否用了洗手液。

图 5-22

图 5-23

桌椅值日生（图 5-23）：

① 可以找朋友帮忙一起整理桌椅。

② 桌子要排整齐。

③ 椅子要排整齐。

图书管理员（图 5-24）：

① 整理好书架上的书。

② 提醒大家书朝一个方向放。

③ 可以找朋友一起帮忙整理。

图 5-24

图 5-25

午餐管理员（图 5-25）：

① 提醒大家洗好手自己拿饭。

② 提醒大家吃饭时不能说话。

③ 提醒大家吃完饭把桌子收拾干净。

点心管理员（图 5-26）：

① 提醒大家吃点心时不要聊天。

② 没有座位时，提醒大家排队等待。

图 5-26

③ 提醒大家吃饼干时用盘子接住饼干屑。

接下来的每一天，幼儿们都按照包老师带领他们共同制定的值日生"工作要点"，有条不紊地开展值日生工作。当然，这些值日生工作要点也是每一位幼儿在日常生活中需要遵守的规则。

从此，在包老师的班级里，听到最多的一句话就是："你做起来真像样！"

值日生工作带动了整个班级常规的建立和幼儿常规意识的养成，值日生的责任感强了，幼儿们的规则意识也提升了。

应用四 家园沟通

为了提升家园沟通的效果，教师可根据不同的沟通对象尝试选择不同的方法进行沟通。实践表明，运用思维导图作为沟通前的思考工具和沟通时的演示工具，有助于改变沟通的方式、提高表达的效果，让与家长沟通这件事变得不再难。

一、班级家长会中的运用

小丽和小群两位老师都是工作三年以内的新教师，一听到新学期家长会召开的日期确定了之后，就有些紧张和焦虑。不过，她们很快就冷静下来，何不尝试一下把刚学会的思维导图运用到家长会上呢？用可视化思维工具把需要与家长沟通的话题和内容梳理清楚，到时候只要看着思维导图就可以有条不紊、不慌不忙地跟全体家长交流了。

根据小班幼儿新入园的情况，她们俩给这次家长会定下的主题是：陪伴，让孩子快乐成长。随后她们一边讨论，一边开始绘制。首先，在中心主题下分出三块内容：园所介绍、教师介绍以及家园合作。根据幼儿入园一周以来的生活情况和行为表现，她们决定从新生入园行为的表现类型的分析入手，结合部分家长出现的心态和采用的应对策略，将沟通的重点内容落在幼儿入园初期应做的各项准备以及近期班务工作安排上。接着，她们将入园初期准备划分为生活习惯、心理准备以及物品准备几个沟通要点。

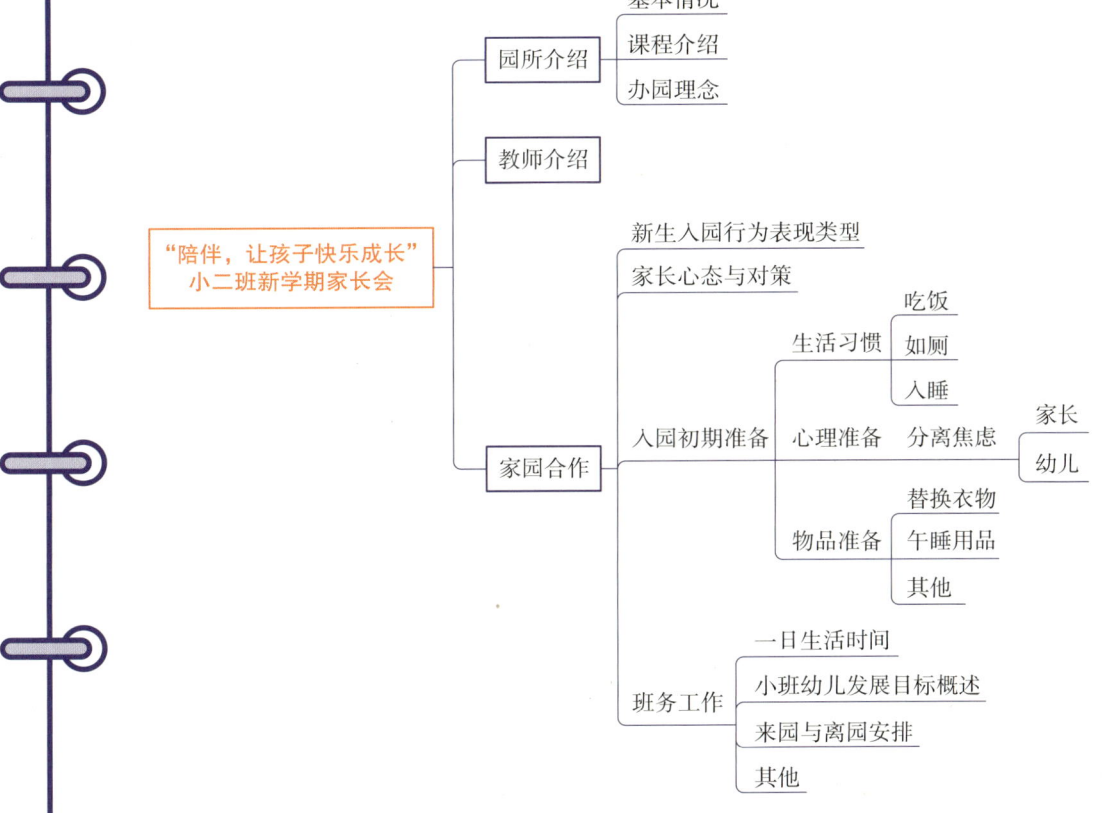

图 5-27

为了控制好这次家长会的时间长度，老师把会议流程分为三部分，并分配好相应的时间，即基本情况介绍 15 分钟（18:30—18:45）、重点工作介绍 60 分钟（18:45—19:45）、互动答疑 15 分钟（19:45—20:00），以提醒自己在和家长沟通时把握好时间节奏，避免拖沓、超时。

　　为了使整个家长会的安排更具逻辑性、进一步突出幼儿入园适应这一中心议题，老师对环节内容也做了进一步优化，如将重点工作介绍分为回顾和聚焦两个分支，回顾——介绍开学第一周的幼儿园生活，聚焦——分析幼儿入园一周的行为表现类型和家长的需求及想法，最后根据这两点提出"陪伴"的具体做法、重点及建议。

　　调整后的思维导图，整体架构更完整，目的更明确，流程更合理，用词更准确。一图在手，知道自己要说什么，怎么去说，什么是重点，什么可以简明扼要地说。

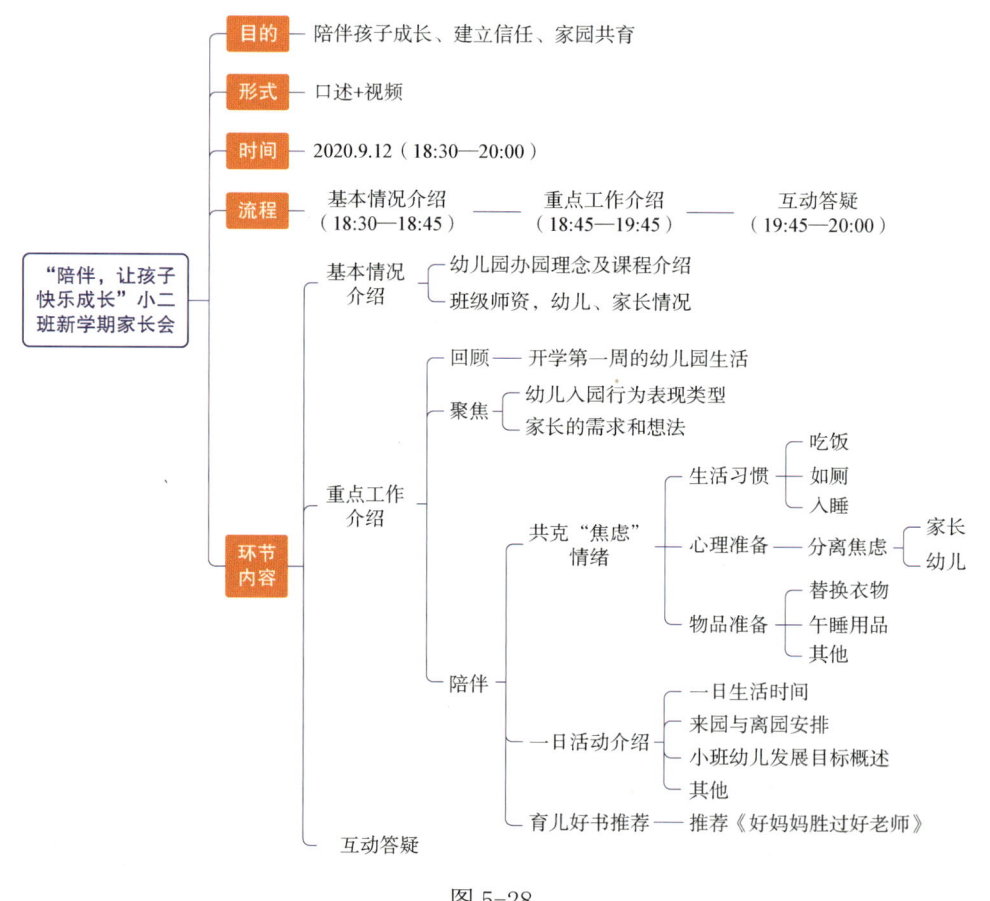

图 5-28

二、家长面谈

以下案例是一位大班的班主任老师和家长关于孩子做事缺乏坚持力的一次家园沟通。

芊芊平时兴趣广泛，什么都喜欢，什么都让妈妈给她报名参加。芊芊妈妈告诉老师，芊芊最近做事情没有坚持力，比如弹琴这件事，还没弹几遍，就坐立不安。下象棋也是这样，刚下了几分钟，就开始问"我们还需要下几盘？"……班主任一边听着芊芊妈妈的倾诉，一边拿笔在纸上画图，待芊芊妈妈说完，班主任拿起了下面这张图（图5-29），对芊芊妈妈说："你看，芊芊的兴趣广泛，你都给她报班了。可是，一天的时间就这么多，她忙得过来吗？"

一张简单的气泡图，将芊芊妈妈给芊芊报的兴趣班都清楚地呈现出来。当芊芊妈妈看着这张图时，愣了一下。孩子的一天除了吃喝拉撒睡，还要有一些自由玩的时间，哪里还有精力去完成这么多的兴趣爱好呢？而对于父母而言，一旦报了班，总想看到孩子好好学、学出好的成果。正因为这样，芊芊妈妈才犯愁。

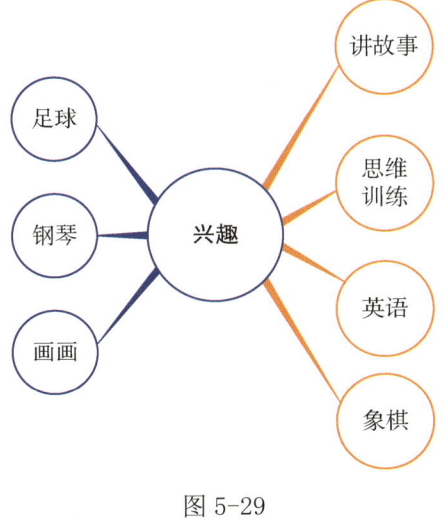

图 5-29

接着，这位班主任跟芊芊妈妈边聊边画。整张思维导图的中心主题是"缺乏坚持力"（见图5-30），她们在沟通的过程中围绕芊芊做事缺乏坚持力进行分析。

第一，在"是什么"里，班主任和这位家长共同探讨了什么是一个人的坚持力，并且用橙色分支表示，说明其重要和关键。

第二，她们一边回看前面那张关于芊芊兴趣的气泡图，一边分析芊芊做事缺乏坚持力的原因，认为主要是兴趣多与时间不够之间的矛盾，让她无法静下心来长时间地坚持做完一件事。同时，这个年龄段的孩子本身坚持力和有意注意的时间也有限。通过分析，芊芊妈妈看到了自己的问题所在，急于求成和看重结果的心态让她犯愁和显得焦虑。

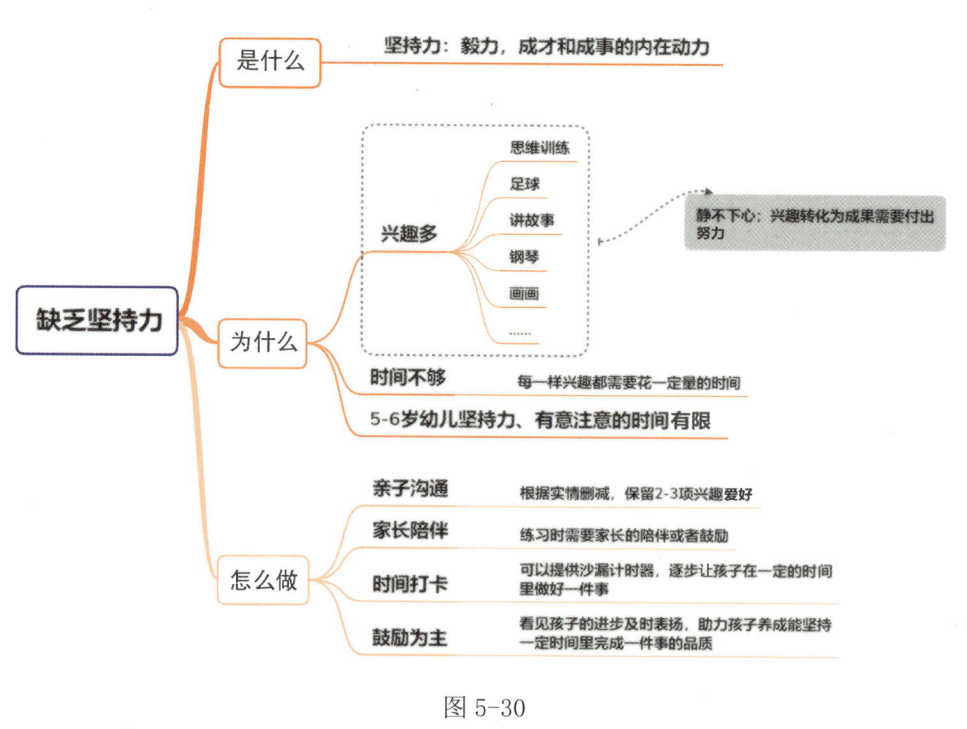

图5-30

第三，这位班主任根据芊芊和芊芊妈妈的当前情况，一边沟通一边罗列了一些做法，比如亲子沟通、家长陪伴、时间打卡、鼓励为主等。这些方法既方便又有针对性，可以帮助芊芊妈妈解决芊芊做事缺乏坚持力的问题。

这样的沟通顺利又高效，整个过程也是轻松愉快的。本次沟通结束时，这位家长还向班主任索要了这两张图。

作为一名班主任老师，与幼儿家长就孩子的身体状况、饮食习惯、个性脾气、人际关系等进行沟通可谓是家常便饭。像这位班主任一样，采用边聊边画的方式，更直观、更易懂，有助于信息的传递和互动，可大大提升沟通效能，让幼儿教师与家长双方在短时间里达成共识。

第六章

思维导图在教师
成长中的应用

美国著名作家马克·吐温说："若要安全无虞，去做本来就会做的事；若想要真正成长，那就要挑战能力的极限，也就是暂时地失去安全感。当你不能确定自己在做什么时，起码要知道，你正在成长。"

经过多年的实践和研究，我们发现，思维导图的学习与训练可与幼儿教师的教育教学工作紧密结合，广泛运用到幼儿园管理和幼儿教师的教研、教学、组织一日生活活动等各项工作。同时，学习与运用思维导图可以改变幼儿教师的教育教学方式、提高工作效率和教育教学水平，对提升思考能力、反思能力、写作能力、总结提炼水平、语言表达等具有显著效果。

本章我们将继续解读思维导图在阅读、写作和个人成长规划等方面的运用，助力教师个人在专业能力和综合素养方面的进一步成长。

应用一　阅读力成长中的应用

博赞先生在其新版的《启动大脑》一书中曾介绍过一个令人惊叹的案例。

1982年，英国高中学生爱德华·休斯参加了普通水准考试。考试结果与大家预料的一样，不是"B"就是"C"，跟平常没什么两样。不久，他的父亲乔治把《启动大脑》这本书推荐给他，并教给他如何绘制思维导图、学习及进行研究的方法，于是爱德华满怀信心地回到学校。他宣布，今后每门课的成绩都要得"A"，并且一定要进入剑桥大学。可想而知，老师们都对他的想法感到不可思议。有的老师认为，以他的成绩，恐怕连剑桥大学的边都沾不上！另一位老师则劝他别犯傻，认为他的成绩多半只能得"C"。爱德华则说，他不仅要参加剑桥大学的入学考试，而且还要写申请奖学金的论文。

在爱德华的坚持下，学校最终同意让他参加考试，但要他支付一笔数目不小的考试费。后来，学校又知会剑桥各学院，说校方对这名特殊学生能进入剑桥并不抱什么希望。面试时，剑桥的学监把学校对他的看法直接告诉了爱德华，并且说他也同意学校的看法。

爱德华并不气馁，继续执行"启动大脑"的计划并积极锻炼身体。用他自己的话说："考试越来越近，我对两年来的学习笔记进行了小结，并把它们制成了思维导图。然后给思维导图涂上颜色，突出重点，并为每门课制作了一幅巨大的大师级思维导图，而且有时还为每门课程的各主要章节制作了思维导图。通过这种方式，我能弄清楚一些更详细的内容是在何处、以何种方式组合起来的。同时，我对课程本身也有更好的整体性认识。就这样，我坚持每周复习一次思维导图，越临近考试越有规律。我试着不看书或笔记来练习我的记忆力，根据我的记忆简要地画出各门课程的知识以及我的理解，再将这些思维导图与我的大师级思维导图进行对照，找出其中的差别。

此外，我还研究优秀文章的写作风格和组织脉络，并以自己的思维导图为基础来练习短文的写作。能完成这些学习任务全靠我一直注意锻炼身体。我的身体状况越来越好。我发现好的体魄使我的注意力格外集中。俗话说，有健康的身体才能有健康的大脑，有健康的大脑，才会有更健康的身体。我对自己的感觉越来越好，对功课也越来越满意。"

大约半年后，爱德华参加了剑桥大学的入学考试，成绩揭晓：地理 A，地理奖学金论文优秀，中世纪史 A，商业研究 A 和两个优秀，四门考试的等级全部达到顶尖学生水平，引起相当大的震撼。

上了剑桥大学后，爱德华首先研究了"普通学生"的学习习惯并总结说，一般英国学生往往花 12—13 小时去阅读一篇文章，做条列式笔记，并阅读所有可能与之相关的书籍，然后再花两三天的时间写读书心得报告。爱德华把思维导图用在拟定读书计划上，一周五天，每天花三小时把书的内容整理成思维导图，然后快速阅读，有任何想法就随时增减。然后根据拟定的读书心得大纲，就能在 45 分钟内写完一篇读书心得报告。大学毕业考试时，爱德华获得了 4 个 A 级与两个特优的好成绩。

看完爱德华的故事之后，相信很多人和我一样，在感叹思维导图的神奇之处的同时，不由心生羡慕，甚至跃跃欲试。

当然，不少老师也会有疑问：为什么我看书的时候，常常感到读起来津津有味，可事后却回忆不起来，再次看到又有一种似曾相识的感觉？为什么我在学习上从来没有体验过爱德华所说的那一种神奇效果？事实上，从教育目标分类学的视角来看，"似曾相识"说明学习者达成了"提取"中的"再认"目标，回忆不起来说明尚未达成"提取"中的"回想"目标。"回想"要比"再认"更困难，需要更为丰富的线索或多次的复习背诵。仅靠看一两遍书，做一些条列式笔记，是很难达到爱德华所说的那一种效果的。

　　阅读的过程是信息输入的过程。而笔记、交谈、绘制思维导图等则是对输入的信息进行加工和表达，是信息输出的过程。如果只阅读而不思考、不整理，就是只输入却不输出，这样的阅读大多是无意义、无价值的。阅读和学习的过程应该是阅读／听讲（输入）——整理数据——记忆重点——输出（如写出或说出自己的想法），四个阶段周而复始的循环过程，能力也在这个过程中得以渐渐提高。

　　在阅读中，运用思维导图就是经历一次甚至两次、三次阅读（输入）——整理提炼——记忆要点——输出（画出导图）的循环过程，可帮助我们复习和整理先前学过的知识，完成对知识的消化吸收和深层次构建，为回想与应用提供更为丰富而有效的线索，因而可以显著提升学习效果。

一、集体共读《游戏力》

　　美国临床心理学家劳伦斯·科恩博士所著的《游戏力》这本书，共有 15 章，300 页，书里虽没有多少深奥晦涩的教育理论，却也洋洋洒洒达到 21 万多字。对大多数读者来说，一般浏览一两遍，记住其中几个有趣的例子，然后从中摘录一些名言或关键词句。随着时间的推移，过不了多久，大家对这本书的框架和主要内容的记忆开始变得模糊甚至很快淡忘，可能只记得书名和个别例子。可见，用传统的方法阅读一本和专业有关的书，虽然花了不少时间和精力，但最终的收获和个人成长却相当有限。那么，借助可视化的思维工具（不限于思维导图），我们可以怎样阅读这本《游戏力》呢？结果又会有何不同呢？

　　为深入开展"让幼儿在自主游戏中的学习看得见"这一主题教研活动，引导大家主动学习和探讨幼儿自主游戏的理论依据与实践参考，我们曾组织过一场关于《游戏力》的集体共读活动。同时，通过借助可视化的思维工具，制订共读方案、厘清本书的章节架构、找出书的主要论点、整理书的细节、摘录关键词，以帮助大家进一步认识游戏对幼儿成长的作用和意义、学会游戏的观察及解读、掌握游戏的方法与技巧，并锻炼分析、归纳和整理的能力，进而提升思考力与阅读力。

　　负责策划与组织本次集体共读的老师们将本书的共读活动分成五个阶段：准备阶段、阅读阶段、梳理阶段、分享阶段和总结阶段。这与一般的阅读相比明显不同，增加了准备阶段、梳理阶段、分享阶段和总结阶段。整个共读活动的时间跨度长达五个星期，其中每位老师自行阅读的时间虽然有三周，但每天只要求阅读半小时，加起来大约十小时。梳理、分享和总结阶段则需要各小组成员之间互动配合并共同完成。

表6-1　学习地图

阶　段	思考题	要　求	形　式
准备阶段 （10/26—10/29）	什么是"游戏力"？ 怎么理解书名 playful parenting？	分别认真阅读"共读方案"，了解具体的阅读要求和时间节点。	自　学
阅读阶段 （10/30—11/20）	作为教师，运用好"游戏力"的前提是什么？ 你会"观察"孩子吗？能正确"解读"孩子的游戏行为吗？你是如何做的？作者对幼儿行为的解读是基于怎样的观察，我们如何借鉴？	每天保证半小时阅读时间，建议在21:30—22:00；对有所触动的部分及时做好标注或批注。 阅读时重点关注书本所传递的思想和做法。如用游戏力养育孩子的五个工具：联结、解开绳结、身体游戏、用积极暂停取代消极暂停、蓄满空杯。	自　学
梳理阶段 （11/21—11/28）	调查、征集读书中的"照镜子"时刻，对书中描述的能映射出自己现实生活中相同片段、做法、语言的地方做记录。 寻找、积累自己身边的"游戏力"小案例。 完成《游戏力》读后感的撰写。	为人师表，我们需要什么？填满孩子"爱之杯"的重要方法是什么？ 好作品的价值不仅在于它既有的内容，更在于它留给我们的空间。请问读完本书后你的疑问、你的思考是什么？你的行动有哪些？	自　学

（续表）

阶　段	思考题	要　求	形　式
分享阶段（11/29晚上21:00—22:30）	书中最触动我的"游戏力"是什么？ 我曾使用过的"游戏力"有哪些？ 最受用的"游戏力"有哪些？ …… 实践案例分享	小组发表、参与微信互动，教研员点评、小结	共　读
总结阶段 （11/30以后）	小组完成共读活动小结，中心组制作公众号		

在共读正式开始前，老师们还根据本书内容、结合阅读目的和时间安排，将本书的学习要点转化为各阶段阅读的思考题，提出每个阶段阅读的要求、形式，并绘制成学习地图（见上表），以帮助全体参研教师明确阅读的重点和要点，引导大家有目的、有重点地深度阅读这本书。

通过阅读后的"复盘"，我们发现，虽然大家能够了解和理解本书的整体框架和基本内容，但缺少对整体内容阅读之后的梳理与输出，也没有给其他参研教师带来太多有价值的启发和借鉴。

于是，老师们借助博赞式思维导图进一步梳理和提炼对《游戏力》这本书的理解和体会。把看到孩子（尝试读懂）、看到《游戏力》（尝试运用）、看到我们自己（尝试改变）这三个层面作为本书内容的三个主分支，然后对这三个主分支及与其相关联的信息进行梳理，循序渐进地进行思考和整理，提取重点、梳理逻辑关系，最后形成系统、完整、可视的知识图谱，帮助大家记忆、复习和巩固知识要点，尝试运用所学的游戏知识技巧并反思自身行为如何改变（图6-1）。

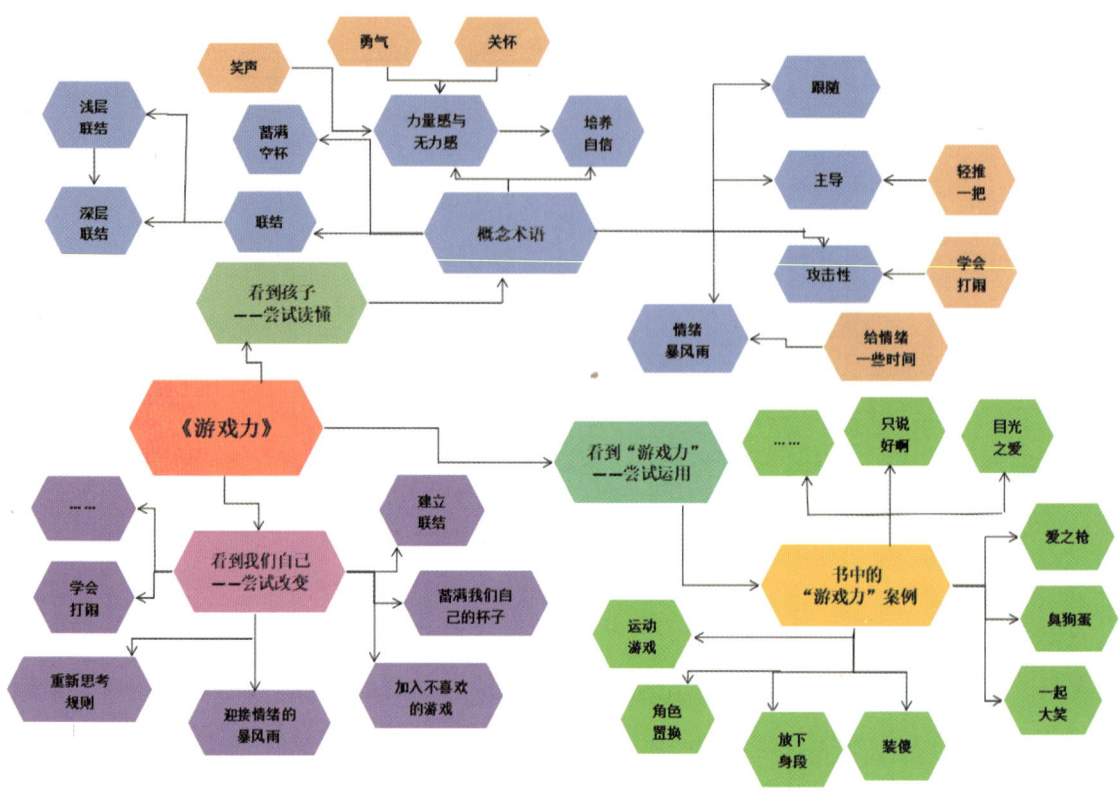

图 6-1

二、提炼游戏案例记录

当阅读具体案例时，我们则可运用思维导图来提炼重点，寻找关键词，解构案例，从而进一步读懂和吃透案例。

中班开学第二周，角色游戏时间，瑶瑶来到娃娃家就脱鞋坐在地上开始摇桌子。我拿着打印好的儿歌歌谱坐在娃娃家的沙发上念。我一边念一边偷偷关注着离我一米远的瑶瑶的反应。

只见瑶瑶立即停止了摇桌子，"噌"的一下从地上爬起来，来到我身边，靠在我身上，目光专注地看着纸上的歌词。这时候的我，故意停止了念儿歌。

她着急地叫："王老师，念！"看着她急切而热烈的样子，我确定儿歌是她喜欢的。于是，我重新开始念儿歌："××、××，瑶瑶最爱的××。"我稍作停顿。"听，××在唱歌。"她看着儿歌内容竟然念了出来，我有些诧异，不禁感慨：瑶瑶认字可真多呀！我接着往下念："唱的什么呀？"

"瑶瑶、瑶瑶，穿好鞋子来游戏。"瑶瑶不紧不慢地接话。

"瑶瑶，那快把鞋子穿上吧。"我提醒道。

"再念，再念！"瑶瑶并没有理会我。

"瑶瑶，快把鞋子穿上吧。"我再次提醒。

"再念，再念！"瑶瑶一边着急地大声叫着，一边从地上拿了鞋子放在桌上，却没有要穿的意思。

"瑶瑶，你穿上鞋子，我给你念儿歌。"我语气坚定地重复着。

然而，瑶瑶并没有拿鞋子穿，她的目光始终在儿歌歌谱上。我开始给她穿鞋子，她配合着伸出一只脚。其实我的内心是纠结的，这个搭襻鞋，她是会穿的，为什么不坚持让她自己穿好鞋子再给她念儿歌呢？但她的情绪和动作告诉我，她是愿意穿鞋的，甚至还配合着把脚抬起来让我帮她穿，这是以前没有的，我想也算是一个良好的开端吧！

就这样，穿好鞋子的瑶瑶紧挨在我的身边，继续听我给她念第二段儿歌，那股兴奋和热情实在让我感动，看得出瑶瑶真的很喜欢这首儿歌。一起念了两遍后，瑶瑶就能够和我你一句我一句地完全不用提醒地把儿歌念出来。就这样，她很快学会了儿歌。

接下来几天，我时不时地跟她一起念儿歌，还会根据现场情境和需要进行改编。如，吃饭时间到了，几次请她搬椅子吃饭，她仍无动于衷，我就开始念儿歌：瑶瑶、瑶瑶，搬好椅子来吃饭。她听后马上就做了，说明这首儿歌对她来说还是很有效的。

像这样用大段文字记录的案例，首先我们可以一边通读，一边根据起因、经过、结果厘清思维导图的主干。

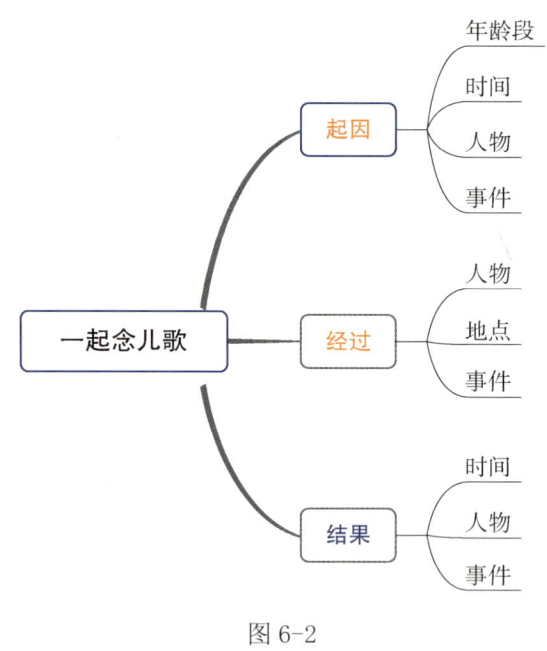

图 6-2

然后，细化各分支并用连接线表示不同信息之间的关联。

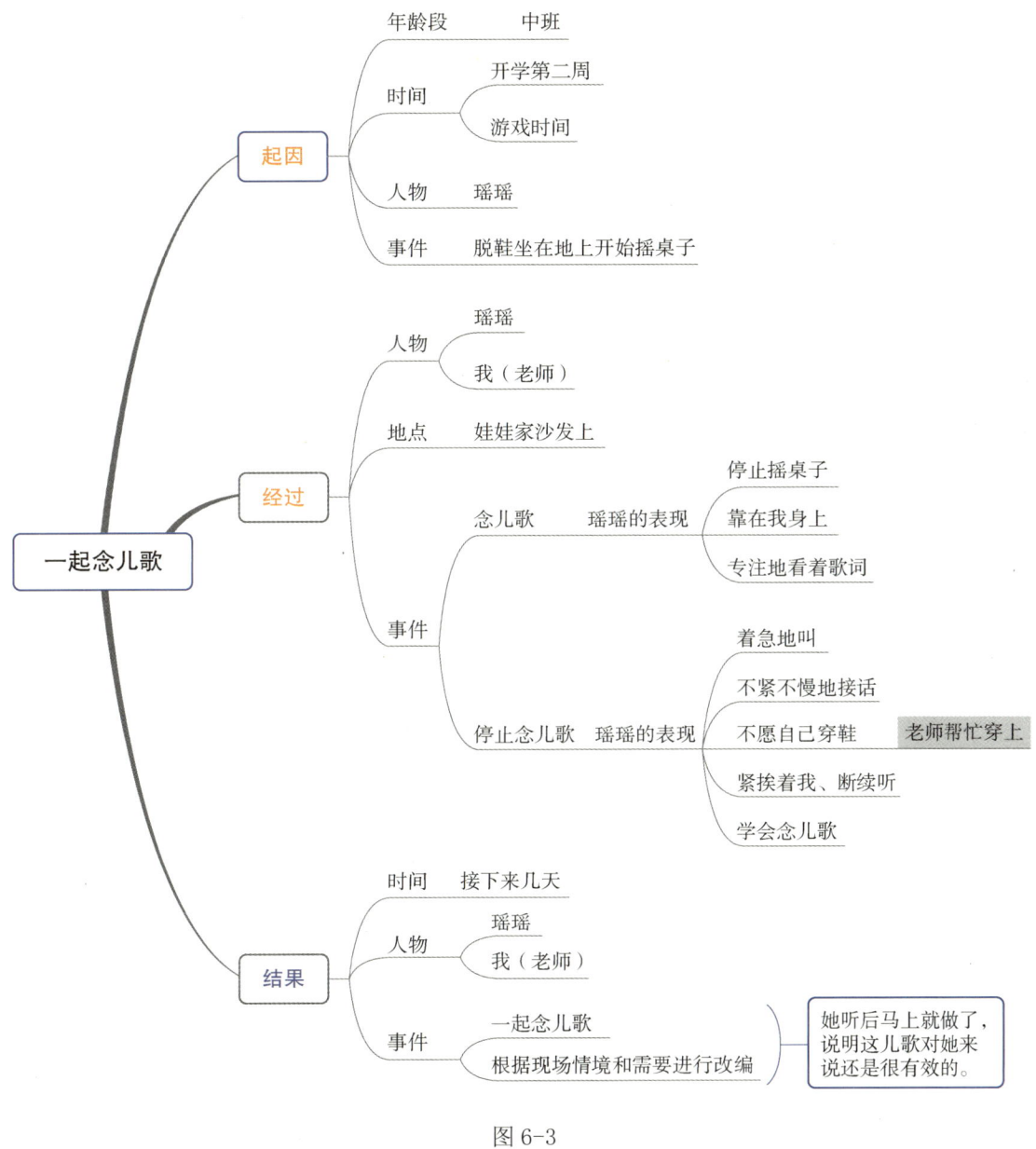

图 6-3

最后，还可以在特别重要的地方加上与内容有关联的彩色图符，增强视觉吸引力与记忆效果。

三、阅读图画书《我的地图书》

图画书是孩子们最喜欢的读物，也是幼儿园开展语言活动时经常使用的素材之一。

图画书作为教师和幼儿互动的载体，需要教师在阅读过程中对图像与文字传递的意义加以诠释和解读。教师应深入研究，读懂画面和文字，把握其中的内涵意义，以帮助幼儿更好地理解图画书所要传递的重要价值。

图画书《我的地图书》表现的是"我"生活的方方面面，有助于促进幼儿对自己生理状态、心理状态、人际关系及社会角色的认知。这本图画书与幼儿园当前主题活动之间的结合点也容易找到，因而可以作为主题活动素材。

研读时可以从以下几个方面分析解读：

（一）内涵分析

《我的地图书》是一本将地图概念扩大延伸，表现作者生活的方方面面的图画书，书中共有 12 幅地图，包括我的藏宝地图、我家附近的地图，甚至我的肚子上也有一幅地图。这本地图书，就像一个孩子天真的自传，幼儿在阅读该书时可以从书中的"我"迁移到自己身上，发现人与人之间既有许多共同点，也有自己与众不同的地方，认识和欣赏自己的特点，从而更加认可与悦纳自己。

（二）角色分析

《我的地图书》是一本属于"我"的书，这里的"我"，不只是作者，也包括每位融入到地图书里的小读者。作者希望读者把这本书当作自己的地图书，所以在每一页，都留了空白，让读者可以在"我"的图中添上自己的五官、在小公园画上跷跷板，真正把这本书变成"我"的地图书，这种参与式的阅读非常符合好奇、好动的幼儿心理。

（三）绘画特点分析

画面色彩。书中画面的色彩采用了红、黄等暖色调，亮丽且童趣十足，对孩子的吸引力很大，能有效激发孩子的阅读兴趣。

画面构图。画面的构图有以中心为主的，即把地图的主要特征画在画面的中间，突出重点，便于孩子认知，如我的心地图；也有以时间轴来布局的，如我的一天地图是按时间顺序把画面分割成几个部分来展开的；还有散点式构图，例如我家附近的地图等。这些不同而有趣的表现方法可引导孩子们发现事物之间的关系，提升孩子归纳与总结的能力。

（四）幼儿阅读反应分析

我们将《我的地图书》投放在部分幼儿园大班的图书角并跟踪记录幼儿在自主翻阅本书时的表现和特点。

从阅读时的语言与兴趣反应看，多数幼儿看得懂画面内容，知道每一幅地图在讲什么，有些地方不仅看得很仔细还会加入自己的解释。例如，在阅读"我的一天地图"时，两个孩子指认着每一个字，并异口同声地念出来："我的一天地图。"有些内容和画面不仅会引起孩子们的注意与兴趣甚至会引发惊奇或疑问。如有的幼儿说："我喜欢那张交通地图，因为我平常喜欢玩开车的游戏。"

从动作与表情反应看，孩子们喜欢这本书，阅读时会一页一页地翻看，能较长时间地集中注意于阅读活动，边看边说，看到有趣的地方还会发出笑声、拍手、指给同伴看，一起分享快乐。

把以上内容总结成思维导图，这样就能清楚地看到研读图画书的要点，便于教师阅读与记忆（图6-4）。

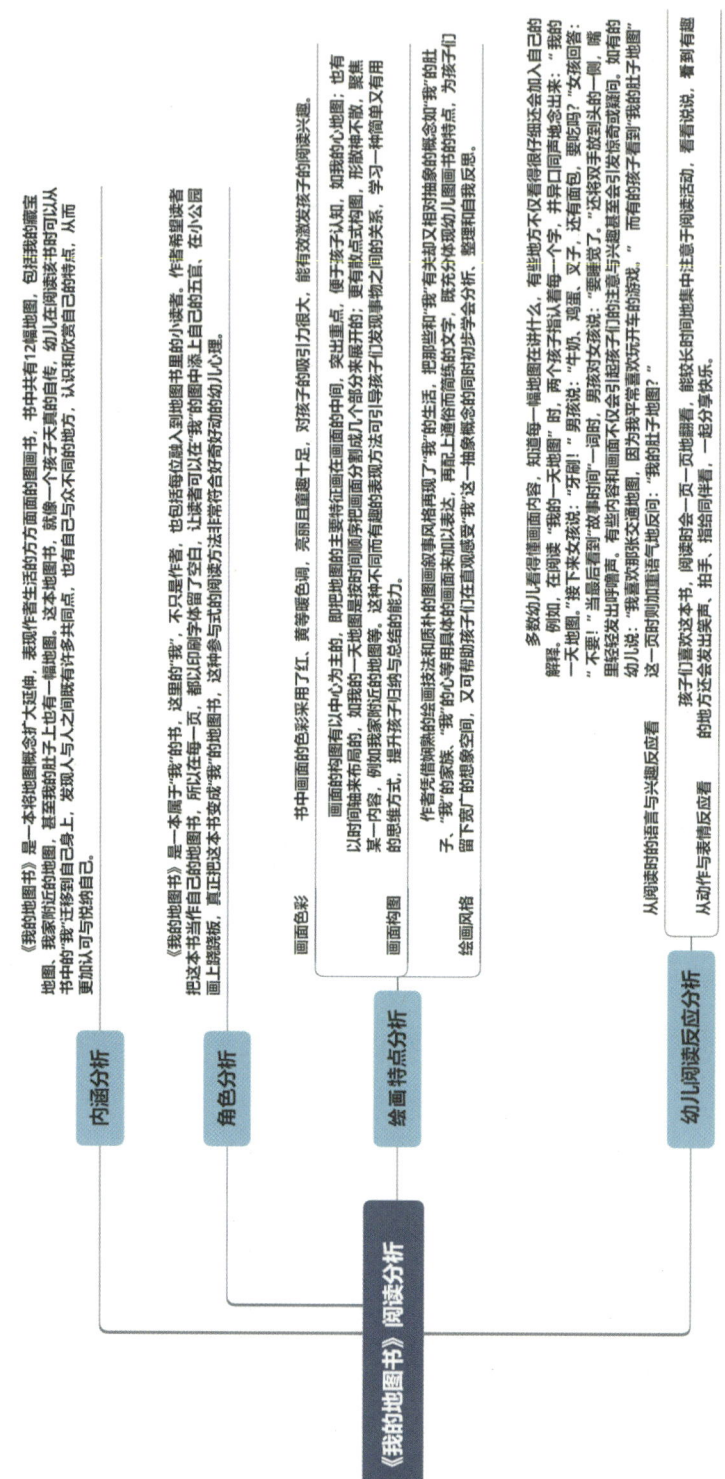

图 6-4

《我的地图书》阅读分析

内涵分析

《我的地图书》是一本将地图概念扩大延伸、表现作者生活的方方面面的图画书。书中共有12幅地图，包括孩子的藏宝地图、我家附近的地图，甚至我的肚子也有一幅地图。这本地图书，就像一个孩子天真的自传，引导阅读该书的幼儿可以从书中的"我"迁移到自己身上，发现人与人之间既有许多共同点，也有自己与众不同的地方，认识和欣赏自己的特点，从而更加认可与悦纳自己。

角色分析

《我的地图书》是一本属于"我"的书，这里的"我"，不只是作者，也包括每位融入到地图里的小读者。作者希望读者把这本书当作自己的地图书，让读者可以在"我"的地图中添加上自己的五官、在云小公园画上跷跷板，真正把这本书变成"我"的地图书，这种参与式的阅读方法才符合好奇好动的幼儿心理。

绘画特点分析

画面色彩　书中画面的色彩采用了大红、黄等暖色调，亮丽且重彩十足，对孩子的吸引力很大。

画面构图　画面的构图有以中心为主的，助把地图的主要特征画在画面的中间，突出重点。《亲子孩子认知，如像的心地图》；也有以时间维度来布局的，如像的一天地图是按照时间顺序排列的，将画面分割成几个部分来展开的；黄有散点式构图、形散而不乱，聚焦某一内容，例如我家附近的地图等。这种不同而有趣的表现方法可引导孩子们观察事物之间的关系、学习一种简单有用的思维方式，提升孩子们归纳总结的能力。

绘画风格　作者先描绘熟悉的绘画技法和构图叙事风格再现了"我"的生活。把那些和"我"有关却又相对抽象的概念如"我"的肚子、"我"的家庭、"我"的脑袋等用具体的画面来加以表达。再配上逼真而精细的文字，既充分地观察幼儿画面书的特点，为孩子们留下宽广的想象空间，又可帮助孩子们注意直观感受"我"这一抽象概念的同时初步学会分析、整理和抒我反思。

幼儿阅读反应分析

从阅读时的语言与兴趣反应看

多数幼儿看得情绪高涨，知道每一幅地图在讲什么。有些地方不仅看得仔细还会加入自己的解释。例如，在阅读"我的一天地图"时，两个孩子指认着每一个字、并异口同声地念出"我的一天地图"。"接下来女孩念：'牙刷!''男孩念：'牛奶、吐里、叉子、还有面包、要吃吗?'女孩回答：'不要!'"当最后看到"故事时间"一词时，男孩对女孩说："要睡觉了，还将双手放到头的一侧，嘴里轻轻发出呼噜声，有些内容甚至会引起孩子们的注意与兴趣甚至引发惊奇或疑问，如有的幼儿说："我喜欢的那张张交通地图，因为我最喜欢玩坐汽车的游戏。""还有的孩子看到"我的肚子地图"这一页时则加重语气地问：'我的肚子呢?'"

从动作与表情反应看

孩子们喜欢这本书，阅读的全一页地翻看，能够长时间地集中注意力阅读活动。看着说、拍手、措涂同伴看，一起分享快乐。

孩子们喜欢这本书，阅读的全一页地翻看的地方还会发出笑声、拍手、措涂同伴看，一起分享快乐。

应用二 写作力成长中的应用

对大多数幼儿教师来说，写作是大家共同面临的挑战和痛点。应用可视化思维工具，可以优化写作的思路，确定所要表达的主题，帮助大家找到和主题相关的材料，明确材料间的关系、事件的顺序，解决先写什么、后写什么的问题，缓解甚至克服对写作的恐惧，充分调动写作的积极性，思维理顺了，就会少出现一些低级错误，文章布局也会更加合理，以达到有章法、节省时间的目的。以下是运用思维导图提升幼儿教师写作力的实例。

一、奇奇会玩游戏啦

几年前，机缘巧合去了一所幼儿园的小四班蹲班。这个班级中的孩子热情、好客。每次见到我，总会大声地呼喊："李老师，李老师……"唯独这个叫奇奇的男孩总是默默地静坐在教室的一角。正如我在文章中写的那样：第一次见到奇奇，他给我的印象是高冷，皱着眉，阴沉着脸，眼睛很少与人交流，也不太与同伴玩。矮小的他总坐在最后一排，听课时不停地把舌头伸出来舔嘴唇四周，再用左手的袖口擦，如此反复，他的袖口总是湿漉漉的，至于老师讲什么他基本不关心……正因为如此，我对他也就倾注了更多的关注和爱护，每周进班我都会留意他的表现并记录，还专门在自己的电脑里为他建立了一个文件夹。

偶然的一次，我打开这个被命名为"奇奇"的文件夹，发现里面关于"奇奇"的记录资料琳琅满目，记录的时间长达半年，其中内容最多的就是关于奇奇从不肯玩游戏到参与游戏的过程。

看到这些，我一下子觉得有点小兴奋，一个个生动鲜活的奇奇参加游戏的画面浮现在眼前：奇奇戴领带了、奇奇做"爸爸"啦、奇奇做"哥哥"了……这不就是我撰写游戏案例的最好素材吗？

于是，我确定了写作主题，就是"奇奇会玩游戏啦"。拿出纸和笔，把这一主题摆在中心位置上，开始头脑风暴，然后把脑海中闪现的每一个相关信息，用简单的文字写下来，直到脑中再也没有新想法为止。借助圆圈图，以发散思考的方式不断拓展案例可以包含的内容。

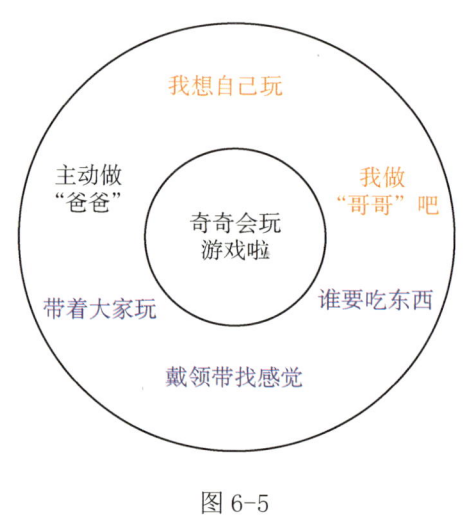

图 6-5

接着，进一步思考和梳理出六个子主题，分别是游戏开始起步——我想自己玩、学习扮演角色——我做"哥哥"吧、尝试发起游戏——谁要吃东西、向往扮演"爸爸"——戴领带找感觉、小角色变主角——带着大家玩、推动游戏发展——主动做"爸爸"。结合每一个子主题，按时间、事件、感受和发现，用博赞式思维导图完成了对这篇游戏故事的架构和内容上的细化，为故事的撰写奠定基础。

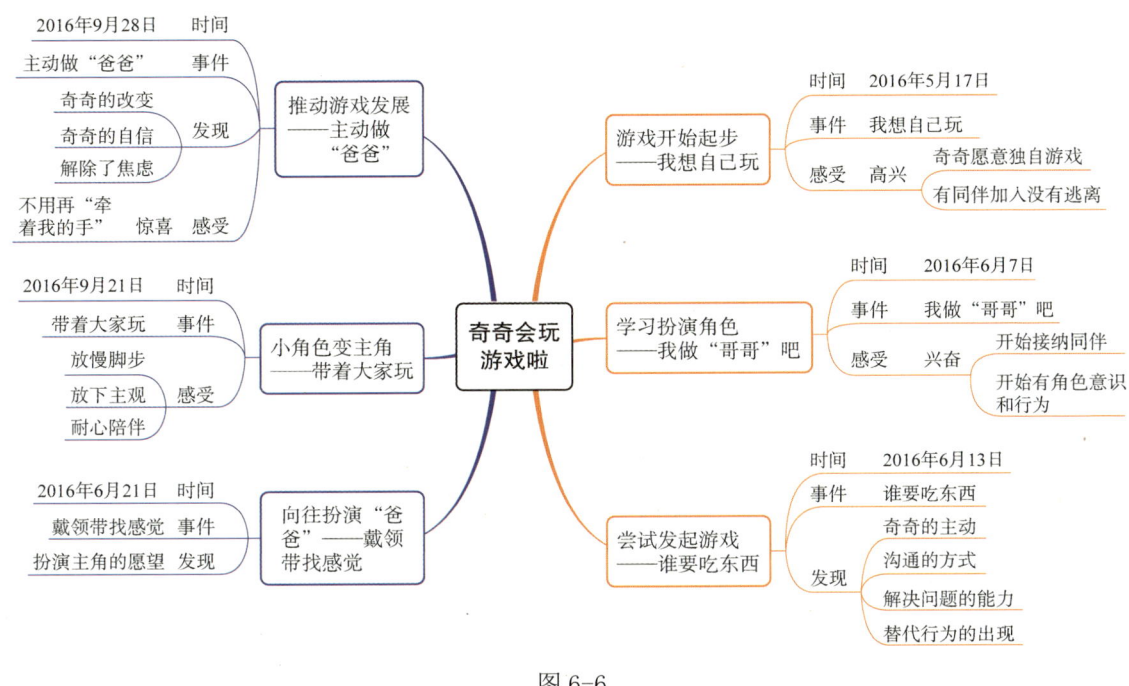

图 6-6

奇奇会玩游戏啦

第一次见到奇奇，他给我的印象是：高冷，皱着眉，阴沉着脸，眼睛很少与人交流，也不太与同伴玩。矮小的他总坐在最后一排，听课时不停地把舌头伸出来舔嘴唇四周，再用左手的袖口擦，如此反复，他的袖口总是湿漉漉的，至于老师讲什么他基本不关心。

小班下学期开学后，我发现游戏时奇奇总是一个人呆呆地站在教室中央，即使老师陪他到某个区域玩，也是老师前脚走，转眼他又站回教室中央。小何老师就这一情况跟奇奇奶奶做了沟通。接下来每次进班级，我总能看到奇奇一个人呆站在那儿，奶奶则在门口鼓励他："奇奇去玩，奇奇去玩，我们奇奇很能干的。"奇奇不动。奶奶又说："奇奇去玩，奇奇去玩，奶奶在这儿看着。"奇奇仍然不动！奶奶有些急了，声音变响，语气也跟着严厉起来："去玩去玩，你看人家小朋友不是玩得很好的嘛！"然后对我们说："我看过心理学书了，也问过其他小朋友家长，他这样是不正常的。"然而，不管奶奶是鼓励还是威逼甚至恐吓，奇奇就是阴沉着脸倔强地站着。有一次奶奶急了，甚至想走进教室来推奇奇。为了缓和气氛，我走过去蹲下身看着奇奇说："奶奶的话让你不开心是吗？"奇奇点点头。我牵起奇奇的手说："我们去四处逛逛好不好？"奇奇没有拒绝。于是，我拉着他的手朝各个区域走去，小医院，奇奇摇头；饮食店，奇奇摇头；建构区，还是摇头；最后我们来到乐乐家。"这里可以吗？"我问道。奇奇轻轻地点了一下头，我们走进乐乐家。奇奇让我在小桌前坐下，从玩具柜里拿出一些碗碟放在我面前，又找来许多塑料蔬果放在碗碟里，说请我吃饭，我开心地谢谢奇奇，并夸很好吃，奇奇更起劲了，在我面前放了更多吃的，堆得像小山一样。看奇奇玩得高兴，我趁机说："奇奇，明天你还来这里玩，好吗？""你也来！"奇奇回答道。我说："明天不行，李老师还有其他工作，不过，我可以请小何老师陪你。"奇奇同意了。

　　我带着牵挂，一周后再次走进教室，看到奇奇一个人在乐乐家独自摆弄着碗碟。看我进去，奇奇马上招呼我坐下，又开始给我做饭。和奇奇玩了一会，我建议他邀请其他小朋友来做客，奇奇愉快的面容瞬间阴沉下来，一言不发。我意识到，陪伴不能真正地解决奇奇的问题，他终须独立面对游戏场景、面对同伴。于是我决定把奇奇作为自己蹲班观察的一个对象，记录他的游戏进程，看看会有怎样的发展与变化。

2016 年 5 月 17 日　游戏开始起步——我想自己玩

今天走进教室，只见奇奇依旧一个人坐在乐乐家的小桌前，摆弄碗碟。过了一会，依依和晴晴来到乐乐家，看见她们进来，奇奇停止了摆弄，呆呆地坐着，依依和晴晴则自顾自地玩娃娃家游戏，互不干扰，这样的状态一直持续到游戏结束。

显然，奇奇已能独自一个人玩游戏，但由于对这个环境还不是很熟悉，对自己的能力也不够自信，所以当同伴进入时奇奇停止了游戏。让我高兴的是他没有逃离，这是一个很大的进步，期待他有更好的表现。

2016 年 6 月 7 日　学习扮演角色——我做"哥哥"吧

今天奇奇走进乐乐家，没有像往常那样径直坐到小桌前摆弄碗碟，而是四处闲逛，打开这个柜门看看，又掀开那个橱柜瞧瞧，神情非常放松。最后他走到料理台前，打开柜门，拿了一个小碗，装了一个面包，坐到沙发上摆弄着。这时，小羽走进教室，我说："小羽，奇奇在这里，你跟他一起玩吧！"小羽走进乐乐家，奇奇没有理睬她，小羽待了一会儿像一阵风一样飘走了。过了一会儿，小羽又回到乐乐家，哼哼唱唱，试图引起奇奇的注意。奇奇依然不理睬，自顾自地在沙发上摆弄着小碗，小羽见状只好走了。奇奇一个人无聊地在沙发上躺了一会儿，又跑到玩具柜前随意翻弄各种玩具。我的耳朵里飘进小燕快乐的招呼声，我悄悄跟奇奇说："小燕来了，你可以邀请她来玩呀。"奇奇一言不发地走过去把她拉进乐乐家，自己则又用小碗盛了一个三明治端着坐回沙发上。过了不久，瑞瑞来到乐乐家，和小燕快乐地说着自己在来园路上的见闻。接着，小燕披上纱巾准备做妈妈，瑞瑞见状也找出领带戴上说自己做爸爸，小燕马上从瑞瑞脖子上取下领带，走到沙发前对奇奇说："你做爸爸。"一边把领带系到奇奇的脖子上。瑞瑞对奇奇说："那你做爸爸，我做哥哥。"出乎意料的是奇奇一把把领带摘下来，说："我不做爸爸，我要做饭。"然后就自顾自地摆弄着面前的碗碟。过了一会儿，小燕主动坐到沙发上和奇奇聊天，瑞瑞也凑了过来，小燕提议瑞瑞做爸爸，瑞瑞马上把领带戴到脖子上，奇奇说："那我就当哥哥吧！"瑞瑞指着沙发上的东西对奇奇说："你怎么把东西弄得乱七八糟的？""我要做饭！"奇奇反驳道。

看得出，奇奇在逐步适应乐乐家的游戏环境，也在接纳同伴的到来，但还没有掌握邀请他人、与他人一起游戏的方法与技巧。让我兴奋的是，虽然奇奇还没有做好当"爸爸"的心理准备，但他选择做"哥哥"说明他有了角色扮演的意识，这是他迈出的建立同伴关系的第一步，只是奇奇的游戏水平还比较低，表现出的是单一的假装情境游戏——烧饭。

2016 年 6 月 13 日 　尝试发起游戏——谁要吃东西

今天乐乐家有四个人，奇奇依旧坐在沙发上，身旁散落着一些碗碟；顺顺挥舞着一把塑料大剪刀上上下下四处空剪着；小燕身披纱巾到处走动，小萱则跟在她身后。奇奇突然叫了一声："谁要吃棒棒糖？请举手。"三个孩子都没有回应。过了一会儿，奇奇又说："谁要吃巧克力豆？还有 100 粒巧克力豆。""我要。"顺顺说。"谁要吃巧克力豆请举手，要不我不知道谁要吃。"奇奇有些不耐烦地说道，顺顺马上把手举得高高地说："我要吃。"奇奇把瓶子递给顺顺，顺顺转过身去假装开始吃，然后把瓶子还给奇奇说：

"吃完了。""扔到垃圾桶里去！知道垃圾桶在哪里吗？"奇奇问顺顺，顺顺朝乐乐家的另一角走去，看到有一个奶粉罐就把瓶子扔了进去，说："好臭啊！"奇奇跟过来，伸头看看，附和了一句："好臭！"又走到橱柜上的一个游戏盒子前面，按了一下，坐回沙发，说："可以看电视了。"顺手拿了一个面包给顺顺，说："你吃完，动画片就开始了。"过了一会儿，奇奇对三个小朋友说："今天我还是当哥哥。"这时祥子希望能够进来玩，顺顺说我们人已经够了，奇奇走过来说："还缺爷爷和弟弟，你可以来做爷爷或者做弟弟。"

今天奇奇主动发起一个游戏，并且主导着游戏的过程和展开，话也明显比以前多了，敢于发表自己的想法了。在游戏中，遇到有新的朋友要加入，顺顺采用直接拒绝的方式，奇奇则采用提建议的方式，这种做法，不仅满足了祥子希望参加游戏的愿望，奇奇也积累了解决问题的经验，有利于游戏的丰富与深入。奇奇的游戏水平在进步，出现了功能性使用表征玩具的能力，如拿方位游戏盒当电视机。

2016 年 6 月 21 日　向往扮演"爸爸"——戴领带找感觉

今天游戏中最有意思的是扮演爸爸的晨晨戴着领带从奇奇面前走过，奇奇从晨晨脖子上取下领带挂到自己脖子上试了一下，又挂回晨晨脖子上，然后走到小衣架旁，拿下夹在上面的领带，挂到脖子上看看，又夹回去，再取下来戴上，反复几次，最后还是将它挂回衣架。

随着游戏次数的增加，奇奇慢慢感受到自己的能力，开始有了做游戏中主要角色的愿望和尝试，也表现出他对环境和人际关系的"胜任感"，离真正做"爸爸"的日子也许不远了。

2016年9月21日　小角色变主角——带着大家玩

走进教室，看到奇奇和大齐、小羽、晓晓等几个人手上各自套着动物玩偶，在玩表演游戏。奇奇手上套的是一只小老鼠，只见他举起小老鼠说："小老鼠来了，快跑。"小羽和大家假装害怕地拿着玩偶（兔子、狐狸）躲到桌子底下。晓晓把表演台放到桌上，大齐提议演黑猫警长。"你会吗？很难的！"奇奇说道。于是大家接着无主题游戏，奇奇举着小老鼠跳着、追着，其他几个孩子则躲着、逃着，奇奇开心地笑着，和先前的奇奇判若两人。

虽然今天孩子们玩的是表演游戏，但奇奇从只是游戏的旁观者到成为游戏的主角，带动大家一起玩游戏，走过了一段不算短的时间。由此我感受到陪伴孩子游戏就像陪伴一只蜗牛散步，我们需要放慢脚步，放下自己的主观想法，耐心等待孩子的自我突破与成长！

2016年9月28日　推动游戏发展——主动做"爸爸"

今天的角色游戏时间，孩子们商议后决定玩过生日的游戏，奇奇主动提出做乐乐家的"爸爸"。他安排"妈妈"去工艺坊买礼物，自己则从洗衣机里抱出很多衣服，放到烫衣板上，细心地一件一件叠好，回过身看到小桌子很乱，他又开始收拾桌子，接下来又去帮"弟弟"祥子烧烤，又拿起吸尘器吸地板上的灰，甚至把地垫掀开来吸灰尘，那份仔细、专注，连小何老师都忍不住感叹奇奇是小暖男！随后奇奇又打电话给超市，请他们快递一个蛋糕过来！又和"姐姐""妹妹"用榨汁机榨汁，为庆祝生日做准备。

游戏结束时大部分孩子都离开了乐乐家，只见奇奇又默默地一个人拿了几个小箱子把杂物一一放进去，乐乐家顿时显得很整洁。分享时小何老师邀请奇奇说说今天做爸爸的感想，站在众人面前奇奇似乎有些不知所措，磕磕巴巴地说不清楚。见状小何老师建议奇奇拿个小箱子过来，以便让大家知道他都做了些什么事。奇奇走到乐乐家，把箱子搬过来，干净整洁的箱子引发了同伴的赞叹，奇奇脸上有着小小的得意。小何老师请奇奇坐回位置上，让我惊讶的是奇奇没有回到最后一排自己的位子上，而是一个人来到教室后面的空地上，轻快地扭动着身体，快乐地舞动着，那一刻他的表情是那样地开心、轻松。看到我注视着他，奇奇不好意思地停了下来，又恢复了那副高冷的模样。此时此刻，我想对他说的是："尽情跳吧！宝贝！李老师也为你高兴！"

今天是奇奇第一次做"爸爸"、第一次带着大家玩有组织有情节的装扮游戏、第一次在众人面前分享，乐乐家满足了奇奇对爱和安全感的需要，对赞扬和认可的需要，这些快乐的心理感受和愉悦的心理感觉，唤醒了奇奇沉睡的心灵，满足了他的心理需要，让他变得自信、果敢。

不知不觉地，奇奇在乐乐家已经玩了几个月，充裕的时间给了奇奇探索尝试各种角色的机会，不断重复的游戏情节使他逐渐熟悉并掌握周围事物，宽松的环境使他尽情投入，愉快地享受游戏带来的欢笑、自信、满足等积极的情绪体验，虽然他仍不愿意去"小医院"或"建筑工地"等地方玩，但从独自游戏到平行游戏再到合作游戏，奇奇的游戏形式在改变；从边缘到中心，奇奇的游戏角色在改变；从不能到我能，奇奇的游戏感受在改变。游戏过程中，奇奇从不理睬人到主动与人说话，从单一的摆弄行为到扮演假想的角色，他变得更主动、更自信了，也找到了和小伙伴们接触交流的方法，体验到了自主感和安全感。看来游戏除了愉悦的功能，还有疗愈作用。特别是对那些遭遇过挫折、缺乏安全感、内向、没有自信的孩子，借助游戏可以让他们在自由自在的玩耍中把内心的问题和焦虑"玩"出来，自由地表达情感、缓解焦虑、解决问题。

更让我惊喜的是，在经历了这段游戏之后，我发现变得自信的奇奇上课时的座位靠前了，上课时的眼神不再游离而能专注地看着老师，即使偶尔伸出舌头，也只是舔一下而已。

奇奇对我的依恋也在慢慢地减少。开学初奇奇曾对我说："以后出去，我走最后一个，你也走最后一个，我牵你的手！"那天，奇奇牵着我的手，开心地蹦跳着下楼去运动。临近十一月，奇奇跟我说："以后，你走最后，我也走最后，我不牵你的手了。"我知道奇奇将"飞"向神奇浩瀚的星空，作为助推器，我也完成了自己的使命。小小的失落，大大的惊喜。

二、改变，从三块板开始

下面这篇题为《改变，从三块板开始》的文章，曾在2019年度黄浦杯论文比赛中获奖。

图6-7是这篇文章的架构和思考。围绕中心主题的四个分支，分别是："起"——对教师原有的游戏观和"三块板"缘起的概述；"承"和"转"——文章的正文部分，在这里"承"的内容是提供"三块板"之后幼儿的游戏情况以及教师当时的行为、思考，"转"的部分详细说明教师的行为和观念慢慢改变的过程；"合"——以"三块板"带给教师的三点改变作为总结，和文章开始时提到的教师自己原有的观念和做法起到前后呼应的作用。一张图让教师在写作前清晰了要写什么、怎么写；在写作中帮助教师随时进行检视，看所写的内容是否层层推进而不偏离主题；在完成写作之后，还可帮助教师进行整体检视。

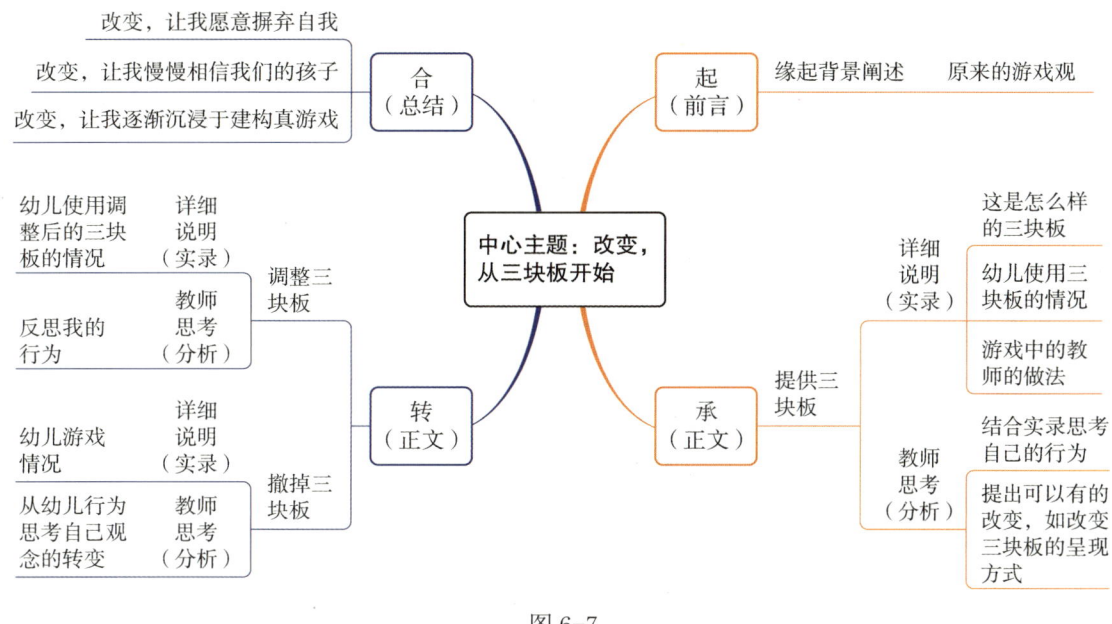

图 6-7

改变，从三块板开始

羽灵幼儿园　蔡小玲

　　时光匆匆似流水，育儿莘莘未蹉跎。作为一名从教8年的一线老师，我爱孩子，喜欢和他们一起游戏、分享他们的快乐和烦恼，孩子们生活中遇到困难，我马上就会出手相助；孩子们学习时，我刚提出问题，转身就公布答案；孩子们游戏时我更是冲锋陷阵，四处关照提醒，一百个不放心，而这一切我自己却毫无知觉。

　　直到这学期开学园长告诉我，浦东教育发展研究院教师发展中心的幼教教研员李老师将每周来我们小二班一次，和孩子们共度半天的美好时光，就这样李老师走进了我们班。我们的故事从三块板开始，我的改变也从三块板开始。

图 6-8

提供三块板

我们是一所以建构游戏为特色的幼儿园。为了提高孩子们的建构水平和能力，我兴致勃勃地给积木区、乐高区和积塑区的孩子们提供了"三块板"——由我们常用的泡沫塑料地垫围合而成，上面贴着一个个塑封好的作品。当时看着自己的"杰作"，我还是有些小得意的，觉得自己给了孩子们一个很好的支架，相信他们看着范例搭建，水平会提高得很快。

李老师一来，我就热情地逐一向她介绍这些板，让我意外的是李老师既没表态说好，也没说不好。于是，孩子们每次进行建构游戏时，依旧对着三块板上的图纸搭建。

有一天，颜颜来到积木区，只见他将两块积木竖起来，面对面摆放好，再拿起第三块积木想放在两块积木的上面，可是他迟迟没有将积木放到他想放的位置。站在一旁观察颜颜的李老师，招呼我过去并对我说："你给孩子们用的三块板，你觉得有问题吗？"我若有所思，走上前去问道："颜颜，怎么了？碰到困难了吗？"颜颜指着图纸说："这扇门的中间应该还有一块长方形的，可我怎么也放不进去。"我看了一眼这块长方形的积木，对颜颜说："这块长方形的积木是后面房子的柱子，我们放在后面就可以了。"说完这句话，我突然意识到图纸是平面的，但是建筑物却是立体的，照着平面的图纸搭建立体的建筑物，这对小班孩子是有难度的。此刻，我心中泛起对这"三块板"的疑虑：这"三块板"好吗？该如何提供"三块板"，才能让孩子看懂呢？

正在这时，在一边"堆砌"的钰钰看见颜颜在看"三块板"，走过来凑热闹，她指着三块板中的一块，说："我要搭这上面的小鱼。"颜颜马上抢过去，指着另外一块上面的图纸说："我要搭城堡。"由此，两个孩子发生了争执、你拉我扯，借助扭扭棒围合成的三块板瞬间分崩瓦解，图纸散落一地。见状我马上介入其中，问明原由，将图纸分给两个孩子，一人一张，"战争"偃旗息鼓。

这一次李老师没有再沉默是金，而是在游戏结束后，将自己的想法与我"细细叨来"：首先，三块板的呈现方式是否适合小班幼儿？现在三块板上的作品都是完整、平面地呈现出来，对于小班的孩子而言有难度，是否有更好的办法？其次，三块板的提供是否能满足每个孩子的需要？会不会限制孩子们的想象力和创造力？最后，如果有的孩子不想看三块板该怎么办？

带着李老师提出的问题和自己的困惑，我认真重温了我园制订的小班孩子建构技能和建构发展的目标：能通过阅读简单的图示，知道建构的内容；建构物体需要有一定的操作技能作为基础。我想当然地认为发展幼儿空间想象力的第一步，就是让幼儿掌握最基本的建构技能，而我那三块板上的不同图纸正是为孩子们掌握建构技能提供了保障，所以我改变了三块板的呈现方式（图6-9），方便孩子们各取所需。

图 6-9

调整三块板

的确，调整了三块板的呈现方式后孩子们的争抢行为减少了许多。接下来的日子里，孩子们继续根据三块板上的图纸进行搭建。有的孩子玩雪花片，有的孩子一起搭乐高。这一天，只见帆帆先仔细地观察了一会儿放雪花片搭建示意图的这一面，然后去篮子里拿了黄色、红色和绿色的三种雪花片，先搭出了花芯和花瓣，接着用绿色雪花片搭出了花茎和花叶。不一会儿，只见一朵像模像样的小花稳稳地"站"在孩子的手上，帆帆"处之泰然"地坐着，貌似今天的任务已完成（图6-9）。我走过去，拍拍他的肩膀笑着说："你的小花真好看。"帆帆听了得意地说："蔡老师，你看和图纸上的一模一样，而且颜色也一样。"我笑着回答道："真的一模一样，把你搭的小花种进花园，让小花一朵朵站立在花园中。"可是小花却怎么也不能在桌面上站立，有点失落的帆帆说："不行，它只能躺在地上。"当我正想着怎么样让小花站起来时，帆帆指着眼前的"那块板"说："图纸上就是这样的，竖起来就可以了。"帆帆的理直气壮，顿时让我无语。

图 6-10

此时的我，唯一的想法是：如果撤掉三块板，孩子们会怎么样？

就在这时，我又一眼瞥到了平时不声不响的麟麟，我惊讶地发现麟麟也在特别细致地看着三块板，而且手里还拿着积木与图纸比对着，在桌子边缘处躺着一条与图纸上一模一样的小鱼，我上前问道："麟麟，你搭的是什么呀？"麟麟轻声地说："我搭的是鱼。"我指着鱼的鱼鳍问："这是什么呀？"麟麟看看眼前的图纸，摇摇头。

孩子们的表现，进一步验证了李老师的话。也让我对自己提供的三块板产生了困惑和思考：提供三块板是否真的限制了孩子们的想象力、创造力？

原本我提供这三块板是为了给孩子们一些建构的支架，让孩子们愿意去参与和完成建构。然而现实告诉我，我做了一件画蛇添足的事情，图纸的出现阻断了孩子们的想象力、斩断了孩子们的灵性，孩子们照着三块板上的样子依葫芦画瓢，思维的惰性也越发增强。此情此景让我做出了决定：撤掉三块板！但是心中不免还存在着担心：孩子的建构水平离开了图纸，还能提高吗？

撤掉三块板

经历一段时间的纠结、彷徨后，我终于下定决心撤掉这些板，我和李老师做了交流，她也鼓励我，她跟我说："要相信孩子的能力。"话虽如此，我心里还是忐忑不安的，既担心他们搭不出来又怕他们搭不好。然而很快他们就给了我大大的惊喜。比如颜颜选择用长方形积木搭小兔子，只见他先将四块长方形积木竖起来作为兔子的四条腿，再想用两块长方形积木搭身体，谁知长方形的积木刚刚放上去，腿就倒了。颜颜试了好几次，最后将兔子的

图 6-11

四条腿并拢，再在上面盖上两块长方形的积木，终于成功地搭出了小兔子。

颜颜高兴地和旁边的朋友说："你看这是兔子的身体。"接着又继续在篮子里寻找着，只见他找了两块不同颜色的梯形积木，组合在一起，中间形成一个镂空的圆形，作为长颈鹿的嘴巴，又找了两块长方形积木竖在梯形积木的上面，自言自语地说："长颈鹿的耳朵。"在篮子里倒腾了一阵后，颜颜拿起一块大的半圆形积木放在耳朵的后面，笑着说："这是兔子的短尾巴。"

不一会儿，颜颜又开始搭另外一只兔子，搭到耳朵的时候，他停了下来，四处张望，我上前询问："颜颜，怎么了？"颜颜说："我想找短一点的长方形，这是兔妈妈，我想搭一个兔宝宝。"这个时候旁边的昊昊听了，很主动地从自己搭的城堡里，抽出了一块给颜颜说："这一块长方形的积木给你。"颜颜看了看说："我要短一点的长方形积木，我能不能用长的跟你换？"昊昊点点头，颜颜开心地从昊昊手里接过短一点的长方形积木，给自己的小兔子搭上。

不一会儿，一大一小的两只兔子完成了，颜颜开心地拉着我的手说："蔡老师，你看这是一只大兔子，这是一只小兔子。"我笑着说："它们在做什么？"颜颜想了一下："它们在草地上找吃的。"颜颜指着橘色和绿色的半圆形积木说："这是兔子喜欢吃的草和胡萝卜。"此刻我恍然大悟：原来它们代表着食物，孩子们的想象力真丰富呀！

在玩雪花片的孩子们也带给我意外的惊喜。然然兴冲冲地走过来说："老师你看我搭的鸭子，这只鸭子能够站起来哦。"说完自豪地高高举起鸭子，在我眼前晃悠。我说："噢！你搭了一只会站立的小黄鸭。"然然指着鸭子的身体，很自豪地说："你看，这是鸭子的头和身体，这两个短短的是翅膀，下面是脚。"我看了，称赞道："这只鸭子真好看，还有两只短短的翅膀，你可以把它放在草地上。"说完我就走开了。过了一会儿，然然又兴冲冲地跑过来说："蔡老师，你看，我又搭了一只小黄鸭。"我仔细看了一下，问道："这两只鸭子有什么不一样吗？"然然说："刚才那只鸭子是站着的，这只鸭子是趴着的，在水里游。"原来它们的站姿不一样，孩子丰富的想象力再一次打动了我！

这时，李老师在旁边意味深长地说了一句："看吧！"

撤掉三块板，让我看到孩子们超乎想象的创造力，他们能建构出长短不同的耳朵、大小不同的兔子，并用不同的颜色代表兔子们吃的不同的食物。孩子们与小鸭子的交流更是透露着他们无拘无束建构后的自由、想象。厉害啦，我的孩子们！回看自己，当时真是太把自己当回事了，如今当我具有一颗欣赏、信任孩子的心时，孩子们给了我这么多的惊喜！

李老师还是一如既往地每周来一次我们班，和我及孩子们一起开展建构游戏。而我则品味着"三块板"带给自己的改变的价值和意义。

改变，让我愿意摒弃自我：曾经的我总是以成人的思维去判断孩子的需要，替孩子们做自己认为最合适、正确的决定，殊不知我们的孩子有无穷的能力、无限的想象。我一味地认为在孩子的建构游戏中提供给他们图纸，可以提高他们的建构能力、提升他们的建构水平，然而事实告诉我，我错了。我以我的主观判断扼杀了孩子的想象力、创造力。更可怕的是，图纸的提供滋长了孩子们的惰性，最后造成适得其反的结果。

改变，让我慢慢相信我们的孩子：从投放三块板到调整三块板，再到撤掉三块板，一路走来，我有过纠结、疑惑、不安，最后大胆地完全放手，是孩子们教育了我。就如前期图纸的提供的确提高了孩子的建构水平，使得他们在建构时出现了架空等技能，但同时也限制了孩子的想象力。三块板的撤离，最大限度地发挥了孩子的想象力，孩子们乐意对作品进行想象并创造性地建构出来，再通过语言大胆自信地把他们的创作表达出来。这一切让我开始懂得"尊重""理解""接纳""欣赏"孩子的真正含义。这一刻我深刻明白了孩子具备无穷的潜力，他们有着自己独特的想象力和创造力，有灵性。

改变，让我逐渐沉浸于建构真游戏：这场经历，让我对建构游戏有了更深刻的认识，一直以来在建构游戏中我只关注孩子们建构技能、建构水平的发展，却不够重视建构游戏中隐含的学习价值。在三块板的撤离过程中，我通过对建构游戏中其他材料的调整，发现在建构游戏中，各种建构材料以数、量、形的方式存在，幼儿借助搭建过程会逐渐理解整体与部分的概念，增强对数量和图形的认识。比如颜颜搭建大小不同的兔子，比对长短不同的耳朵，

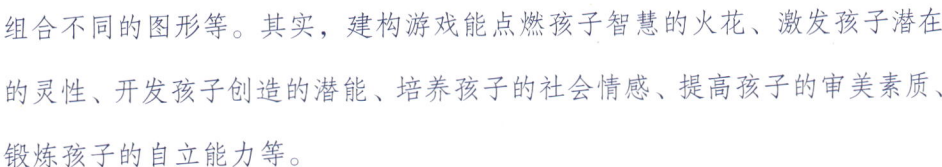

组合不同的图形等。其实，建构游戏能点燃孩子智慧的火花、激发孩子潜在的灵性、开发孩子创造的潜能、培养孩子的社会情感、提高孩子的审美素质、锻炼孩子的自立能力等。

　　改变，从三块板开始！

应用三　规划力成长中的应用

在工作中，人一旦有了清晰的目标和规划，就会主动往前走。

那么如何制定自我规划呢？我们可能需要自问：

我对自己的职业生涯有着怎样的预期？

在我理想生活的蓝图里，工作扮演什么样的角色？

我已经具备的工作技能、希望加强的工作技能分别有哪些？

如果工作与家庭或者社交出现冲突，我会怎么办？

美国伊利诺大学教授斯温博士针对个人的职业规划提出了著名的金三角图形，认为人在做职业规划时，要考量个人、信息及环境三个因素。个人因素包括能力、兴趣、性格、价值观及健康状况等，信息因素部分包括行业发展趋势及职业类别，环境因素则包括家庭经济、

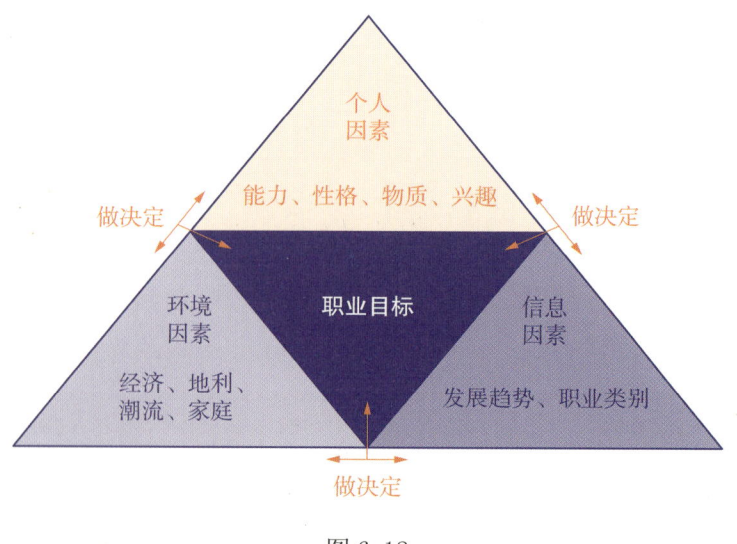

图 6-12

家人期望、地缘关系、同伴团体和社会潮流等方面。

斯温博士的个人职业规划建议虽不能简单地照搬照抄，但对幼儿教师来说也有启发和借鉴的价值。比如，在制定个人四年发展规划时，不能仅仅根据自己的情况和想法或兴趣，而应学习国家的教育政策和发展规划、了解教育行业的发展趋势和当前教育热点、研究所在幼儿园的办园理念和发展特色、解读当地政府教育主管部门和广大幼儿家长对教育教学工作的要求与期望、分析自己所处的职业发展阶段及个人专业的优势与不足，在此基础上综合考虑和制定个人四年发展规划，使之既符合国家、社会和家长对教师工作的要求，又适合自己的能力、兴趣和发展需要，以保持努力方向的正确且有利于落地实施。

在幼儿园工作中，除了有幼儿园四年规划、队伍建设规划等之外，从我们教师个体来说，无论是刚刚工作的新手型教师、工作几年的胜任型教师还是工作十多年的成熟型教师，都需要制定教师的个人四年发展规划。这时候，我们就可以利用可视化的思维工具，协助不同发展阶段的幼儿教师厘清自己的四年发展目标和主要举措。

以下是两位处于不同发展阶段的幼儿教师的个人四年工作规划案例。

在分析了自身的优势和不足之后，新手型教师可运用括号图制定个人四年发展规划，从自身学习、家长工作、日常教学操作能力、活动设计能力和科研能力等五个方面的目标出发，明确自己作为新教师需要提升的素养和能力，并且在每一条目标下罗列出对应的措施，进一步确定该如何行动。此外，根据个人实际情况在相应的目标措施后梳理出需求。这样的一张思维导图，不仅让新教师明确自己的发展目标和努力方向，知道要做什么、怎么去做，也有助于园领导和指导老师给予及时且必要的指导与支持，从而促进新教师加速成长，尽快胜任教育教学工作。

对于成熟型教师来说，经过长期的工作与努力，积累了丰富的工作经验，对日常教育教学工作早已驾轻就熟，大多评上小、中、高级职称，担任保教主任或教研组长，具有某些专业优势与特长，但也可能存在某些业务短板甚至出现职业倦怠的倾向。因

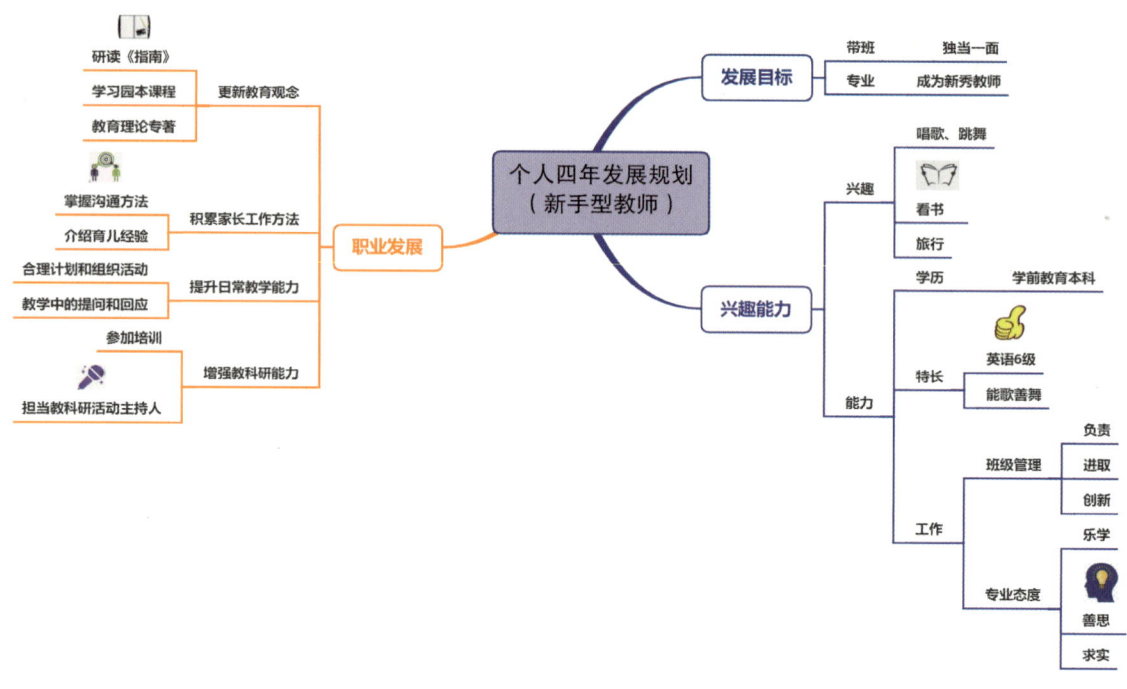

图 6-13

此，处于这一发展阶段的幼儿教师，一不小心也可能会迷失发展的方向或失去前进的动力。

可见，作为成熟型教师，同样有必要为自己制定个人四年发展规划。鉴于成熟型教师处于较为特殊的发展阶段，因此在制定发展规划之前，可先使用强弱危机分析法（又称SWOT 分析法）对个人的优缺点及所处的状况和背景进行全面、系统、准确的分析研究，以便根据分析结果制定更加适合自己的发展规划并提出切实可行的举措。

SWOT 分析法，是企业制定战略发展规划的常用方法，也可用于自我分析或职业规划。也就是基于内外部竞争环境和竞争条件，将与企业或个人密切相关的各种主要内部优势（strengths）、劣势（weaknesses）、外部的机会（opportunities）和威胁（threats）等，通过调查或分析一一列举出来，并依照矩阵形式排列，然后用系统分析的思维，把各种因素相互匹配起来加以分析，从中得出一系列相应的结论。从企业竞争战略的角度看，战略应是一个企业"能够做的"（即组织的强项和弱项）和"可能做的"（即环境的机会和威胁）的有机组合。对个人来说也是如此。图 6-14 是一位成熟型教师用 SWOT 分析法为自己所做的个人成长分析。

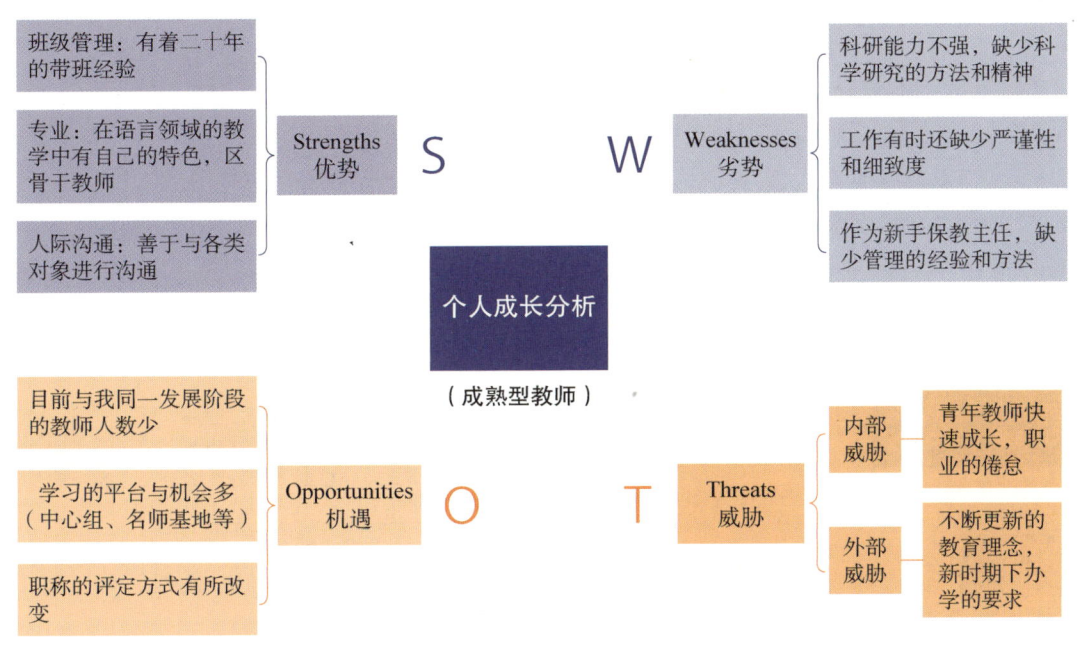

图 6-14

从上图可看出，该教师的优势主要是二十年带班经验、语言教学特色、人际沟通能力强、区骨干教师；存在的不足主要是科研能力不强、工作不够严谨细致、缺少保教管理经验等。

接下来，这位成熟型教师根据自己的个人成长分析，同时结合国家对幼儿教师的发展要求和幼儿园四年发展规划，为自己制定了一份比较客观务实、具有前瞻性和可操作性的个人四年发展规划（图 6-15）。先设立总目标，然后由总目标出发，以每一学年作为一个发展阶段，为每一个发展阶段制定阶段目标和相应措施，以明确自己的努力方向和工作重点，并脚踏实地一步步地执行和行动。

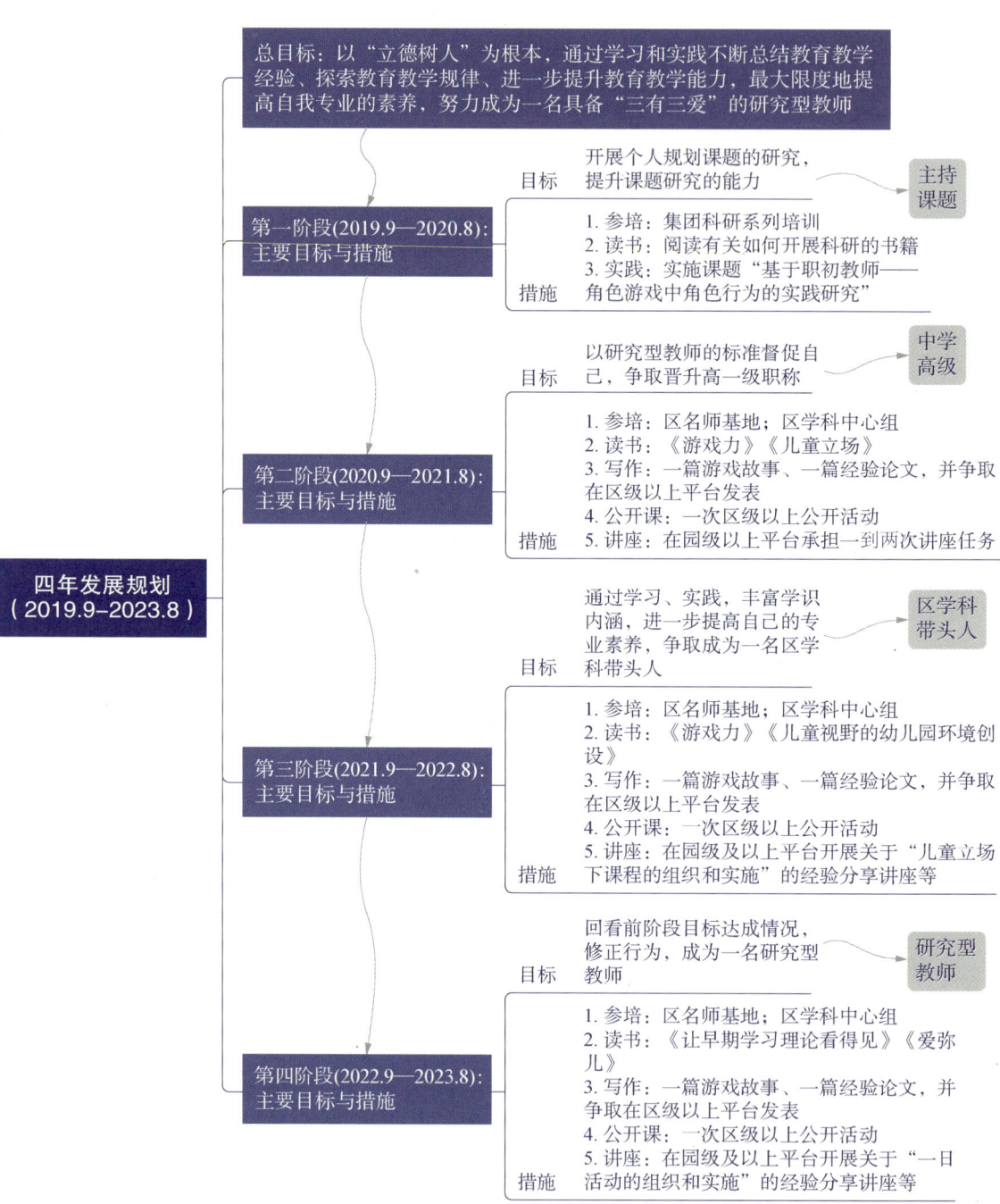

图 6-15

后记

善假于物　方能成长

作为一名教育工作者，当初我因对思维导图产生兴趣而尝试运用，进而开展课题研究，没想到自己竟是最大、最直接的受益者。为此，一直想着与大家分享自己在研究与实践中的一些收获和体会，却总是找不着感觉、思路不畅，几易其稿，直至今日终于得以成书，当我在键盘上敲下最后一个字时，一股幸福的愉悦感涌上心头！

感谢父亲，因为您的遗愿，女儿虽年过半百却想挑战一下自己，每每懈怠甚至想放弃的时候，就感觉您在天上陪伴着、期待着，于是精神为之一振，再次整装出发。今生的职业生涯，怕是无法超越您的成就，但女儿尽力了。

感谢家人，虽然先生调侃我写这样一本书无异于"蜗牛爬大树"，但他还是不离不弃地陪着"蜗牛"慢慢攀爬，不仅仔细阅读每个章节，提出修改意见，还鼓励我只要不气馁、不放松，总有一天"蜗牛"一定能爬到树顶，一览远处风景。

感谢伙伴们，她们之中有我的同事，浦东教育发展研究院学校发展中心的王丽琴博士、幼教科研员徐婵娟老师，三年来，你们一直关心课题的研究进展，很多"金点子"如和煦的春风，指引着我不断突破迷津，鼓舞我随风而行。还有羽灵幼儿园的园长尹萍老师、小天使幼儿园的园长董磊雯老师、康桥第三幼儿园的保教主任李娜娜老师等，特别是徒弟，羽灵幼儿园的保教主任陈孝云老师。一起学习与运用思维导图的这些年，你们不仅让我积累了许多生动鲜活的案例，更是站在一线教师的立场，对书稿的实用性、可读性及呈现方式等提出许多富有建设性的意见和建议，让我受益匪浅。

感谢自课题开展以来，提供各类书籍和文献资料的专家、学者们，你们的理论和实践打开了我们的视野，拓展了我们的思考，由衷地感谢。

感谢幼师口袋的李砚君老师，您的慧眼识珠、牵线搭桥、鼓励推动，使本书得以分享给更多的有缘人、服务于更多的幼教机构。

感谢华东师范大学出版社学前分社在本书出版过程中给予我的帮助和指导，使本书以更好的姿态与读者见面！

在大学毕业三十多年后，能在母校的出版社出版本书，是我的幸运与荣耀！是青葱岁月里母校的培养、教诲让我有今天的这份收获。

战国时期著名思想家、文学家荀子的《劝学》里有句名言，"君子生非异也，善假于物也"。意思是说，君子之所以高于一般人，不是因为君子的资质高，而是因为君子善于从微小甚至偶然的外物的提示中有所发现，善于借助已有的工具和条件完成当前的任务。事实上，正是善假于物才让人类不断进步和发展。

借助外物带来的灵感和提示，牛顿提出了著名的万有引力定律！如今，我们感慨万有引力定律的发现是如此神奇，这不得不归功于牛顿的敏于发现！可以说，科学家"生非异也，善假于物也"。

同样，对广大幼儿教师来说，如何善假于物、借助合适而有效的思维导图工具快速地掌握新的技术方法、增长专业能力、提高教育教学效果也显得尤为重要。

2018 年底，陈孝云老师发现自己撰写的《小矮人矿车游戏》案例初稿存在着主题和内容之间的匹配性不强、实录与分析不够细致等问题。在我的建议之下，她决定运用思维导图修改游戏案例，她采用博赞式思维导图对游戏案例从主题到内容再到总结乃至整个写作框架进行了全面细致的思考和梳理。2019 年 7 月，陈老师看到了教育部的入选公示，她兴奋地告诉我："李老师，《小矮人矿车游戏》案例入选教育部优秀游戏活动案例啦。能有此殊荣，除了感谢您，还要感谢'它'——思维导图。"2019年10月此案例再次荣获"上海市幼儿园优秀游戏活动案例特等奖"。后来，该案例又被录入人民教育出版社出版的《游戏·学习·发展：全国幼儿园优秀游戏活动案例选编》一书。近年来，陈老师的思维导图绘制技术日臻成熟，运用起来得心应手，专业能力与思维品质快速成长，得到了领导和同事们的肯定与赞赏。正如她自己说的："如今，我对思维导图的使用已从'1.0版本'升级到'2.0版本'了。无论做什么事，我的脑子里都会冒出由某一个主题引发的一张图。有时可能是用图来显现我的思考，有时可能是用图来表达我的理解，有时则是借助导图来发现我在思考某一问题中的不足。思维导图带给我的最大收获就是思维方式的改变。"毫无疑问，陈老师也是"善假于物也"。

为了避免思维固化、思维板结、进入"信息茧房"、陷入"内卷"，老师们更需要借助一些手段和方法。我们的行动研究结果表明，思维导图的学习和运用可与幼儿教师的教育教学工作紧密结合，广泛运用于教研活动、园务管理、计划制定、保教管理、集体教学活动、个别化学习活动、主题墙创设、家园沟通、文章撰写等，对提升工作效率和教育教学效果大有裨益，对幼儿教师的思维品质、反思能力、写作能力、总结提炼水平、语言表达效果等专业能力和综合素养的提升也有显著效果。

当然，虽然我们给了大家足够的关于幼儿园实用思维导图的信息，也呈现给大家很多我们应用的实践案例，但思维导图以用为本，只有真正去使用才能使其帮到大家，为此我们要做的就是在幼儿园各项工作中、在教育教学现场不断地使用它，借由知和行的迭代，把一切连起来，强化认知、消化吸收、不断完善，最终使这些技术与方法成为我们能力结构的一部分，从而收获成长和改变。

草木蔓发，春山可望！期盼经由更多老师的学习、运用与传播，将这些实用的思维导图普及到幼儿园各项工作中去，运用到自己的学习生活中。让我们一起结伴同行、互相激发、"善假于物"、共同成长。

感恩，谢谢！

李继文

2021 年 4 月

参考文献

1. ［英］东尼·博赞. 唤醒创造天才的 10 种方法 [M]. 周作宇，张学文，译. 北京：外语教学与研究出版社，2005.

2. 陈国钦. 思维导图：提升你的职场核心竞争力 [M]. 北京：北京时代华文书局，2017.

3. 胡雅茹. 思维导图笔记整理术 [M]. 北京：北京时代华文书局，2018.

4. 胡雅茹. 我的第一本思维导图入门书 [M]. 北京：北京时代华文书局，2014.

5. 刘艳. 你一学就会的思维导图 [M]. 北京：文化发展出版社，2019.

6. 马林. 思维科学知识读本 [M]. 北京：中共中央党校出版社，2009.

7. 摩西. 摩西带你玩转思维导图 [M]. 北京：北京大学出版社，2018.

8. 思学团队. 思维导图学与用 [M]. 北京：电子工业出版社，2019.

9. 孙易新. 零基础思维导图法 [M]. 北京：北京时代华文书局，2017.

10. 孙易新. 思维导图应用宝典 [M]. 北京：北京时代华文书局，2015.

11. 孙易新. 学一次用一辈子的思维导图 [M]. 北京：北京联合出版有限公司，2018.

12. 孙易新，梁容菁. 思维导图：快速提升写作力 [M]. 北京：北京时代华文书局，2017.

13. 赵国庆. 别说你懂思维导图 [M]. 北京：人民邮电出版社，2015.

图书在版编目（CIP）数据

图解幼儿园实用思维导图 / 李继文编著. —— 上海：
华东师范大学出版社，2022
ISBN 978-7-5760-2446-3

Ⅰ.①图… Ⅱ.①李… Ⅲ.①幼教人员–工作–图解
Ⅳ.①G615-64

中国版本图书馆CIP数据核字（2022）第031538号

图解幼儿园实用思维导图

编　　著	李继文	
责任编辑	胡瑞颖	
责任校对	时东明	张佳妮
装帧设计	冯逸珺	

出版发行　华东师范大学出版社
社　　址　上海市中山北路3663号　邮编 200062
网　　址　www.ecnupress.com.cn
电　　话　021-60821666　行政传真 021-62572105
客服电话　021-62865537　门市（邮购）电话 021-62869887
地　　址　上海市中山北路3663号华东师范大学校内先锋路口
网　　店　http://hdsdcbs.tmall.com

印刷者　上海昌鑫龙印务有限公司
开　　本　787 毫米×1092 毫米　1/16
印　　张　17.5
字　　数　261千字
版　　次　2022年8月第1版
印　　次　2024年1月第2次
书　　号　ISBN　978-7-5760-2446-3
定　　价　68.00元

出 版 人　王　焰

（如发现本版图书有印订质量问题，请寄回本社客服中心调换或电话021-62865537联系）